(Jörg) (Alfred) (Horst)
Digulla / Ebert / Timm

GO

Anfängerbuch

Das asiatische Brettspiel

Carola Wild Verlag
Kuhbergstr. 28, D-34131 Kassel

Die Deutsche Bibliothek - CIP-Einheitsaufnahme

Digulla, Jörg:

Go : Anfängerbuch ; das asiatische Brettspiel /

Digulla/Ebert/Timm. - 1. Aufl. - Kassel : Wild, 1994

ISBN 3-928435-11-6

1. Auflage 1994

Titelbild-Grafik: Anette Banck, Banck-Design, Freiburg i.Brsg.
Titel-Realisation: Michels & Partner, Kassel
Satz/Layout/Dia-Grafik: Autorenteam Digulla / Ebert / Timm
(Bochum/Dortmund/Castrop-Rauxel)
Belichtung: Printec Offset M. Faste, Kassel
r+s Color-Druck GmbH, Kassel
Repro/Scann/Druck: Printec Offset M. Faste, Kassel

Printed in Germany

ISBN 3-928435-11-6

Vorwort

Go ist das wahrscheinlich älteste Brettspiel der Welt. Doch im Gegensatz zu den ostasiatischen Ländern, in denen Go seit vielen Jahrhunderten Bestandteil der Kultur ist und in denen Go schon seit mehreren tausend Jahren gespielt wird, ist das Go-Spiel in Europa erst seit ungefähr 100 Jahren bekannt.

Das vorliegende Buch soll nun einen ersten Einstieg in dieses faszinierende Strategiespiel ermöglichen. Neben den - einfachen - Regeln werden auch bereits eine Reihe von grundlegenden Techniken sowie erste strategische Gesichtspunkte erläutert. Ausblicke, etwa auf die Geschichte des Go oder auf das traditionelle Einstufungssystem, ergänzen den Text.

Insgesamt enthält das Buch vier Kapitel.
Zuerst sind in einer eher knappen Form die Regeln des Go-Spiels dargestellt. Dieses Kapitel eignet sich auch zum Nachschlagen, falls im weiteren Verlauf noch Fragen auftauchen sollten.
Im zweiten Kapitel werden diese Regeln und, untrennbar damit verbunden, einfache Techniken ausführlich erläutert. Für einen richtigen Zugang zum Go-Spiel ist das Verständnis dieses Stoffes wohl unerläßlich.
Das dritte Kapitel präsentiert dann erste strategische Überlegungen. Den drei Phasen einer Go-Partie, Eröffnung, Mittelspiel und Endspiel, folgend werden grundlegende Konzepte anschaulich vorgestellt.
Zum Abschluß bietet das vierte Kapitel mit umfangreich kommentierten Beispielpartien die Möglichkeit, alles im Gesamtzusammenhang eines kompletten Go-Spiels zu studieren.

Im ganzen Buch findet dabei ein 9x9-Brett Verwendung. Zwar wird im Go üblicherweise auf dem großen 19x19-Brett gespielt, die Erfahrung hat aber gezeigt, daß gerade für die ersten Schritte das kleine Brett zweckmäßig ist.

Auch ein Hinweis auf die Adressen im Anhang sei hier gleich gegeben: dort sind die regelmäßigen Go-Spielabende aufgeführt, die es mittlerweile in fast jeder größeren Stadt gibt. Auf diesen sind Sie auch als Anfänger jederzeit gern gesehen, dort wird man Ihnen bereitwillig Fragen beantworten und vor allem: da können Sie das Go-Spiel genießen und Spielerfahrung sammeln.

Wir wünschen Ihnen jedenfalls viel Spaß bei Ihren ersten Schritten auf dem Go-Brett.

Jörg Digulla
Alfred Ebert
Horst Timm

Inhaltsverzeichnis

Spielregeln

Spielmaterial

Go ist ein Spiel für zwei Personen.

Eine Person erhält 181 schwarze, die andere 180 weiße Steine. Man spielt auf einem Brett mit 19x19 Linien, also 361 Schnittpunkten.

Jedem Spieler stehen prinzipiell beliebig viele Steine zur Verfügung, meistens genügen aber weit weniger als 180 Spielsteine pro Person.

Es ist allgemein üblich, daß Anfänger auf einem kleineren Brett wie in Abbildung 1 gezeigt spielen.

Das 9x9-Brett ist die sinnvollste Größe für die ersten 30 bis 40 Partien.

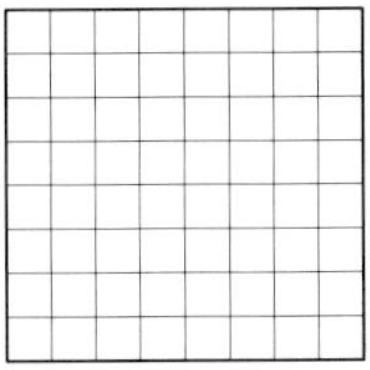

1

Auf dem großen 19x19-Brett verliert man am Anfang oftmals - spätestens wenn sehr viele Steine auf dem Brett stehen - die Übersicht. Zum Üben der Grundtechniken eignet sich das kleinere Brett ideal.

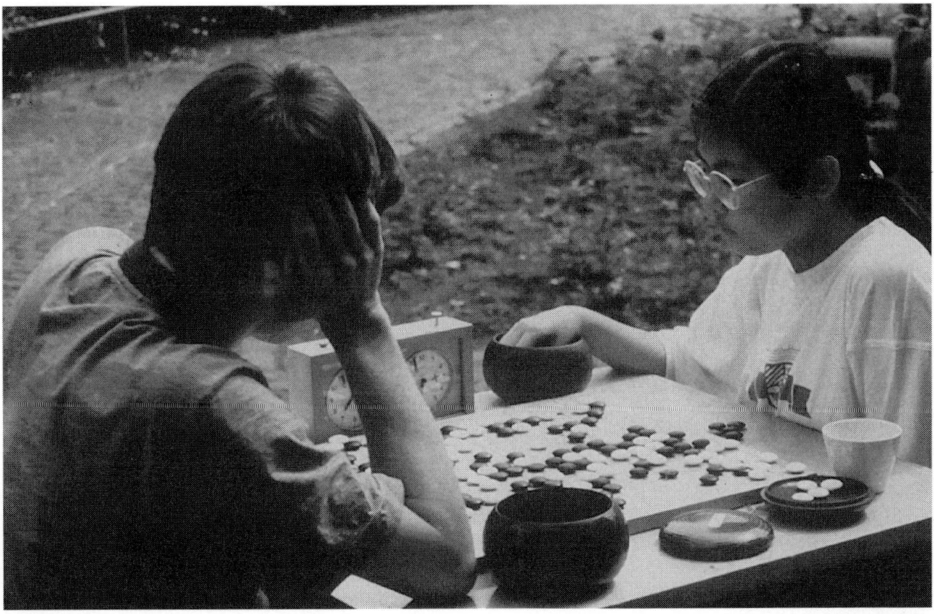

Go ist ein Spiel für zwei Personen.

Setzen

Das Spiel beginnt auf dem leeren Brett. Man setzt abwechselnd auf die unbesetzten Schnittpunkte, Schwarz beginnt.

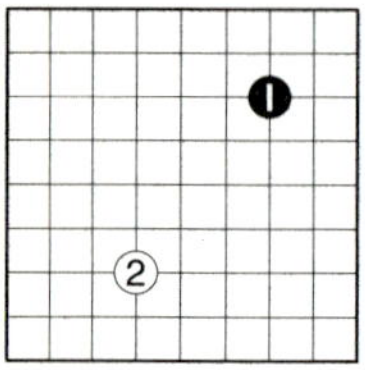

1

Gesetzt wird nur auf leere Schnittpunkte (siehe Abb.1), also niemals auf Schnittpunkte, auf denen schon ein Stein steht. Ein gesetzter Stein wird nicht mehr verschoben, sondern bleibt auf seiner Position, es sei denn, er wird geschlagen.
Der schwächere Spielpartner nimmt Schwarz und beginnt. Gleichstarke Spielpartner losen die Farbe aus.

Gebiet

Das Hauptziel des Spiels ist es, mit den eigenen Steinen Gebiete mit möglichst vielen freien Schnittpunkten zu umzingeln. Jeder umzingelte Schnittpunkt zählt in der Endabrechnung genau einen Punkt.

In der Abbildung 1 sieht man ein Beispiel für eine Schlußstellung.

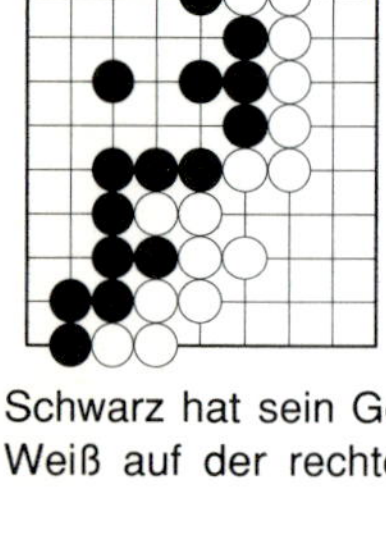

1

Schwarz hat sein Gebiet auf der linken Seite, Weiß auf der rechten. Schwarz hat 25 freie Schnittpunkte umzingelt, also 25 Punkte Gebiet gemacht, und Weiß hat 26 Punkte. Weiß hat diese Beispielpartie mit einem Punkt gewonnen.
Der Rand kann beim Eingrenzen der Gebiete wie eine fertige Mauer betrachtet werden, Gebiete müssen nicht durch Steine am Rand umzingelt werden. Der Rand kann freibleiben.

Freiheiten

Die benachbarten freien Schnittpunkte eines Steines, die durch Linien mit ihm verbunden sind, heißen Freiheiten.

Ein einzelner Stein hat maximal 4 Freiheiten.
Es sind nicht etwa 8 Freiheiten, da die schräg benachbarten Punkte nicht direkt mit dem Stein verbunden sind.

In der Abbildung 1 hat der Stein A 4 Freiheiten, Stein B 3 Freiheiten und Stein C nur 2 Freiheiten. Vergleiche dazu auch Abbildung 2, in der die Freiheiten mit X markiert sind.

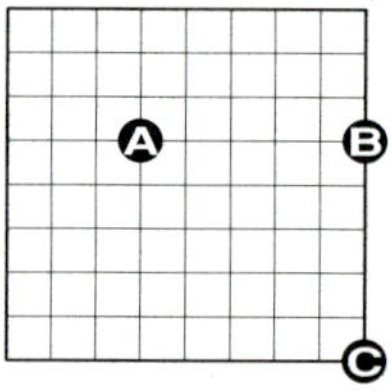

1

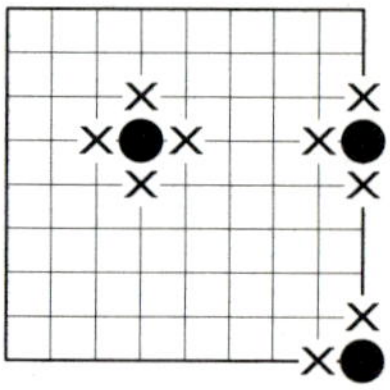

2

Wenn sich gegnerische Steine berühren, nehmen sie sich Freiheiten weg. Der Stein A hat in der Abbildung 3 nur 2 Freiheiten, der Stein B hat auch zwei Freiheiten. Die Steine X und Y haben noch jeweils 3 Freiheiten, der Stein Z hat wie Stein B genau 2 Freiheiten. In der Abb. 4 sind die Freiheiten der Steine mit Buchstaben markiert. Die Steine X und Y haben eine gemeinsame Freiheit, die in Abb. 4 mit xy markiert ist.

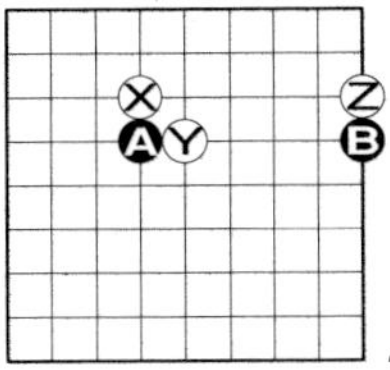
3

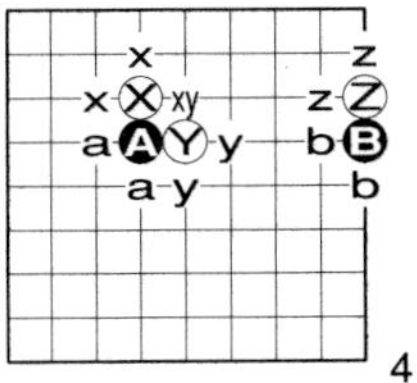
4

Steine ohne Freiheiten dürfen nicht auf dem Brett liegen, das wird später bei den Regeln "Schlagen" und "Verbotene Züge" erklärt.

Ketten

Benachbarte Steine einer Farbe, die über geradlinige Verbindungen verknüpft sind, bilden eine "Kette", sie haben gemeinsame Freiheiten, sie bilden eine Einheit.

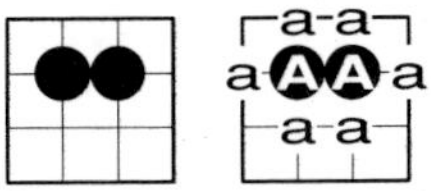

Eine Kette mit 2 Steinen, sie hat 6 Freiheiten.

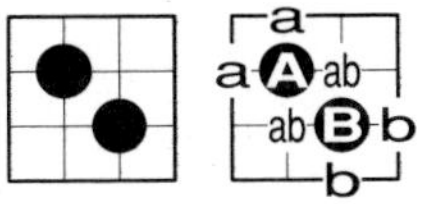

2 einzelne Steine, jeder hat 4 Freiheiten. Die mit ab markierten Schnittpunkte sind sowohl Freiheiten des Steins A als auch des Steins B.

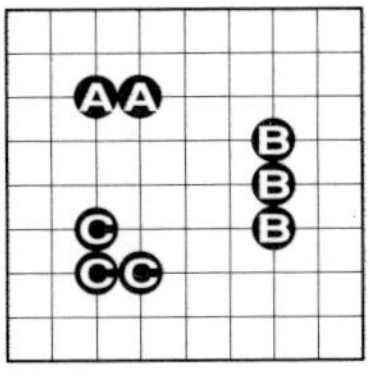
1

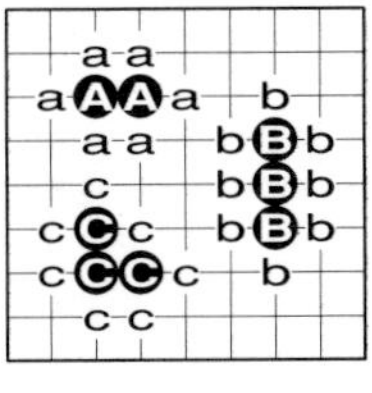
2

In der Abbildung 1 bilden Steine mit gleicher Buchstabenbezeichnung jeweils eine Kette.

Die Kette A hat 6, Kette B 8, Kette C 7 Freiheiten (in Abb. 2 mit a, b und c dargestellt).

Die nächste Abbildung 3 zeigt die Situation, wenn sich Gruppen am Rand befinden oder sich berühren. Kette A hat 4, Kette B 6, Kette C 4 und Kette D 6 Freiheiten.

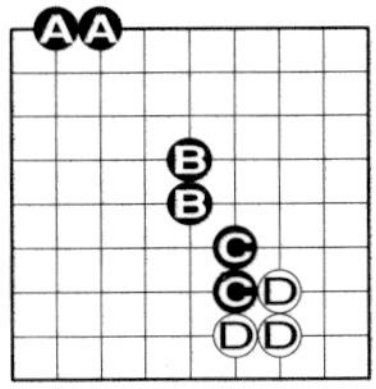
3

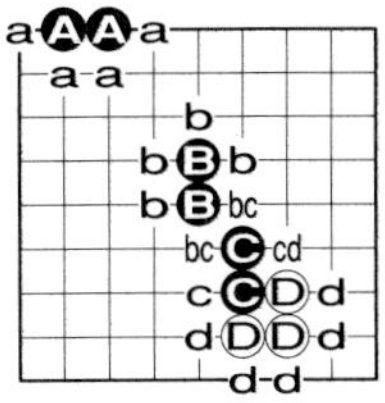
4

Die Ketten B und C sind zwei verschiedene selbständige Ketten, sie verfügen über keine geradlinige Verbindung!

Schlagen von Steinen

Man kann Steine des Gegners schlagen, indem man ihnen alle Freiheiten nimmt. Geschlagene Steine werden vom Brett genommen. Jeder geschlagene Stein zählt als ein Punkt in der Endabrechnung.

Man schlägt einen einzelnen Stein, indem man ihn wie die Steine A, B, C und D in Abbildung 1 umzingelt.

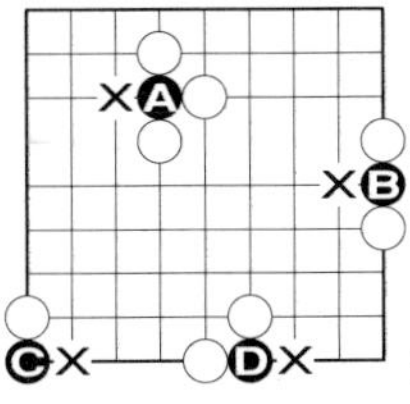
1

Weiß muß noch auf die mit X markierten Punkte setzen, um jeweils einen schwarzen Stein schlagen zu können. Nur die geradlinigen Verbindungen sind entscheidend, nicht die diagonal zugeordneten Stellen. Wenn ein

Stein seine letzte Freiheit verliert, ist er geschlagen. Für einen einzelnen Stein, der nicht am Rand ist, braucht man also vier Steine zum Schlagen, am Rand und besonders in der Ecke entsprechend weniger.

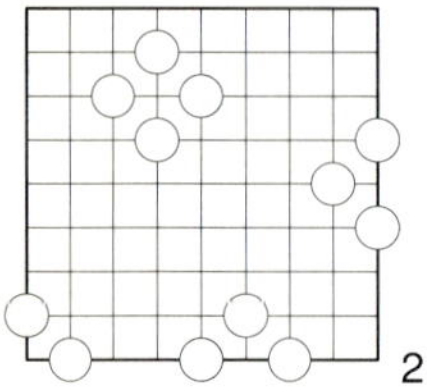
2

Nach dem Schlagen sieht die Situation wie in Abbildung 2 aus. Der geschlagene Stein wird vom Brett genommen und bis zur Endabrechnung aufbewahrt. Weiß sammelt die geschlagenen schwarzen Steine und umgekehrt.

Selbstverständlich können nicht nur einzelne Steine, sondern auch Ketten geschlagen werden. Man kann aber nicht einzelne Steine aus einer Kette herausschlagen, sondern muß alle Freiheiten der gesamten Kette besetzen.

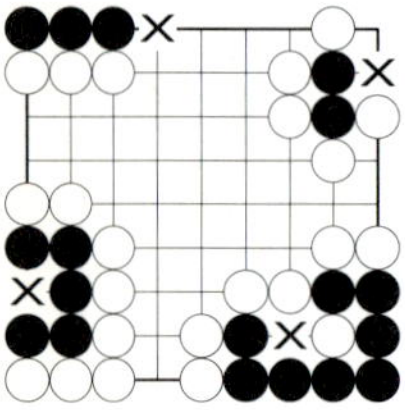
3

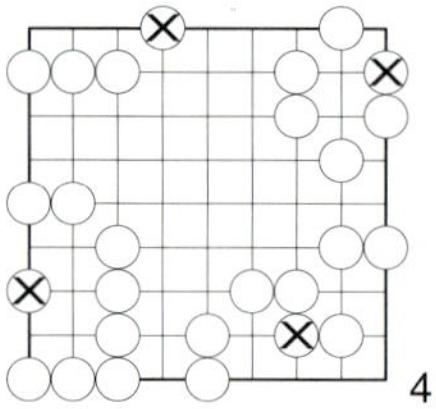
4

In Abbildung 3 können alle schwarzen Ketten durch einen weiteren Zug von Weiß auf die mit X markierten Stellen geschlagen werden.

Die Abbildung 4 zeigt die Situation nach dem Schlagen, wenn die geschlagenen schwarzen Steine vom Brett genommen worden sind. Die mit X markierten weißen Steine sind die Steine, die Weiß setzen mußte, um die schwarzen Steine zu schlagen.

Wichtig: Das Schlagen von Steinen ist oftmals notwendig, aber keine Pflicht!

Verbotene Züge

Kein Stein darf so gesetzt werden, daß er nach dem Setzen keine Freiheit besitzt.

Das hört sich komplizierter an, als es ist.

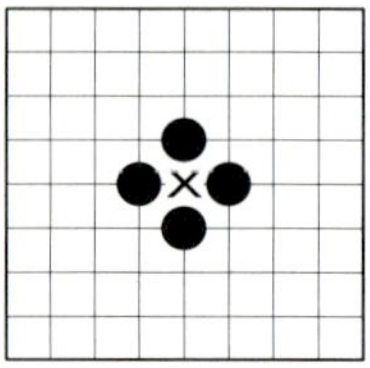
1

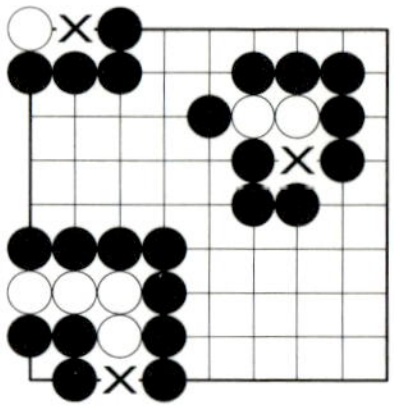
2

Würde Weiß auf X in Abbildung 1 setzen, hätte er dort keine Freiheit, also ist dieser Zug verboten! Schwarz dürfte selbstverständlich dort setzen und hätte eine Kette mit 5 Steinen. In der Abbildung 2 kann man erkennen, daß Weiß auf keine der mit X gekennzeichneten Positionen spielen kann. Die weißen Ketten hätten dann keine Freiheit mehr!

Steine ohne Freiheiten dürfen sich nicht auf dem Go-Brett befinden!

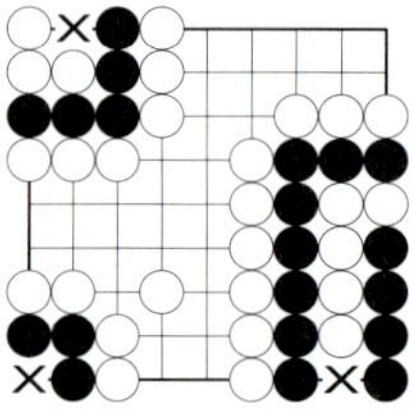
3

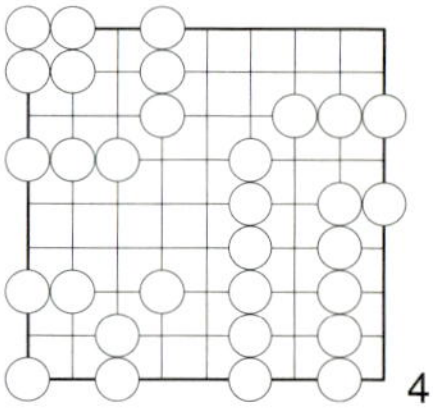
4

In Abb.3 ist die Situation etwas anders. Zuerst sieht es so aus, als ob ein Zug von Weiß auf einen der markierten Punkte ein „verbotener Zug" wäre, da Weiß dann keine Freiheiten mehr hat. Doch gleichzeitig nimmt Weiß mit einem dieser Züge auch den schwarzen Steinen die letzte Freiheit und schlägt damit jeweils mehrere schwarze Steine.

Das sofortige Herausnehmen der geschlagenen schwarzen Steine gehört jedoch zur Aktion des Setzens dazu.

Anschließend - nach dem Herausnehmen der geschlagenen Steine - hat der weiße Stein oder die Kette wieder mindestens eine Freiheit, wie man in der Abb. 4 sieht. Darum ist das Besetzen der markierten Punkte erlaubt.

Ko

Die Ko-Regel ist etwas komplizierter.

Die Abbildungen 1 bis 3 zeigen eine Situation, in der Weiß und Schwarz abwechselnd immer einen Stein schlagen können, dies ist ein „Ko".

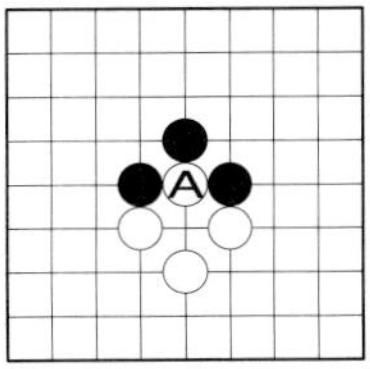

1 Ausgangssituation

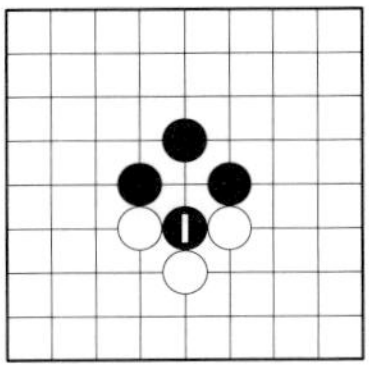

2 ○ Schwarz schlägt

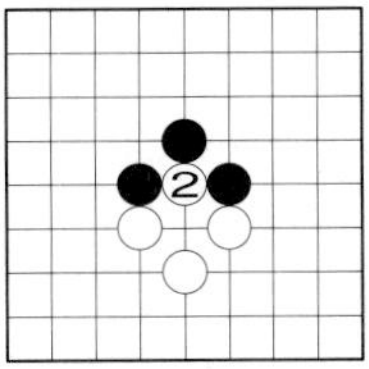

3 ○ ● Weiß schlägt

Die Partie wäre in einer ewigen Wiederholung der Brettsituation gefangen.
Es gilt deshalb die Ko-Regel:

> Wenn ein **einzelner** Stein gerade einen anderen **einzelnen** Stein geschlagen hat, darf er **nicht** im **darauf folgenden** Zug erneut geschlagen werden.

In der Abbildung 2 hat gerade Schwarz den einzelnen weißen Stein A geschlagen und darf deshalb nicht durch den einzelnen Stein Weiß 2 in Abbildung 3 im unmittelbar darauf folgenden Zug geschlagen werden.

Die Betonung liegt dabei darauf, daß genau "ein einzelner" Stein "einen einzelnen" anderen Stein schlägt.

Ebenso wichtig ist das Wort "darauf folgend", denn nach einem Zug an anderer Stelle auf dem Brett - einem Zwischenzug - darf man durchaus wieder das Ko zurückschlagen !

Durch die Ko-Regel, insbesondere durch den nötigen Zwischenzug vor dem dann erlaubten Zurückschlagen, ergeben sich oft spannende, manchmal auch spielentscheidende sog. „Ko"-Kämpfe, die eine Bereicherung des Spielverlaufs sind und den Reiz des Go-Spiels noch verstärken.
Ein solcher Ko-Kampf kann sehr kurz sein (z.B. ein Zwischenzug) oder aber sehr lange dauern (z.B. bei vielen wechselseitig erfolgten Zwischenzügen). Dazu braucht man schon ein wenig Spielpraxis und Erfahrung.

Wie wird nun ein Ko (ein Ko-Kampf) beendet ?
Dazu ein Beispiel:

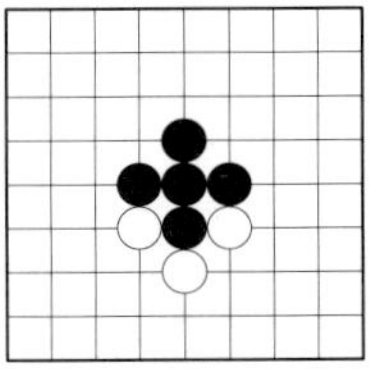

4

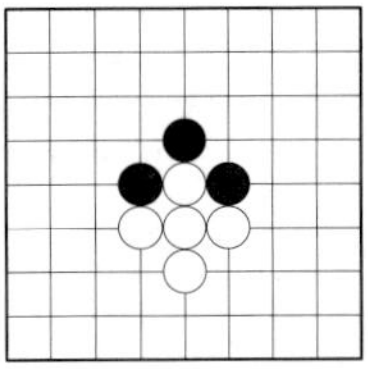

5

Wenn Schwarz die Gelegenheit dazu hat, wird er vielleicht wie in Abbildung 4 seine Steine zu einer Kette verbinden, die Ko-Situation wäre dadurch beendet.

Ebenso könnte aber auch Weiß - wie in Abbildung 5 gezeigt - sich entschließen, das Ko zu "decken", das heißt, den einzelnen Stein mit Hilfe eines Verbindungssteins an die große Kette anzuhängen.

Ende eines Go-Spiels

Das Ende der Partie ist erreicht, wenn beide Spieler direkt hintereinander passen, also auf ihren Zug verzichten.

Ein Spieler wird auf sein Zugrecht verzichten, wenn er keinen sinnvollen Zug mehr machen kann. Er paßt also, wenn er nur noch die Alternativen hat, entweder in sein eigenes Gebiet zu setzen und somit sein eigenes Gebiet unnötig zu verkleinern, da ja nur **freie** Schnittpunkte als Gebiet zählen, oder wenn er nur noch in das Gebiet des Gegners setzen kann und somit dem Gegner einen Punkt schenkt.

Verzichtet auch der Gegenspieler auf sein Zugrecht, weil auch er keine sinnvolle Zugmöglichkeit für sich sieht, ist die Partie zu Ende. Natürlich darf derjenige, der zuerst verzichtet hat, weiterspielen, wenn sein Gegner nicht auch paßt, sondern einen Zug macht.

Auszählung / Ermittlung des Gewinners:

Eine Go-Partie endet also durch Zugverzicht beider Spieler, die damit das Ende der Partie vereinbaren.

Anschließend werden die Gebietspunkte, die jeder Spieler umzingelt hat, und die gegnerischen Steine, die jeder Spieler geschlagen hat, zusammengezählt. Wer mehr Punkte hat, gewinnt. Dabei spielt die Höhe eines Sieges (die Punktedifferenz der beiden Spieler) keine Rolle: Mit einem Punkt zu gewinnen ist ausreichend. Ein Unentschieden ist möglich, kommt aber im Go selten vor. Selbstverständlich darf man auch eine Partie aufgeben, wenn man der Ansicht ist, daß man sie nicht mehr gewinnen kann.

Am Anfang, d.h. bei den ersten Go-Partien, fällt es oftmals schwer zu erkennen, wann ein Spiel zu Ende ist. Doch dieser Punkt wird - wie auch alle anderen Punkte dieser Regeln - im zweiten Kapitel anhand von Beispielen und Übungsaufgaben noch näher erläutert.

Erstes Intermezzo

Etwas Go-Geschichte - Ursprung und Verbreitung

Go ist vor etwa 4000 Jahren in China entstanden und gilt damit als das wohl älteste Brettspiel überhaupt.

Über den Ursprung des Go kann man heute allerdings nur noch spekulieren. So ranken sich eine Reihe von Anekdoten, Sagen und Erklärungsversuche um den Beginn dieses Brettspiels. Ein chinesicher Kaiser soll das Go-Spiel eingeführt haben, um seinem geistig zurückgebliebenen Sohn intellektuelles Training zu ermöglichen. Andere erblicken in dem Go-Brett mit seinen 19x19 Linien eine archaische Form eines Rechenbrettes, des Abakus.

Die heute glaubwürdiste Theorie dagegen sieht im Go ein Hilfsmittel der Astrologie: das Spielbrett dient als Abbildung des Himmels, und zur Vorhersage zukünftiger Ereignisse werden weiße und schwarze Steine zufällig auf das Brett geworfen, um dann ihre Lage und Anordnung zu deuten. Selbst heute noch heißen im Japanischen die acht markierten Punkte an den Rändern „Hoshi" (Sterne), und der hervorgehobene Mittelpunkt des Brettes wird mit „Tengen" (Mitte des Himmels) bezeichnet.

Im Laufe der Zeit ist aus dieser kultischen Verwendung, den Zufallscharakter aufgreifend, ein Glücksspiel geworden. Noch in einer auf etwa das fünfte Jahrhundert v. Chr. datierten Textstelle, die dem Philosophen Konfuzius zugeschrieben wird, ist Go im gleichen Zusammenhang wie ein damals beliebtes Würfelspiel erwähnt. Und Go kommt nicht gut weg: „Es sei immer noch besser, Go zu spielen als nichts zu tun" ist wohl kaum als Kompliment gemeint!

Wann und wie Go schließlich seinen Glücksspielcharakter verloren hat, ist ungeklärt. Zumindest zeigen andere Textstellen, daß Go in den letzten Jahrhunderten v. Chr. bereits recht weit verbreitet ist, jedenfalls in den gebildeten Schichten der Bevölkerung Chinas. Und Go wird auch immer mehr als intellektuelle Beschäftigung genannt. Die älteste uns überlieferte Aufzeichnung eines Go-Spiels aus dem Jahr 192 n. Chr. zeigt dann deutlich, daß Go zu dieser Zeit bereits im Wesentlichen seine heutige Form erworben hat und ein Denk- und Strategiespiel ist. Schließlich erreicht das Go-Spiel auch Japan, etwa um 600 n. Chr. und über den „Umweg" über Korea. Schnell findet es Verbreitung unter Gelehrten, Beamten und Offizieren, chinesischen Moden folgend gelangt es auch bald in den Adel und an den Hof. Vor allem aber buddhistische Mönche und Priester sind diesem intellektuellem Brettspiel zugetan, das so viele geistige Inhalte des Buddhismus widerspiegelt. Go gilt mittlerweile als die hohe Schule der geistigen Auseinandersetzung.

Einen gewaltigen Schritt vorwärts macht das Go-Spiel schließlich Anfang des 17. Jahrhunderts. Das jahrhundertelang in Bürgerkriegen zerrüttete Japan wird im ausgehenden 16. Jahrhundert von einem mächtigen Clan militärisch geeint und es beginnt eine lange Zeit des relativen Friedens und des Wohlstands. Dabei wird auch Go, dem die die militärischen Führer - die Shogune - wohlgesonnen sind, gefördert. Im Jahr 1612 erhalten die vier besten Go-Spieler der Zeit, allesamt buddhistische Priester, ein regelmäßiges Einkommen. Daraus entstehen vier Go-Schulen und es wird eine staatliche Go-Behörde gegründet. Dies markiert den Beginn eines „Profi-Systems" im japanischen Go, das es bis heute fast ununterbrochen gibt, und das wiederum zu einer gewaltigen Steigerung des theoretischen Wissens über Go geführt hat.

2. Techniken

Nach der kurzen Regelvorstellung im ersten Kapitel sollen die Regeln jetzt anhand einiger Beispiele näher erläutert werden. Die Erklärungen werden oftmals durch Übungsaufgaben ergänzt, die Ihnen die Chance geben, das Gelernte zu vertiefen und einige elementare Go-Techniken kennenzulernen.

2.1 Das Schlagen von Steinen

> Zum Schlagen eines einzelnen oder mehrerer Steine ist es notwendig, daß man alle ihre Freiheiten besetzt.

Sie werden sich erinnern: ein Stein in der Mitte des Bretts hat vier, am Rand drei und in der Ecke zwei Freiheiten.

Es sei noch einmal ganz ausdrücklich darauf hingewiesen, daß die Freiheiten eines Steins, seine **durch Linien verbundenen benachbarten Schnittpunkte** sind. Die diagonal benachbarten Schnittpunkte sind nicht durch Linien mit dem Stein verbunden und zählen darum auch nicht als seine Freiheiten.

Atari

> Hat ein einzelner Stein oder auch mehrere zusammengehörende Steine nur noch eine Freiheit, stehen sie - wie man im Go sagt - 'Atari'.

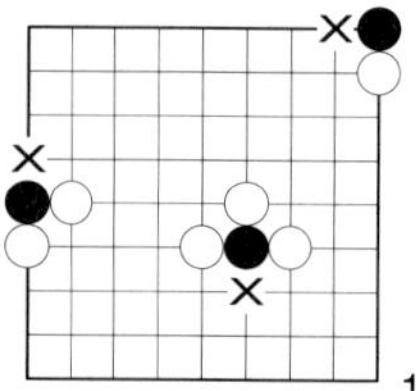

1

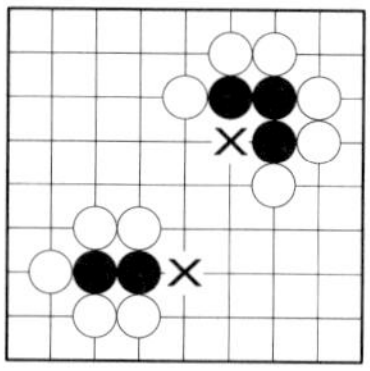

2

In der Abbildung 1 kann Weiß jeweils einen einzelnen schwarzen Stein in der Mitte, am Rand und in der Ecke des Brettes schlagen, wenn er auf die mit X markierten Schnittpunkte setzt, weil die markierten Punkte die jeweils letzte Freiheit eines Steins sind. Alle schwarzen Steine in Abbildung 1 stehen Atari.

In Abb. 2 kann Weiß mehrere Steine schlagen, wenn er auf die markierten Punkte setzt. In beiden Abbildungen haben die schwarzen Steine jeweils nur noch eine Freiheit.

Wenn Weiß diese letzte Freiheit besetzt, darf er den Regeln entsprechend die schwarzen Steine vom Brett nehmen und bewahrt sie bis zum Spielende auf, da jeder geschlagene Stein in der Endabrechnung als ein Punkt zählt.

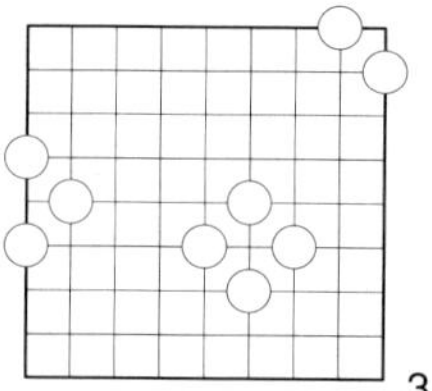

3

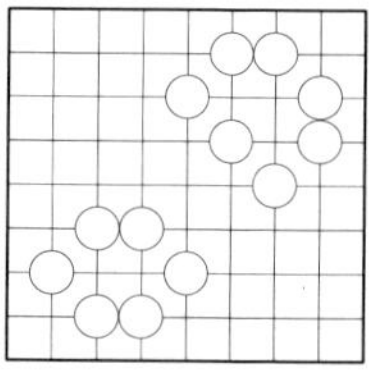

4

In Abb. 3 sehen Sie das Ergebnis, das sich aus Abb. 1 ergibt, wenn Weiß die markierten Punkte besetzt. Abb. 4 ist dementsprechend das Ergebnis von Abb. 2.

Ketten

> Wenn Steine der gleichen Farbe auf benachbarten (durch Linien verbundenen) Schnittpunkten stehen, gehören sie zusammen, sie bilden sozusagen eine Einheit.

Im Go nennt man mehrere zusammengehörende Steine, wie in den nächsten beiden Abbildungen, Ketten. Bei einer Kette betrachtet man nicht mehr die Freiheiten eines einzelnen Steins in der Kette, sondern die Freiheiten, die alle Steine einer Kette zusammen haben.

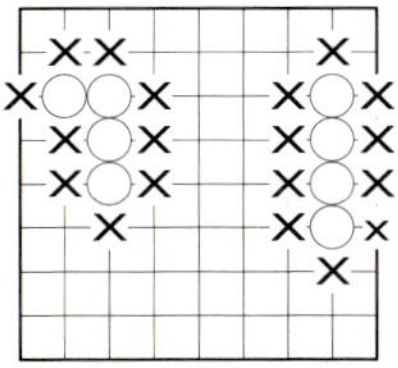

1

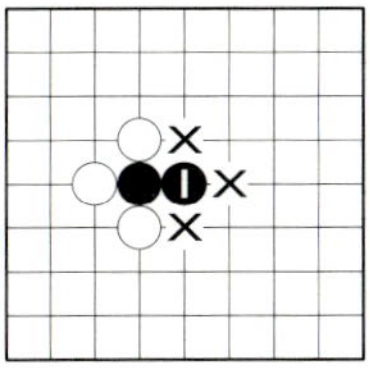

2

Die vier weißen Steine am rechten Rand der Abb. 1 haben zehn Freiheiten, die vier weißen Steine am linken Rand neun Freiheiten (mit X markiert). Vier weiße Steine bilden jeweils eine Kette.
Wenn Schwarz eine solche Kette schlagen möchte, muß er alle ihre Freiheiten besetzen, erst dann darf er sie vom Brett nehmen.
Es ist nicht möglich, einen einzelnen Stein aus einer Kette herauszuschlagen!
Sie sehen, aufgrund der höheren Anzahl von Freiheiten ist es schwieriger, eine Kette zu schlagen als einen einzelnen Stein.

In den folgenden Beispielen werden in den Abbildungen die Züge der Spieler durch Zahlen dargestellt. Zum Beispiel bedeutet S1, daß Schwarz den ersten Zug in einer Abbildung gemacht hat. W2 heißt dementsprechend, daß Weiß den zweiten Zug gemacht hat u.s.w.

In Abb. 2 hat Schwarz gerade den Zug S1 gespielt. Vor dem Zug S1 stand ein einzelner schwarzer Stein Atari, hatte also nur noch eine Freiheit. Wäre Weiß am Zug gewesen, hätte er diesen Stein schlagen können. Doch so "zieht" Schwarz seinen Stein mit S1 heraus. Das heißt, er verlängert seinen einzelnen Stein mit einem weiteren Stein. Die beiden schwarzen Steine bilden jetzt eine Kette und haben nach dem schwarzen Zug S1 drei Freiheiten (mit X markiert).

Für Weiß wird es jetzt sehr schwierig diese Steine noch zu schlagen. Mit jedem Stein, den Schwarz seiner Kette hinzufügt, wird die Anzahl seiner Freiheiten größer.

Doppel-Atari

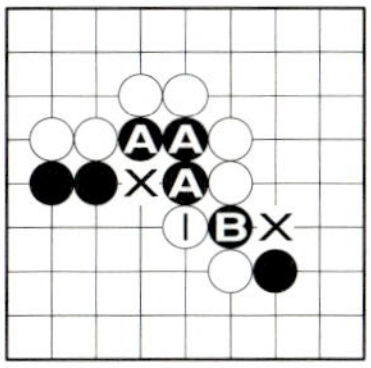

1

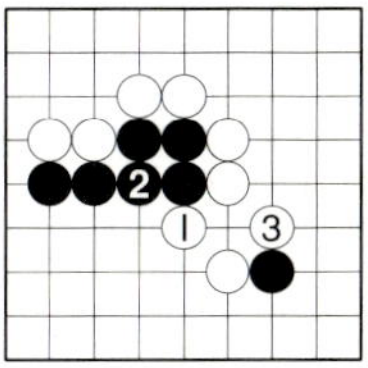

2

In Abbildung 1 sehen Sie eine besondere Situation, die Sie sich merken sollten.
Weiß hat gerade den Stein W1 gespielt. Sowohl die mit A markierten drei schwarzen Steine oberhalb von W1 (diese drei Steine sind miteinander verbunden und bilden eine Einheit), als auch der mit B markierte einzelne schwarze Stein rechts von W1 haben nach diesem Zug nur noch die jeweils mit X markierte Freiheit, stehen also jeweils Atari. Weiß droht entweder drei Steine oder einen einzelnen Stein zu schlagen. Schwarz muß sich entscheiden, welche/n Stein/e er aufgibt. Eine solche Situation wird **"Doppel-Atari"** genannt, weil Weiß zwei Möglichkeiten hat, schwarze Steine zu schlagen.

In Abb. 2 hat Schwarz mit dem Stein S2 seine drei Steine mit seinen anderen Steinen verbunden. Weiß kann nun mit W3 einen einzelnen schwarzen Stein schlagen und vom Brett nehmen.
Diese Situation ist für Schwarz natürlich sehr unbefriedigend. Ganz allgemein sollte man versuchen, dem Gegner nicht zu ermöglichen, Steine mit einem Doppel-Atari zu bedrohen.
Versuchen Sie doch einmal selbst in den folgenden Aufgaben den richtigen **schwarzen Zug** zu finden, mit dem ein oder mehrere weiße Steine, die Atari stehen, geschlagen werden können.

Übungen:

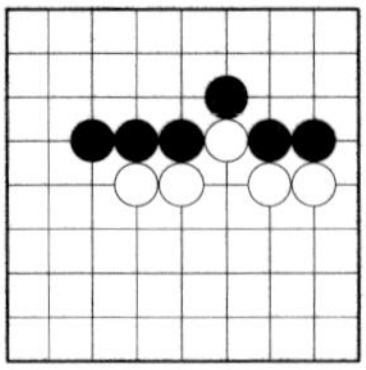
A

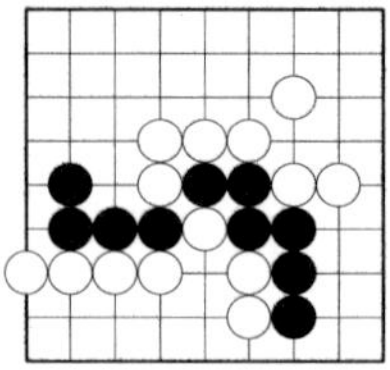
B

Die Lösungen in den Abbildungen A und B sind wohl nicht so schwer zu finden, zumal sie sich auch sehr ähnlich sind. Finden Sie den Zug von Schwarz, mit dem ein einzelner weißer Stein geschlagen werden kann.

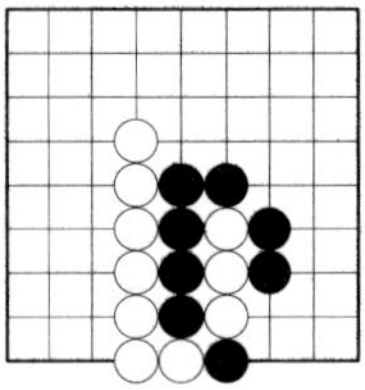
C

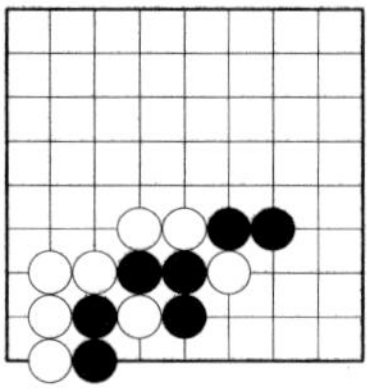
D

Für die Lösungen in den Abbildungen C bis F müssen Sie schon etwas genauer hingucken, um die weißen Steine zu sehen, die Atari stehen. Wenn Sie sie gefunden haben, fällt es Ihnen wahrscheinlich nicht mehr schwer, den richtigen schwarzen Zug zu finden, mit dem die weißen Steine geschlagen werden können.

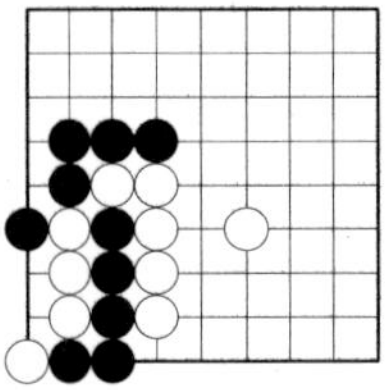
E

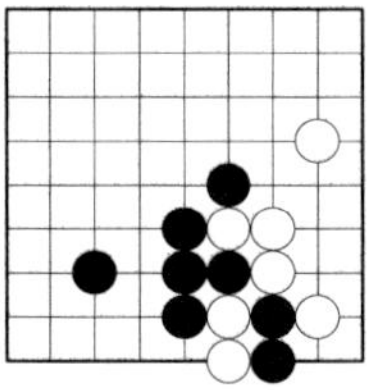
F

Besonders Übung E ist schon ein bißchen schwerer. Schwierig ist bei diesen vier Aufgaben, daß jeweils schwarze und weiße Steine gleichzeitig Atari stehen, also nur noch eine Freiheit haben. Oftmals ist gerade das für einen Anfänger sehr verwirrend. Doch denken Sie daran, Schwarz ist am Zug!

In den nächsten drei Aufgaben müssen Sie den richtigen weißen Zug finden, der Schwarz durch ein Doppel-Atari in Bedrängnis und dem Weißen einen Vorteil bringt.

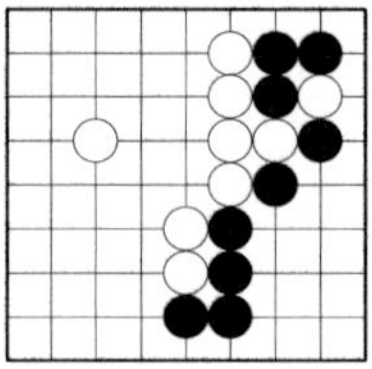
G

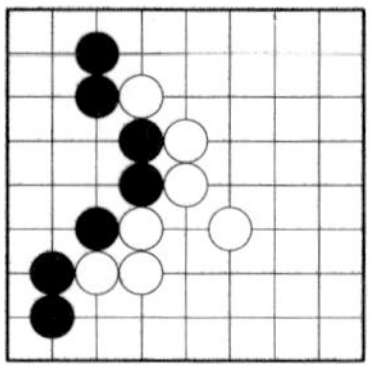
H

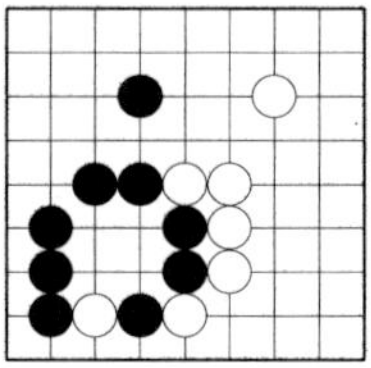
I

Die Lösungen zu diesen Aufgaben finden Sie unter **Lösungen zum Atari** am Ende des 2. Kapitels auf Seite 46.

2.2 Verbotene Züge

> Kein Stein darf so gesetzt werden, daß er keine Freiheiten mehr hat.

So lautet die Regel für "Verbotene Züge" in Kapitel 1.
Auch hierzu im folgenden ein paar Beispiele, die diese Regel näher erläutern.

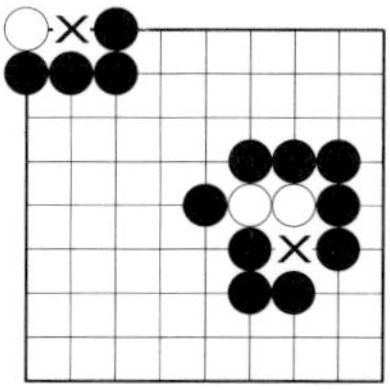

1

In Abbildung 1 sehen Sie zwei Stellungen. Die Frage lautet nun: Darf Weiß die jeweils mit X markierten Punkte besetzen?

Er darf es nicht; diese Züge sind verboten. Im Moment haben der einzelne weiße Stein und die beiden weißen Steine jeweils noch eine Freiheit. Besetzt Weiß auch noch die markierten Punkte, haben seine zwei bzw. drei Steine in den beiden Stellungen gar keine Freiheit mehr. Weiß darf also die markierten Punkte nicht besetzen, weil solch ein Zug laut den Regeln verboten ist. Etwas komplizierter wird es in der nächsten Abbildung.

Darf Schwarz die markierten Punkte besetzen? Weiß behauptet, Schwarz darf nicht. Weiß glaubt, er habe zwei Steinketten, die jeweils einen Punkt Gebiet umzingeln; wenn Schwarz einen Stein auf den markierten Punkt setzen würde, wäre das ein verbotener Zug!

Stimmt das?

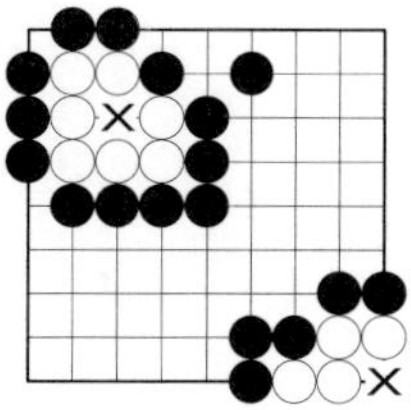

2

Nein, Weiß irrt sich! In diesem Fall darf Schwarz die markierten Punkte besetzen, weil er den weißen Steinen - die Atari stehen - gleichzeitig die letzte Freiheit nimmt. Mit dem Setzen des schwarzen Steins auf den markierten Punkt ist der Zug noch **nicht** beendet.

Erst wenn Schwarz die weißen Steine, denen er die letzte Freiheit genommen hat, vom Brett nimmt, ist der Zug beendet.

In der nächsten Abbildung sehen Sie, welche Stellung sich dann ergibt.

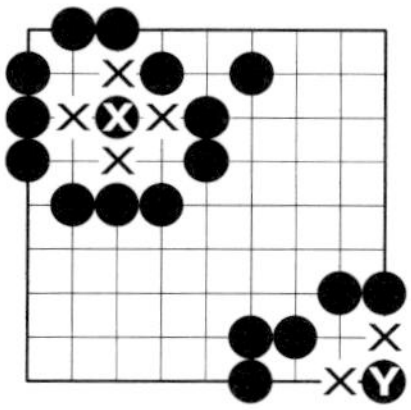

3

Nach Beendigung des Zugs - dem Herausnehmen der geschlagenen weißen Steine - hat der mit X markierte Steine vier und der mit Y markierte Stein zwei Freiheiten (mit x gekennzeichnet). Und diese Freiheiten sind der Grund, warum der Zug erlaubt ist, obwohl es doch in Abb. 2 so aussieht, als ob Schwarz keine Freiheiten hätte, wenn er auf die markierten Punkte setzt.
Das ist ein sehr wichtiger Tatbestand, der oftmals für Verwirrung sorgt, darum soll er noch einmal hervorgehoben werden:

> Ein Stein darf nicht so gesetzt werden, daß er keine Freiheiten mehr hat, es sei denn, er nimmt gleichzeitig Steinen der anderen Farbe die **letzte** Freiheit. (Nach dem Herausnehmen der geschlagenen Steine hat er nämlich wieder mindestens eine Freiheit.)

In Abb. 1 z. B. würde Weiß, wenn er auf die markierten Punkte setzte, keine Freiheiten mehr haben. Das dürfte er nur, wenn er gleichzeitig irgendwelchen schwarzen Steinen die letzte Freiheit nähme, doch das ist nicht der Fall. Die schwarzen Steine haben sogar im Gegenteil noch sehr viele Freiheiten. Darum sind die weißen Züge in Abb.1 nicht erlaubt.

Übungen:

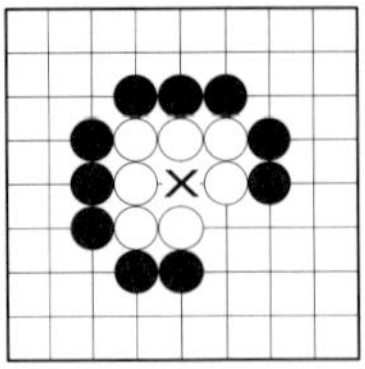

A

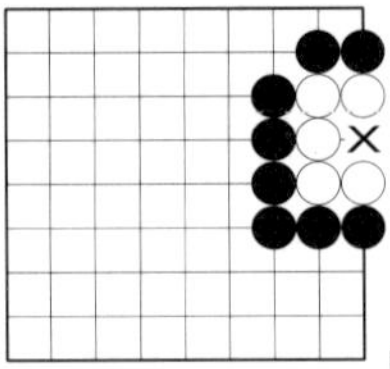

B

Darf Schwarz in den beiden Abbildungen A und B auf die markierten Punkte setzen?
Die Lösung finden Sie unter **Lösung zu verbotenen Zügen** auf Seite 47.

2.3 Leben und Tod

Eine etwas dramatische Überschrift für eines der wichtigsten bzw. wissenswertesten Dinge im Go.

In den vorherigen Kapiteln, z.B. auch bei den Regeln, wurde darauf hingewiesen, daß das Ziel des Go-Spiels darin besteht, freie Schnittpunkte zu umzingeln, d.h. "Gebiete" abzustekken. Erst in zweiter Linie ist es auch interessant, daß man gegnerische Steine schlagen kann.

Nach dem bisher Gesagten könnte aber vielleicht der Eindruck entstehen, daß das Schlagen bzw. Fangen von Steinen einen größeren Stellenwert hat. Gebiete entstehen, wenn man mit Ketten freie Schnittpunkte umzingelt; und Ketten kann man - wie Sie gerade gelernt haben - prinzipiell schlagen. Was nützt es also, große Gebiete zu bilden, wenn der Gegenspieler die Ketten, mit denen diese Gebiete gebildet wurden, letztendlich schlagen kann? Doch ganz so einfach ist das nicht!

Man kann die eigenen Gebiete bzw. Ketten davor schützen, daß sie geschlagen oder gefangen werden können.

Wie geht das?
In der Abb. 2 auf Seite 17 hatte Weiß mit seiner Kette einen einzelnen freien Schnittpunkt umzingelt. Nachdem Schwarz die äußeren Freiheiten der Steinkette besetzt hatte, durfte er auf den mit X markierten Punkt setzen (Abb. 3 auf Seite 17) und die weißen Steine vom Brett nehmen.
Ein einzelner umzingelter Gebietspunkt wie in Abb. 2 bietet also keinen Schutz.

Die Größe und die Form eines Gebiets ist aber entscheidend für Leben oder Tod einer Kette oder Gruppe.

Gebiete, die zwei Punkte groß sind

Wie sieht es aus, wenn Weiß zwei Gebietspunkte umzingelt hat, wie in Abb. 1?

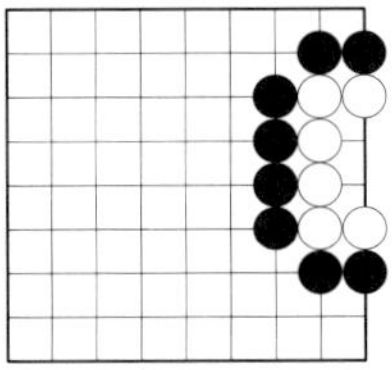

1

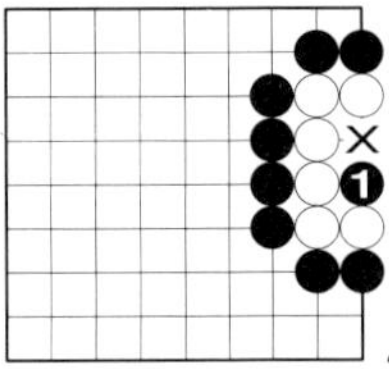

2

Weiß behauptet, er hätte ein Gebiet mit zwei Gebietspunkten gebildet, doch Schwarz hat vor solchen Behauptungen keine Ehrfurcht und versucht der weißen Steinkette mit S1 in Abb. 2 erst einmal eine Freiheit von innen zu nehmen (von außen hat Schwarz schon alle Freiheiten der weißen Kette zugesetzt), um sie dann letztendlich zu schlagen.
Nach S1 steht die weiße Steinkette Atari, sie hat nur noch eine Freiheit. Doch auch der einzelne schwarze Stein S1 hat nur noch eine Freiheit. In diesem Fall haben beide nur die mit X markierte gemeinsame Freiheit.

Schwarz dürfte, wenn er am Zug wäre, den mit X markierten Punkt besetzen. Er würde dann den weißen Steinen die letzte Freiheit nehmen und dürfte die weißen Steine vom Brett nehmen, siehe Abb. 3.

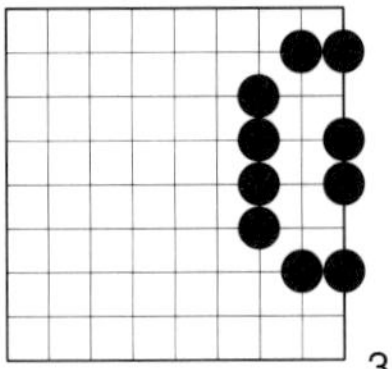

3

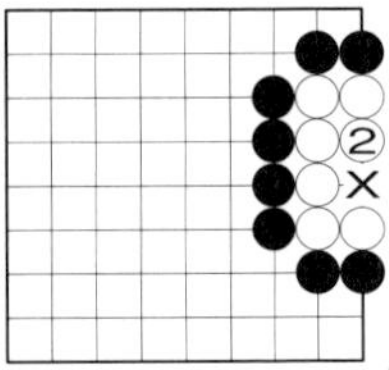

4

Doch Schwarz ist nicht am Zug. Weiß kann den einzelnen schwarzen Stein (Abb. 4) schlagen, aber nützt ihm das etwas?

Nein, denn nach dem Schlagen des schwarzen Steins hat die weiße Kette nur noch eine Freiheit, dort, wo der geschlagene schwarze Stein stand. Schwarz ist am Zug, setzt auf den markierten Punkt und schlägt alle weißen Steine.

Die bisherigen Gebiete, die der Weiße gebildet hat, haben ihn nicht davor geschützt, daß der Schwarze ihn schlagen konnte. In Abb. 5 hat Weiß wieder ein Gebiet, das zwei Punkte groß ist, aber diesmal sind die Gebietspunkte voneinander getrennt, das weiße Gebiet besteht aus den Punkten A und B.

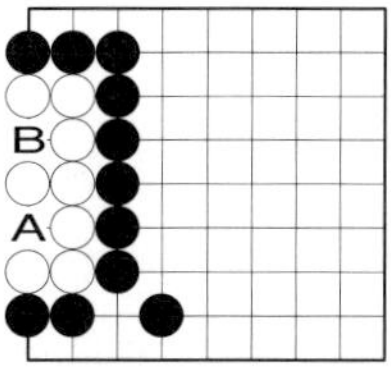

5

In der Abb. 2 auf der vorhergehenden Seite konnte Schwarz in das weiße Gebiet setzen und schließlich alle weißen Steine schlagen. Wie sieht es hier aus? Auch dieses Gebiet ist nur zwei Punkte groß. Darf Schwarz auf den Punkt A oder B setzen, um vielleicht die weißen Steine schlagen zu können?

In Abb. 6 und 7 sehen Sie jeweils die Stellungen, die sich ergeben, wenn Schwarz mit S1 entweder den Punkt A oder den Punkt B besetzt.

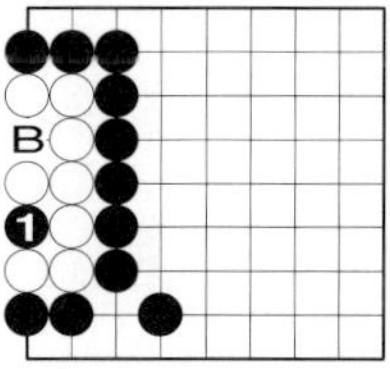

6

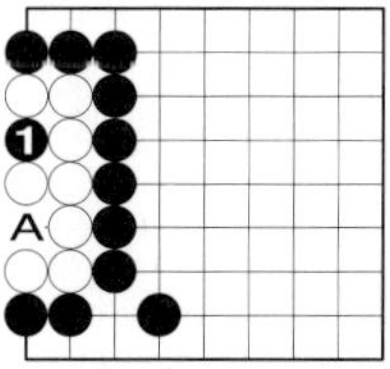

7

Der schwarze Stein S1 hat in beiden Abbildungen keine Freiheiten mehr. Ein solcher Zug ist nur erlaubt - Sie erinnern sich -, wenn gleichzeitig den weißen Steinen, die hier eine Kette bilden und somit eine Einheit sind, die letzte Freiheit genommen würde. Doch das ist nicht der Fall. In Abb. 6 hat die weiße Kette noch eine Freiheit in dem Punkt B, und in Abb. 7 hat die weiße Kette noch eine Freiheit in dem Punkt A. Schwarz darf also keinen der beiden Punkte A oder B besetzen. Somit kann Schwarz auch niemals die weiße Kette schlagen. Die weiße Kette ist durch die zwei getrennten Gebietspunkte geschützt. Im Go spricht man auch von zwei Augen einer Gruppe.

> Wenn eine Kette oder Gruppe von Steinen zwei Augen - also zwei voneinander getrennte Gebietspunkte - hat, "lebt" sie und kann nicht mehr geschlagen werden.

Dabei kann ein Auge z. B nur einen Punkt groß sein, es kann aber auch mehrere Punkte groß sein.

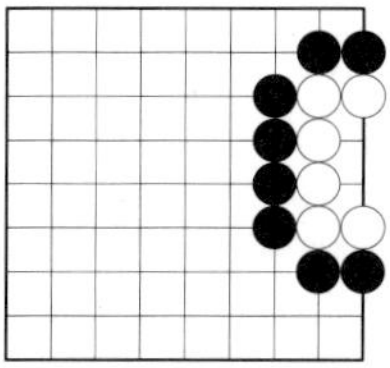
1

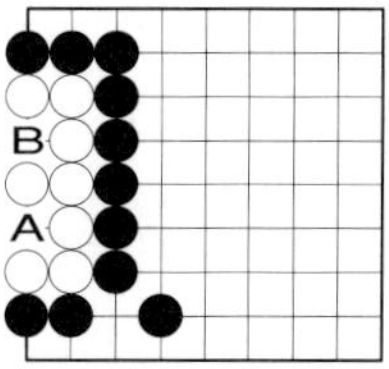

5

Vergleichen wir noch einmal Abb. 1 der vorhergehenden Seite mit Abb. 5 dieser Seite und fassen nochmals die Gründe zusammen, warum die eine Gruppe "tot" ist, d.h. geschlagen werden kann, und die andere Gruppe "lebt".

In Abb.1 konnte Schwarz einen Stein in die weiße Gruppe setzen; da dieser Stein (S1 in Abb. 2 der vorhergehenden Seite) nach dem Setzen noch eine Freiheit hatte, war dieser Zug erlaubt. In Abb. 5 hat ein schwarzer Stein, der auf A oder B gesetzt wird, keine Freiheiten mehr.

In Abb. 1 hätte es für Weiß keinen Sinn, den gesetzten schwarzen Stein zu schlagen, da die weiße Gruppe nach dem Schlagen (Abb. 4 der vorhergehenden Seite) nur noch **eine** Freiheit hat, d.h., Schwarz könnte die weiße Gruppe im nächsten Zug schlagen. Die weiße

Gruppe in Abb. 5 hat aber zwei voneinander getrennte Freiheiten, die Schwarz nicht besetzen darf, da ein Zug auf A oder B verboten ist.

Die weiße Gruppe in Abb. 1 hat nur ein Auge, d.h., Weiß kann sein Gebiet nicht mehr in zwei voneinander getrennte Freiheiten unterteilen, was für das "Leben" einer Gruppe notwendig ist. Die weiße Gruppe in Abb. 5 hat die lebensnotwendigen zwei Augen.

Noch einmal, weil es sehr wichtig ist:

> Eine Gruppe (von Steinen) lebt, d.h., sie kann nicht geschlagen werden, wenn sie zwei voneinander getrennte Freiheiten - Augen - hat.

Oftmals ist der Unterschied zwischen einer toten und einer lebenden Gruppe nach der ersten Erklärung nicht deutlich genug geworden. Doch dieser Unterschied ist sehr wichtig und elementar für das Go-Spiel, darum noch ein Beispiel als weitere Erläuterung.

Gebiete, die drei Punkte groß sind

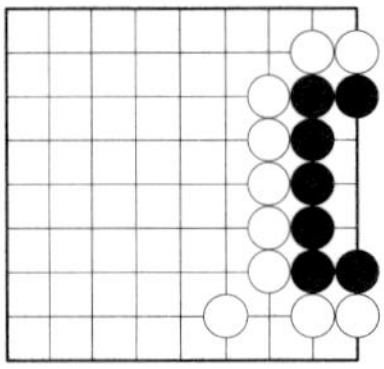
1

An Abb. 1 wollen wir noch einmal untersuchen, ob die schwarze Gruppe lebt oder ob Weiß sie vielleicht schlagen kann.

Im ersten Fall gehen wir davon aus, daß Schwarz am Zug ist. Für Schwarz stellt sich die Frage, ob er überhaupt setzen soll. Wenn er nicht setzt, hat seine Gruppe ein Gebiet von drei Punkten umzingelt. Wenn er nun einen Stein in dieses Gebiet hineinsetzt, hat er nur noch zwei Gebietspunkte. Schwarz wird also nur in sein Gebiet setzen, falls das unbedingt notwendig ist, weil er sonst sein eigenes Gebiet unnötig verkleinert.

Wenn Schwarz in der Abb. 2 auf den Punkt A oder B setzt, hat er ein Gebiet, das zwei Punkte groß ist. Diese zwei Punkte sind **nicht** voneinander getrennt. Das Gebiet ist ähnlich dem Gebiet des Weißen in Abb. 1 auf der vorhergehenden Seite.

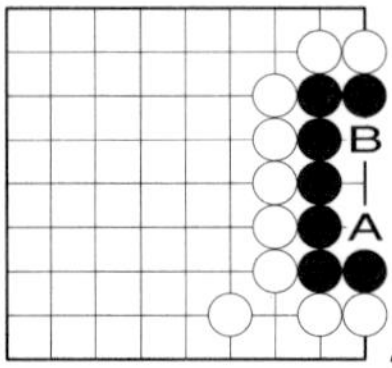

2

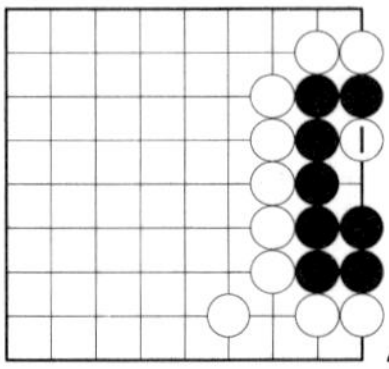

3

Besetzt Schwarz in Abb. 3 z. B. den Punkt A, kann Weiß den Zug W1 machen und einen Stein in das schwarze Gebiet setzen. Es nützt dem Schwarzen nicht, den weißen Stein zu schlagen, siehe Abb. 4.

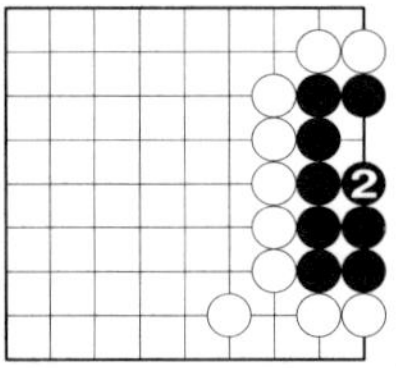

4

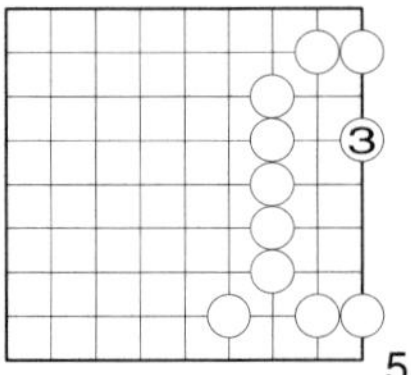

5

Nach dem Schlagen des Steines W1 hat die schwarze Gruppe nur noch eine Freiheit. Weiß ist am Zug, besetzt diese letzte Freiheit der schwarzen Gruppe und nimmt alle schwarzen Steine vom Brett (Abb. 5). Für Schwarz ist es also nicht sinnvoll, einen der Punkte A oder B zu besetzen.

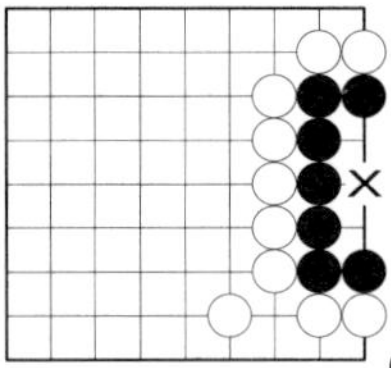

6

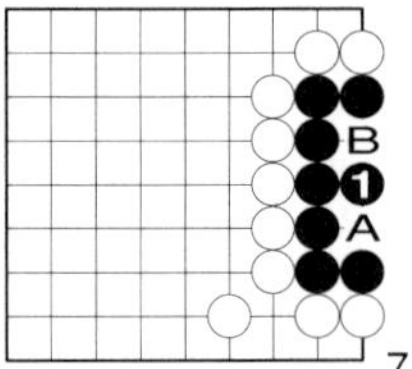

7

Wie sieht es in Abb. 6 mit dem mittleren, mit X markierten Punkt im schwarzen Gebiet aus? Ist die schwarze Gruppe vor dem Geschlagenwerden geschützt, wenn Schwarz diesen

Punkt besetzt? In Abb. 7 hat Schwarz gerade den Stein S1 gespielt.
Danach hat die schwarze Gruppe nur noch zwei Gebietspunkte. Diese sind aber voneinander getrennt. Natürlich schließt sich jetzt die Frage an, kann Weiß auf A oder B setzen, um die schwarze Gruppe zu schlagen?

Nein, das kann er nicht! Wenn Weiß auf A oder B setzt, hat er keine Freiheiten mehr. Ein solcher Zug ist nur erlaubt, wenn Weiß damit gleichzeitig der schwarzen Gruppe (Steinkette) die letzte Freiheit nimmt, sonst wäre der Zug von Weiß verboten. Doch Schwarz hat, je nachdem wo Weiß setzt, immer noch eine Freiheit in dem Punkt A oder B.

Der schwarze Zug S1 in Abb. 7 sichert das Leben dieser Gruppe. **Nach S1 hat die Gruppe zwei (voneinander getrennte) Augen.**

Wenn Schwarz also in sein eigenes Gebiet setzt, ist der Zug S1 in Abb. 7 der richtige, im Gegensatz zu den Punkten A und B in Abb. 2. Doch muß Schwarz überhaupt setzen? Lebt er nicht auch dann, wenn er nicht in sein eigenes Gebiet setzt?

Betrachten wir einmal die Stellung unter dem Gesichtspunkt, daß Schwarz nicht in sein Gebiet setzt, oder damit gleichbedeutend, daß Weiß am Zug ist.

Kann Weiß den Schwarzen "töten", wenn er zuerst in das schwarze Gebiet setzt? Betrachten wir einmal die verschiedenen Möglichkeiten, die Weiß hat.

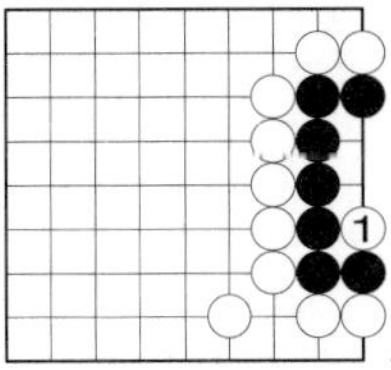

1

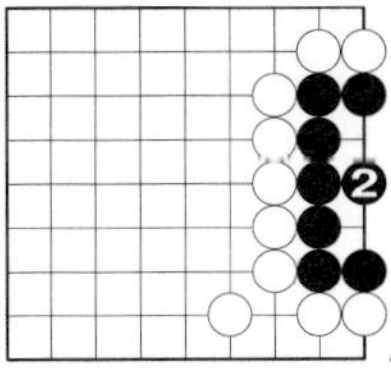

2

In Abb. 1 setzt Weiß z.B. den Stein W1 in das schwarze Gebiet. Wenn Schwarz auf diesen Zug reagiert, kann er mit S2 den weißen Stein schlagen und bildet damit eine Form, von der Sie mittlerweile wissen, daß sie lebt, weil sie zwei getrennte Augen hat.

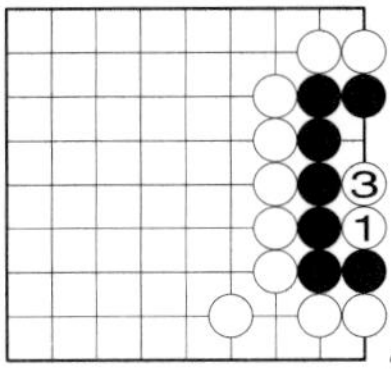

3

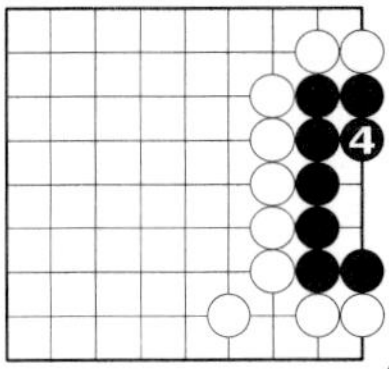

4

Kann Schwarz es sich erlauben, den weißen Zug zu ignorieren? Was passiert, wenn Weiß die Möglichkeit hat, noch einmal im schwarzen Gebiet zu ziehen?

Nach W1 hat Schwarz an einer anderen Stelle gespielt, so daß Weiß auch noch den Zug W3 spielen konnte.

Nun stehen die schwarzen Steine - wie auch die beiden weißen Steine - Atari. Schwarz versucht seine Steine zu retten, indem er die beiden weißen Steine in Abb. 4 schlägt. Doch danach hat Schwarz nur noch ein Zwei-Punkte-Gebiet, das er nicht mehr in zwei Augen unterteilen kann. Das bedeutet, daß Weiß die schwarzen Steine schlagen kann, wenn er möchte, weil es sich um eine "tote" Stellung handelt.

Schwarz sollte also auf den Zug W1 in Abb. 1 mit dem Schlagen des schwarzen Steins reagieren, weil seine Gruppe sonst getötet werden kann.

Andererseits ist W1 offensichtlich nicht der richtige Zug, um Schwarz zu töten. Weiß sollte überlegen, ob es einen besseren Zug gibt.

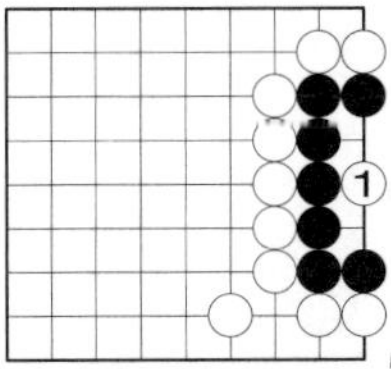

5

Schwarz kann seine Gruppe bedingungslos zum Leben bringen, wenn er auf den mittleren Punkt in seiner Gruppe spielt. Was passiert, wenn Weiß in Abb. 5 als erster dorthin spielen kann?

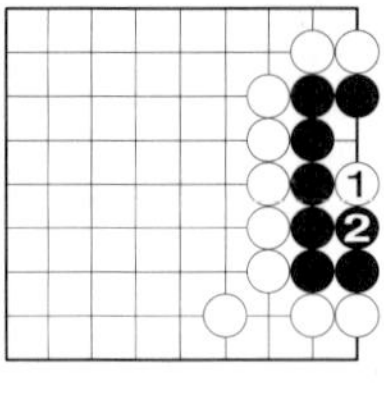

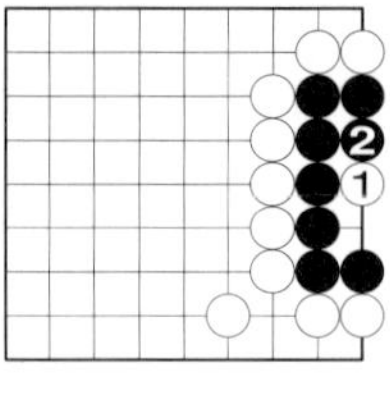

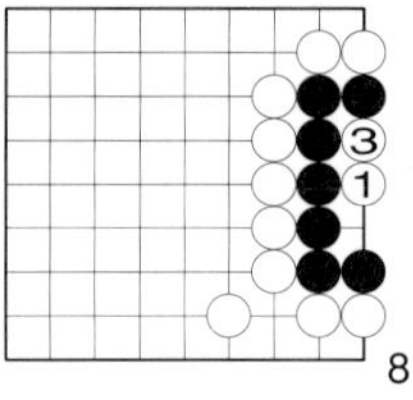

Egal von welcher Seite Schwarz sich dem weißen Stein nähert, er nimmt sich durch den Zug S2 in den Abbildungen 6 und 7 selbst eine Freiheit und steht Atari. Weiß kann mit dem nächsten Zug alle schwarzen Steine schlagen. Es ist für Schwarz nicht sinnvoll, dort zu spielen.

Weiß kann jederzeit mit einem weiteren Zug (S3 in Abb. 8) die schwarzen Steine Atari stellen, wenn er möchte. Es hat für Schwarz keinen Nutzen, die beiden weißen Steine zu schlagen, weil er nach dem Schlagen eine Form erhält, die nicht mehr in zwei Augen unterteilt werden kann.

Sie haben vielleicht bemerkt, Weiß muß nicht unbedingt sofort noch einmal ziehen, um die Gruppe zu schlagen. Schwarz hat keine Möglichkeit mehr, sich zu wehren, nachdem Weiß seinen zentralen Gebietspunkt besetzt hat. Die schwarze Gruppe ist tot.

Der mittlere Punkt der schwarzen Gruppe ist der wichtige Punkt, um das schwarze Gebiet in zwei Augen zu unterteilen. Je nachdem, wer am Zug ist, ist diese Gruppe tot oder lebendig. Gelingt es Schwarz, sein Gebiet zu unterteilen, lebt seine Gruppe. Ist Weiß am Zug und besetzt diesen Punkt, ist die schwarze Gruppe unwiederbringlich tot.

Bei großen Turnieren in Europa sind oft Profi-Spieler anwesend. Hier sehen Sie einen japanischen Profi-Spieler, der während einer Europameisterschaft eine Partie mit Amateuren analysiert.

Noch ein Beispiel:

Gebiete, die vier Punkte groß sind

Versuchen Sie einmal anhand der bisherigen Beispiele zu überlegen, ob die weiße Gruppe aus Abb. 1 lebt oder tot ist. Hängt das Leben der weißen Gruppe davon ab, ob Schwarz oder Weiß am Zug ist?

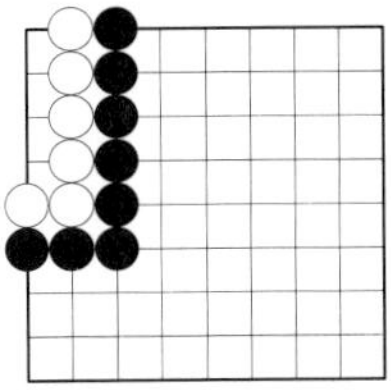
1

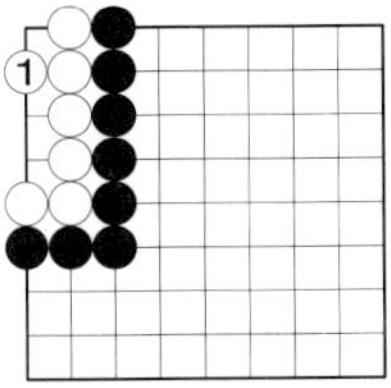
2

Sie kennen mittlerweile das "Geheimnis" einer lebenden Gruppe, nämlich die Unterteilung in zwei Augen. Wenn Weiß zuerst ziehen darf, ist klar, daß er seine Gruppe in zwei Augen unterteilen kann, wie man in Abb. 2 sieht.
Was passiert, wenn Schwarz in Abb. 1 am Zug ist?

Diesmal hat Weiß ein vier Punkte großes Gebiet, das keinen eindeutigen "Mittelpunkt" wie das zuvor untersuchte drei Punkte große Gebiet hat.

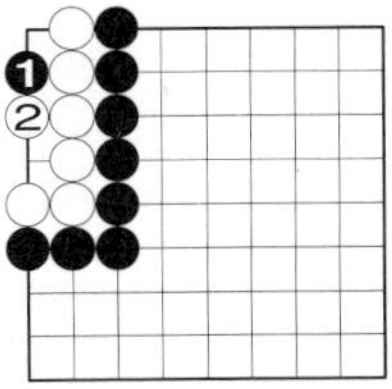
3

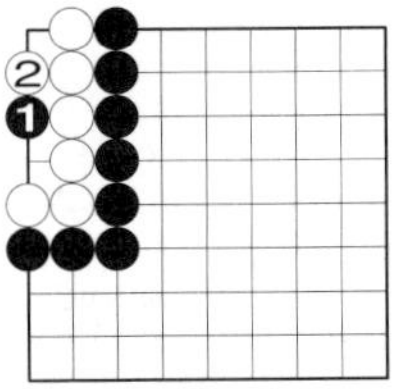
4

In den Abbildungen 3 und 4 spielt Schwarz jeweils als erster in das weiße Gebiet. Weiß hat aber keine Schwierigkeiten, mit W2 zu antworten und sein Gebiet in zwei Augen zu unterteilen. Kann Schwarz trotzdem noch die weißen Steine fangen?

Abb. 5 ist die Fortsetzung von Abb. 4. Der Zug S3 ist **nicht erlaubt**; die beiden schwarzen Steine haben keine Freiheiten mehr, aber Weiß hat mit seiner Steinkette noch eine Freiheit in der linken oberen Ecke.

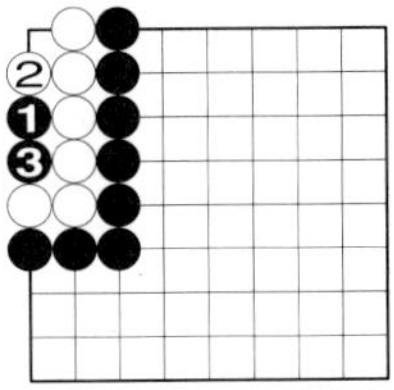
5

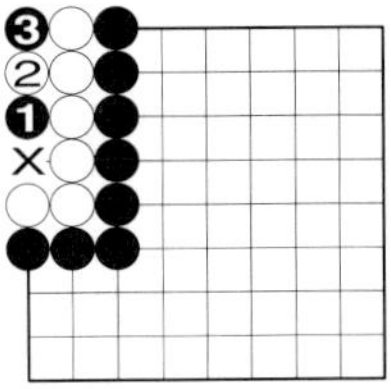
6

Abb. 6 ist eine andere mögliche Fortsetzung von Abb. 4. Hier besetzt Schwarz den Eckpunkt der weißen Gruppe. Ist dieser Zug erlaubt?
Nein! Die Begründung ist wieder die gleiche: Der schwarze Stein S3 hat keine Freiheiten mehr. Dieser Zug wäre nur erlaubt, wenn Schwarz mit diesem Zug gleichzeitig den weißen Steinen die letzte Freiheit nehmen würde. Doch das ist nicht der Fall. Weiß hat nach dem Zug S3 mit dem markierten Punkt immer noch eine Freiheit. D.h., Weiß kann es sich bei diesem vier Punkte großen Gebiet erlauben, nicht sofort sein Gebiet zu unterteilen, weil er das jederzeit machen kann, selbst wenn Schwarz zuerst in das weiße Gebiet spielt.

Abschließend wollen wir noch die Frage stellen, ob Weiß auf den Zug S1 in Abb. 3 und 4 unbedingt mit dem Zug W2 reagieren muß. Was passiert, wenn Weiß an einer anderen Stelle auf dem Brett spielt und Schwarz noch einen Stein in das weiße Gebiet setzen kann, wie in Abb. 7?

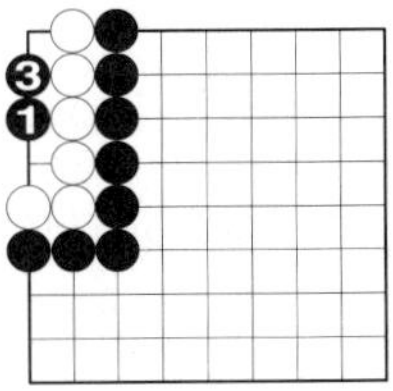
7

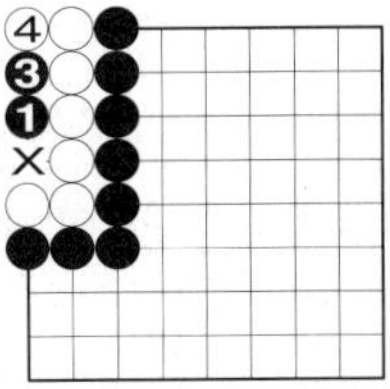
8

Wenn Weiß nicht reagiert, kann Schwarz nach S1 auch noch S3 in Abb.7 in das weiße Gebiet setzen. Welche Bedeutung hat das für die weiße Gruppe?

Die beiden schwarzen Steine haben - wie auch die weiße Kette - zwei Freiheiten. Wenn Weiß jetzt versucht, die beiden Steine zu schlagen, indem er W4 in Abb. 8 setzt, nimmt er zwar den beiden schwarzen Steinen eine

Freiheit und stellt sie Atari (d.h., sie haben nur noch eine Freiheit), doch gleichzeitig nimmt Weiß sich auch selbst eine Freiheit. Weiß stellt sich also mit dem Zug W4 auch selbst Atari. Beide haben nur die in Abb. 8 mit X markierte Freiheit. Schwarz wäre am Zug und dürfte den markierten Punkt besetzen und alle weißen Steine vom Brett nehmen. Das gleiche wäre möglich, wenn Weiß seinen Zug W4 auf den markierten Punkt setzen würde. Auch dann könnte Schwarz mit seinem nächsten Zug alle weißen Steine schlagen.

Für Weiß ist es also nicht sinnvoll, nach S3 noch in sein Gebiet zu setzen. Was passiert, wenn Weiß gar nicht spielt?

In Abb. 9 spielt Schwarz auch noch den Zug S5 in das weiße Gebiet. Die weiße Steinkette steht nach diesem Zug wieder Atari. Wenn Weiß verhindern möchte, daß Schwarz ihn schlägt, muß er die drei schwarzen Steine mit dem Zug W6 schlagen.

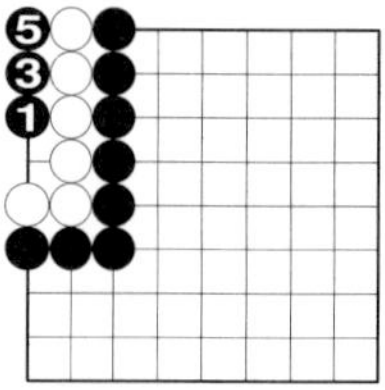

9

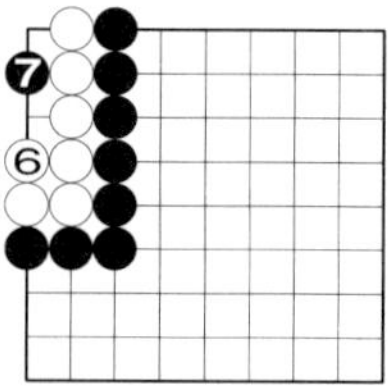

10

Danach ist das weiße Gebiet nur noch drei Punkte groß. Das ist eine "kritische" Gebietsgröße, wie Sie mittlerweile wissen. Schwarz ist am Zug und besetzt mit S7 in Abb. 10 den Mittelpunkt des weißen Gebiets, damit Weiß nicht mehr sein Gebiet unterteilen kann. Nun hat Weiß nur noch eine tote Gruppe.

Es ist also absolut notwendig, daß Weiß nach dem Zug S1 mit dem Zug W2 in den Abb. 3 und 4 auf der vorhergehenden Seite antwortet.

Sie sehen also, wenn es einem Spieler gelingt, mit seinen Steinketten oder seinem Gebiet zwei Augen zu bilden, hat er eine lebende Stellung, weil sie nicht mehr geschlagen werden kann. Aber man muß sehr vorsichtig sein! Es gibt Gebiete, bei denen es unbedingt notwendig ist, sie sofort zu unterteilen. Und es gibt Gebiete wie in Abb. 1 auf der vorhergehenden Seite, die man nicht unbedingt sofort unterteilen muß, da man mehrere Möglichkeiten hat, dies zu tun.

Es ist für Anfänger (aber auch für Fortgeschrittene) beim Go-Spiel meistens sehr schwer, immer sicher beurteilen zu können, ob eine Gruppe lebt oder tot ist. Um absehen zu können, was passiert, wenn der Gegenspieler zuerst in das Gebiet spielt und welche Möglichkeiten zur Gegenwehr ergriffen werden können, muß man sich schon einige Züge im voraus vorstellen können. Das fällt einem Spieler mit einer größeren Spielerfahrung sicherlich leichter, ohne damit sagen zu wollen, daß es leicht sei.

Unechte Augen

Was ist z.B. mit der weißen Gruppe in der Abbildung 1? Hat die weiße Gruppe zwei Augen und lebt, oder ist sie tot?

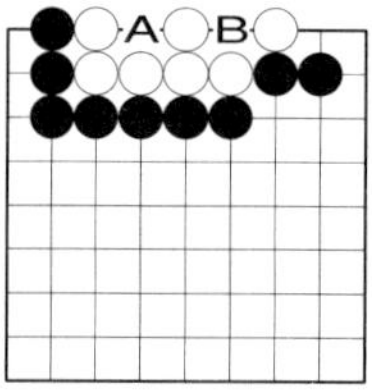

1

Auf den ersten Blick könnte man meinen, daß die weiße Gruppe mit den Punkten A und B zwei Augen hat.
Doch der Punkt B ist kein "richtiges" Auge. Im Moment ist der Punkt B noch eine Freiheit der weißen Steinkette, doch was passiert, wenn Schwarz die weiße Gruppe von außen zusetzt, was er jederzeit - also jetzt oder zu einem späteren Zeitpunkt - machen kann?

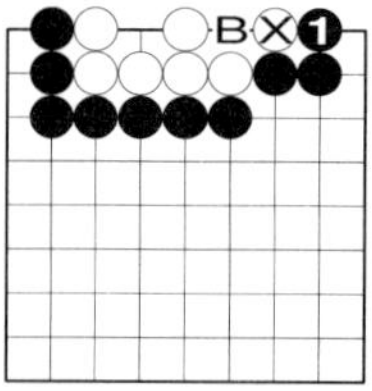

2

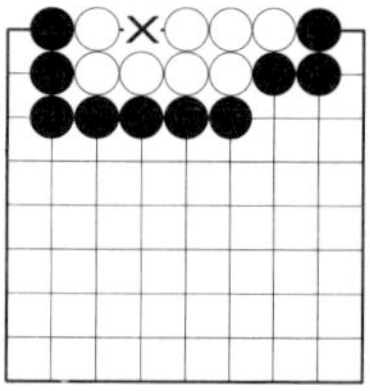

3

Abb.2: Wenn Schwarz den Zug S1 spielt, hat der mit X markierte weiße Stein nur noch eine

Freiheit, nämlich den mit B gekennzeichneten Punkt. Möchte Weiß verhindern, daß der markierte weiße Stein geschlagen wird, muß er diesen Stein mit seinen anderen Steinen verbinden.
Doch wenn Weiß den Punkt B in Abb. 2 besetzt, hat die weiße Gruppe in Abb. 3 nur noch ein Auge - eine Freiheit - und kann somit von Schwarz geschlagen werden, wenn Schwarz den markierten Punkt besetzt.

Einen solchen Punkt wie B in der Abb. 2 nennt man im Go ein "unechtes Auge"; unecht deshalb, weil Weiß es irgendwann zusetzen müßte, wenn Schwarz dem markierten Stein von außen mit S1 die Freiheit nimmt.

Zur besseren Verdeutlichung der "Leben und Tod"-Problematik haben wir die bisher im Kapitel 2.2 behandelten Ketten oder Gebiete auf besondere Weise dargestellt: Die äußeren Freiheiten dieser Ketten oder Gebiete waren immer vollständig zugesetzt.
Zwei Abbildungen sollen Ihnen den Unterschied zwischen äußeren und inneren Freiheiten verdeutlichen.

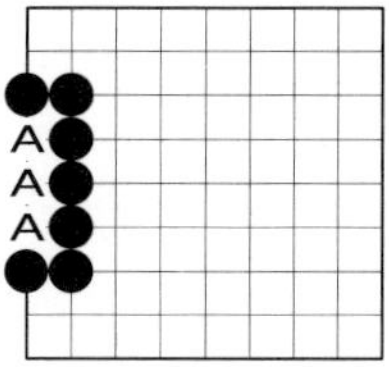

4

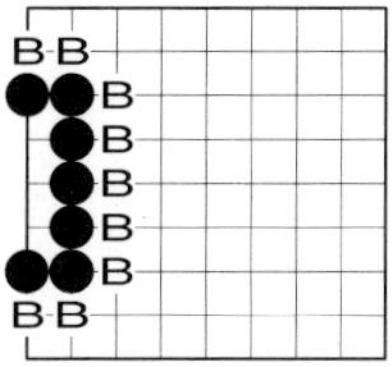

5

In Abb. 4 sind die inneren Freiheiten der schwarzen Gruppe mit A gekennzeichnet. In Abb. 5 sind die äußeren Freiheiten der Gruppe mit B markiert.

Aufgrund der bisherigen Darstellungsweise könnte vielleicht der Eindruck entstehen, daß es für das Leben oder den Tod einer Gruppe entscheidend ist, daß die äußeren Freiheiten alle besetzt sind.

Dem ist nicht so! Wir haben in unseren Abbildungen nur deshalb immer sämtliche äußeren Freiheiten besetzt, um die Aufmerksamkeit auf die inneren Freiheiten und die Gebietsgröße zu konzentrieren. Ein Beispiel soll Ihnen zeigen, daß eine Gruppe auch "tot" sein kann, obwohl sie noch äußere Freiheiten hat.

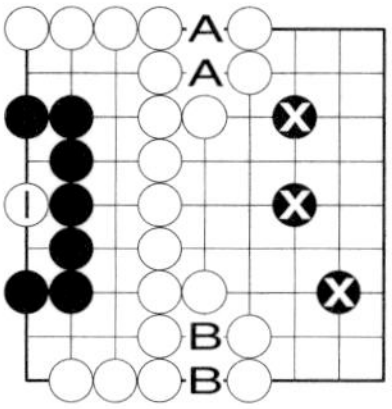

6

In Abb. 6 sehen Sie auf der linken Seite eine schwarze Gruppe, deren vitaler Punkt gerade von Weiß mit W1 besetzt wurde. Die schwarze Gruppe ist weiträumig von einer weißen Kette umzingelt, so daß sie keine Verbindung mehr zu den auf der rechten Seite stehenden, markierten schwarzen Steinen herstellen kann. Die schwarze Gruppe muß also selbständig für sich leben.

Zum Leben ist es aber notwendig, daß Schwarz in der Lage ist, sein Gebiet in zwei voneinander getrennte Augen zu unterteilen. Doch das ist nach dem Zug W1 nicht mehr möglich. Schwarz hat nur ein Auge. Er hat auch keine Möglichkeit mehr, außerhalb seiner Gruppe - zur weißen Kette hin - ein zweites Auge zu bilden, da dort kein ausreichend großer Platz mehr ist. Die schwarze Gruppe ist "tot", obwohl noch alle äußeren Freiheiten unbesetzt sind.

Wenn es Schwarz nun seinerseits gelingen würde, die weiße Steinkette zu schlagen, die ihn umgibt, hätte er vielleicht noch etwas Hoffnung, seine schwarze Gruppe zu retten.
Doch die weiße Steinkette kann nicht mehr in Gefahr geraten. Sie hat schon zwei Augen mit den getrennten (je zwei Punkte großen) Gebieten A und B, was ja bekanntlich davor schützt, daß man geschlagen werden kann.
Das heißt: die schwarze Gruppe ist unwiederbringlich "tot".

Weiß braucht im weiteren Spielverlauf auch nicht mehr alle Freiheiten dieser schwarzen Gruppe zu besetzen, um die schwarzen Steine zu schlagen, sie gehören ihm sowieso. Er darf sie am Ende der Partie als seine Gefangenen vom Brett nehmen.

Jeder gefangene Stein zählt als ein Punkt. Ebenso zählen die nach der Herausnahme der schwarzen Steine verbleibenden freien Schnittpunkte als jeweils ein Punkt.

Übungen:

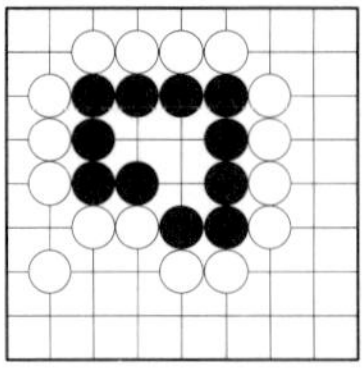
A

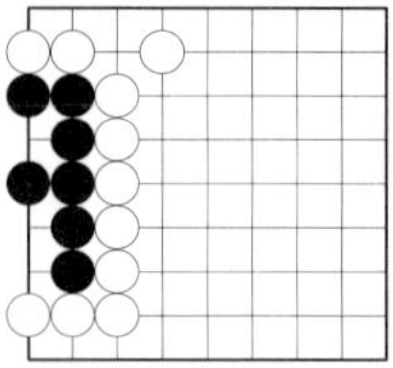
B

In Abb. A ist Schwarz am Zug. Wo muß Schwarz setzen, um seine Gruppe zum Leben zu bringen? Und muß er überhaupt setzen? In Abb. B ist Weiß am Zug. Schwarz hat nur ein Auge. Ist die schwarze Gruppe tot, so daß Weiß nicht noch einmal setzen muß, oder ist ein weiterer weißer Zug notwendig?

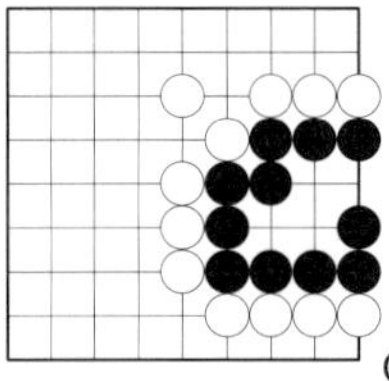
C

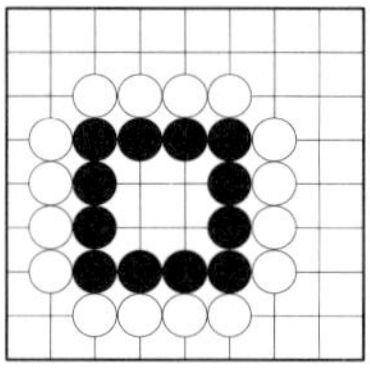
D

In den Abbildungen C und D sollen Sie sich überlegen, ob die schwarzen Gruppen leben oder tot sind, und zwar sowohl für den Fall, daß Weiß, als auch für den Fall, daß Schwarz am Zug ist.

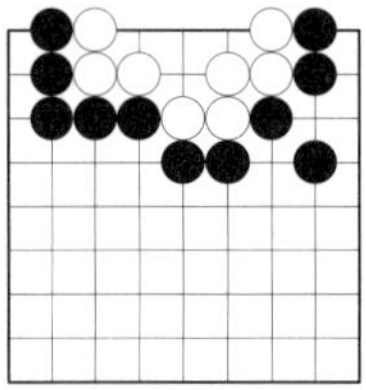
E

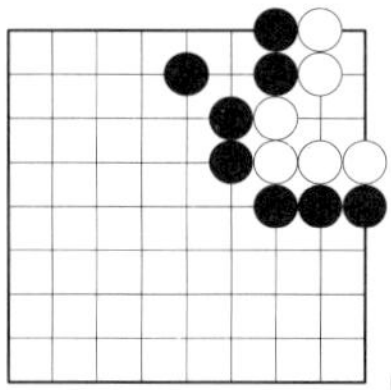
F

In den Abbildungen E und F ist Weiß am Zug. Auch hier wieder die Frage, muß Weiß überhaupt setzen, um seine Gruppen zum Leben zu bringen, und wo muß Weiß gegebenenfalls setzen? Dabei müssen Sie bei der Abb. F aufpassen, da dort eine kleine "Gemeinheit" zu beachten ist.

In Abb. G ist Weiß am Zug. Es stellt sich die Frage, kann Weiß die schwarze Gruppe in der linken oberen Ecke daran hindern, ein zweites Auge zu machen?

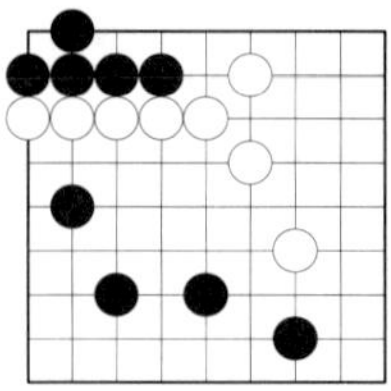
G

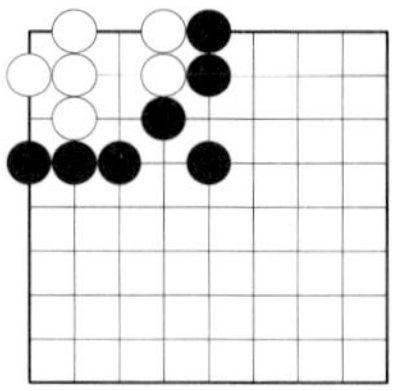
H

Die Aufgabe ist sehr schwer, denn hier müssen Sie mehrere Züge im voraus planen. Ein Hinweis soll Ihnen etwas helfen: probieren Sie einmal, das zweite Auge des Schwarzen unecht zu machen. Nehmen Sie ruhig ein Brett zur Hilfe, um verschiedene Möglichkeiten zu probieren.

In Übung H sollen Sie sich wieder überlegen, was jeweils in den beiden Fällen geschieht, wenn Weiß oder Schwarz zuerst ziehen darf. Ist es in Übung H überhaupt wichtig, wer zuerst spielt?

Die **Lösung zum Leben und Tod** finden Sie auf der Seite 47.

2.4 Trennen und Verbinden

Wie Sie wissen, kann man Steine zu Ketten verbinden. Man kann aber auch versuchen, Ketten, die im Laufe des Spiels an verschiedenen Stellen auf dem Brett entstanden sind, im weiteren Spielverlauf miteinander zu verbinden.

Welche Vorteile sich aus einem Verbinden ergeben oder auch welche Nachteile entstehen, wenn man getrennt wird, wird ausführlich im Kapitel 3.2 behandelt. Hier sollen aber schon einmal einige grundlegende Beispiele gezeigt werden.

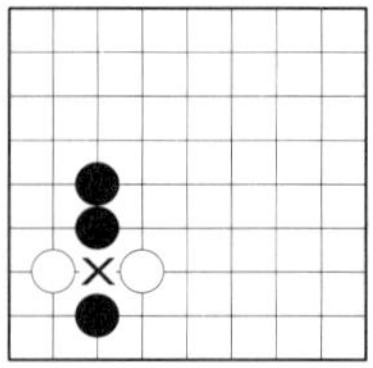
1

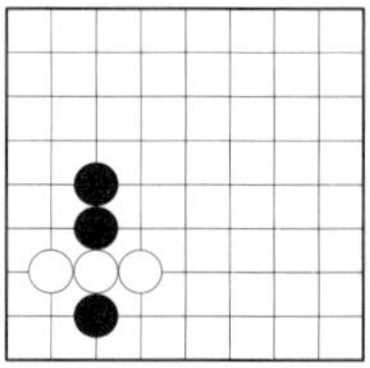
2

In Abb. 1 können Schwarz und Weiß jeweils ein paar Steine miteinander verbinden, wenn sie auf den markierten Punkt setzen.

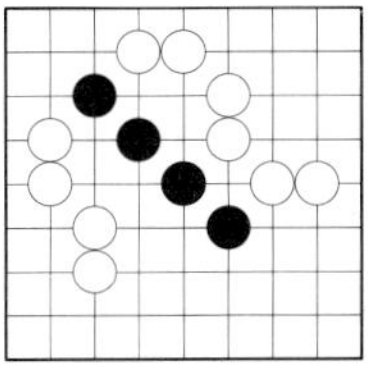

3

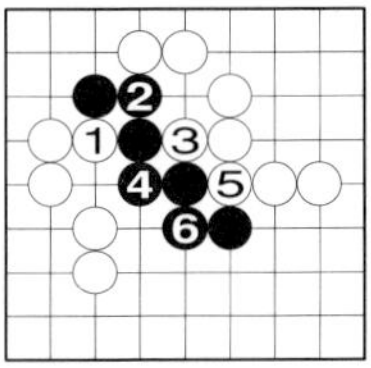

4

In Abb. 2 war z.B. Weiß am Zug und hat seine Steine miteinander verbunden. Der einzelne schwarze Stein ist von den übrigen schwarzen Steinen getrennt. Die weißen Steine sind verbunden und dadurch auch sicherer, d.h. nicht so leicht angreifbar. Der abgetrennte einzelne schwarze Stein dagegen ist schwach und damit ein geeignetes Angriffsziel für Weiß.

In Abb. 3 sehen Sie vier schwarze Steine, die nicht miteinander verbunden sind, da sie sich auf Schnittpunkten befinden, die nicht direkt durch Linien verbunden sind. Diagonale Schnittpunkte sind keine Verbindung.

Doch trotzdem kann Weiß die schwarzen Steine nicht voneinander trennen, da Schwarz immer zwei Möglichkeiten hat, eine Verbindung herzustellen.

In Abb. 4 versucht Weiß die schwarzen Steine zu trennen. Doch Sie sehen, wenn Weiß von einer Seite droht, die schwarzen Steine zu trennen (W1, W3 und W5), kann Schwarz seine Steine auf der anderen Seite verbinden (S2, S4 und S6). Diagonal angeordnete Steine sind zwar nicht "fest" miteinander verbunden, sofern sie aber zwei Möglichkeiten haben, eine feste Verbindung zu schaffen, sind sie nicht in unmittelbarer Gefahr, getrennt zu werden.

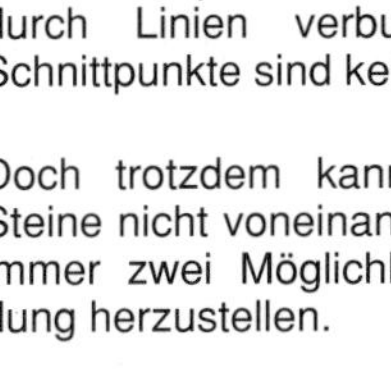

5

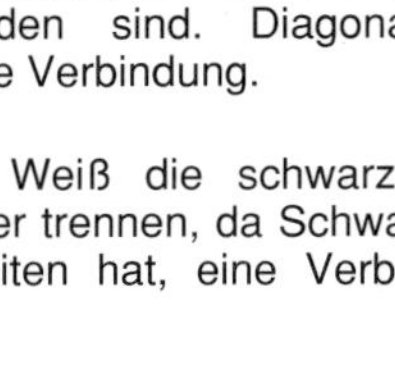

6

In Abb. 5 sehen Sie am oberen Rand einen mit X markierten Punkt. Wenn Weiß diesen Punkt besetzt, hat er die drei schwarzen Steine in der rechten oberen Ecke von den übrigen schwarzen Steinen auf der linken Seite abgetrennt. In diesem Fall stellt sich die Frage, was passiert mit diesen drei Steinen?

Wenn es Schwarz gelingt, mit seiner abgetrennten Steinkette (drei Steine) zwei getrennte Augen zu bilden, lebt die Steinkette. Gelingt ihm das nicht, sind die drei Steine verloren.

Aber selbst wenn Schwarz S1 in Abb. 6 setzt, sehen Sie wahrscheinlich sofort, daß das Gebiet von Schwarz gar nicht groß genug ist, um es noch unterteilen zu können. Die schwarzen Steine sind "tot".

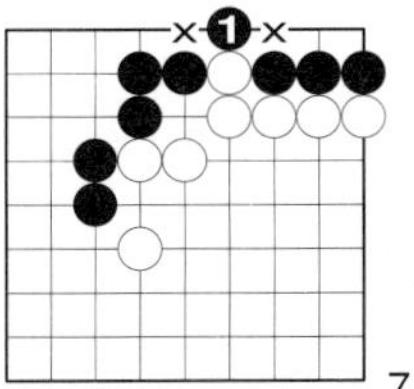

7

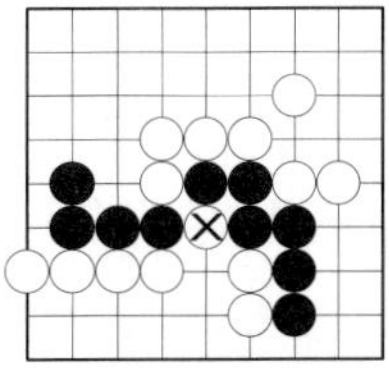

8

Wenn Schwarz am Zug ist, ist es für ihn also überlegenswert, ob er nicht mit dem Zug S1 in Abb. 7 seine drei Steine anbinden will. Nach S1 kann Weiß die drei schwarzen Steine nicht mehr trennen. Wenn Weiß auf einen der mit x markierten Punkte setzen würde, hätte dieser gerade gesetzte weiße Stein nur eine Freiheit, und Schwarz könnte ihn sofort schlagen.

Abb. 8 ist ein Diagramm, das schon als Übungsaufgabe in dem Kapitel 2.1 "Das Schlagen von Steinen" vorkam. Dabei sollten Sie den richtigen Zug für Schwarz finden, mit dem er einen Stein schlagen kann. Nach dem Kapitel "Leben und Tod" ist Ihnen vielleicht jetzt noch deutlicher geworden, daß es für Schwarz sehr wichtig ist, den einzelnen markierten weißen Stein zu schlagen.

Sollte Weiß die Möglichkeit haben, seinen einzelnen Stein in seine eigene Steinkette einzubinden, wäre Schwarz in zwei voneinander getrennte Ketten unterteilt. Will er diese Ketten nicht verlieren, muß er mit **beiden** Ketten (jeweils für sich) leben.

Wäre es nur eine schwarze Kette - wenn Weiß nicht trennen könnte -, müßte Schwarz sich auch nur um ein "Leben" kümmern, was wesentlich einfacher ist.

Sie sehen, Steine oder Steinketten, die miteinander verbunden sind, bieten eine gewisse Sicherheit. Abgetrennte, isolierte Steine bieten dem Gegner oftmals ein gutes Angriffsziel und können leichter gefangen werden. Sie sollten immer darauf achten, daß es Ihrem Gegner nicht zu leicht gelingt, Ihre Steine zu trennen, weil Sie sich dann um zu viele verschiedene Gruppen kümmern müssen und vielleicht Steine verlieren.

Bild: Auch bei einem Stau auf der Autobahn ist Go ein beliebter Zeitvertreib.

2.5 Wettlauf um Leben und Tod

Schauen Sie sich einmal die Abb. 1 an!

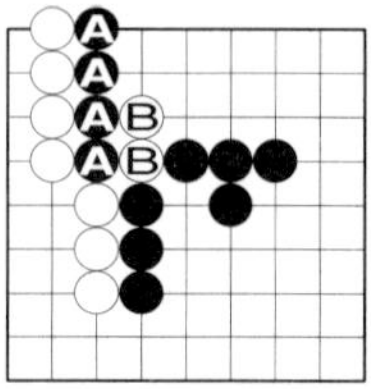

1

Weiß hat sich am linken Rand ein kleines Gebiet abgesteckt, Schwarz auf der rechten Seite. Doch da gibt es noch eine schwarze Steinkette, die mit A gekennzeichnet ist, und zwei weiße Steine, die mit B markiert sind. Sowohl die schwarze Kette als auch die beiden weißen Steine sind von den übrigen Steinen abgetrennt. Jetzt stellt sich natürlich die Frage, gehören die weißen B-Steine dem Schwarzen, oder gehören die schwarzen A-Steine dem Weißen? Oder können sowohl die schwarzen als auch die weißen Steine jeweils eigenständig leben, so daß keiner die Steine des anderen fangen kann?

Sie wissen, für ein Leben müssen Schwarz und Weiß jeweils zwei voneinander getrennte Augen bilden. Doch der Platz, der Schwarz und Weiß am oberen Rand zur Verfügung steht, um zwei Augen zu bilden, ist sehr knapp bemessen, und es scheint nicht möglich zu sein, daß Schwarz und Weiß beide friedlich nebeneinander leben können.

Betrachten wir einmal gesondert die beiden Fälle, daß Schwarz und Weiß in Abb. 1 zuerst am Zug sind. Fangen wir mit Schwarz an:

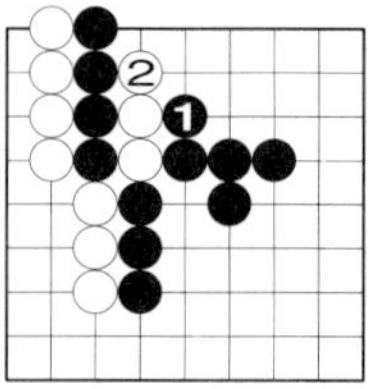

2

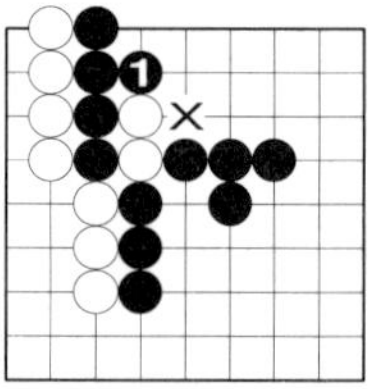

3

Wenn Schwarz den Zug S1 in Abb. 2 spielt, nimmt er den beiden weißen Steinen eine Freiheit und stellt sie Atari. Weiß kann aber

W2 spielen und hat wieder zwei Freiheiten. Dagegen hat die schwarze Kette, die in Abb. 1 mit A gekennzeichnet ist, nach W2 nur noch eine Freiheit. D.h., Weiß schlägt die schwarze Kette eher, als daß Schwarz die beiden weißen Steine fängt. Doch was passiert, wenn Schwarz seinen ersten Zug auf S1 in Abb. 3 spielt?

Nach S1 in Abb. 3 haben die beiden weißen Steine nur noch eine Freiheit, die schwarze Kette hat aber noch zwei Freiheiten. Wenn Weiß nicht möchte, daß Schwarz seine beiden Steine schlägt, muß er versuchen zu fliehen. Doch nutzt ihm das etwas?

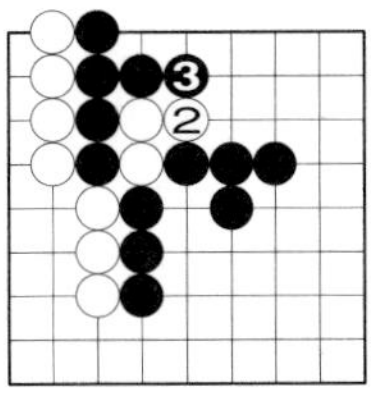

4

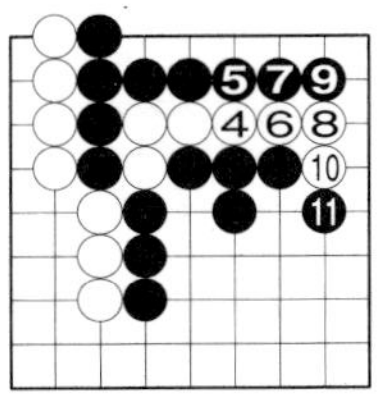

5

Weiß spielt W2, doch Schwarz gibt mit S3 erneut Atari. Weiß hat wieder nur eine Freiheit. Wenn Weiß mit W4 in Abb. 5 weiterzieht, zieht Schwarz mit S5 mit, und wieder steht Weiß Atari. In der Abfolge bis S11 versucht Weiß, zu fliehen und sich zusätzliche Freiheiten zu verschaffen. Doch Schwarz zieht mit und kann seiner gefährdeten Kette dadurch zusätzliche Freiheiten verschaffen. In Abb. 5 hat die schwarze Kette am oberen Rand sechs Freiheiten und die weiße Kette, die nach S11 nicht weiter fliehen kann, nur zwei Freiheiten.

Es ist für Weiß zwecklos, weiter zu fliehen. In Abb. 6 sehen Sie, was passiert, wenn Weiß entkommen möchte.

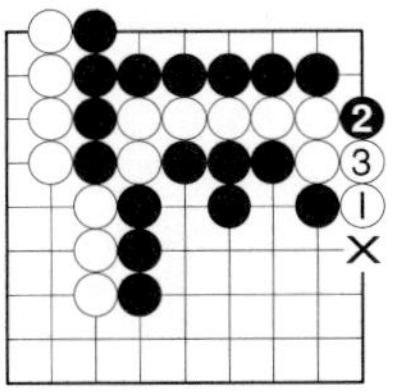

6

Nach W1 stellt Schwarz mit S2 die weiße Kette Atari. Weiß möchte seine Steine nicht schlagen lassen und gibt sich der Illusion hin, er könnte sie retten, indem er sie mit W3 verbindet. Doch die weiße Kette hat nur die mit X markierte Freiheit. Schwarz kann diesen Punkt besetzen und die geschlagenen weißen Steine vom Brett nehmen.
Beide Ketten aus Abb. 1 waren in Gefahr, geschlagen zu werden.

Mit S1 beginnt ein Wettlauf um Leben und Tod, in dem die Anzahl der Freiheiten einer Kette eine wichtige Rolle spielt.

Betrachten wir nun den Fall, daß Weiß in der Abb. 1 auf der vorhergehenden Seite zuerst am Zug wäre.

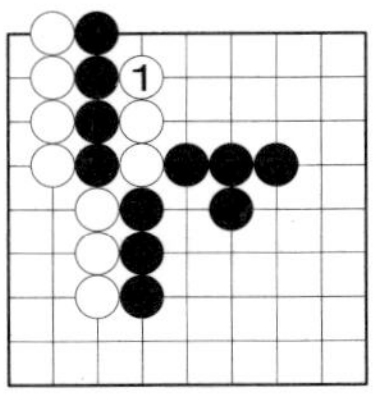

7

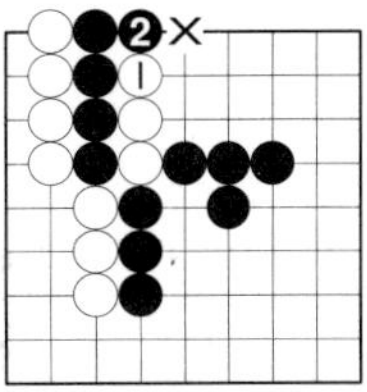

8

Nach W1 in Abb. 7 hat die schwarze Kette nur noch eine Freiheit, steht also Atari. Die weiße Kette dagegen hat drei Freiheiten. In diesem Fall ist der Wettlauf um Leben und Tod sehr schnell entschieden. Schwarz kann nicht mehr entkommen! Schauen Sie sich an, was passiert, wenn er es doch versucht.
Nach S2 in Abb. 8 steht Schwarz immer noch Atari, und Weiß kann nun fünf schwarze Steine schlagen, wenn er den mit X markierten Punkt besetzt.

Ein **Wettlauf um Leben und Tod** entsteht immer dann, wenn Steine oder Steinketten beider Farben sich gegenseitig abschneiden und nicht mehr die Möglichkeit haben, jeweils eine lebende Form mit zwei voneinander getrennten Augen zu bilden. Die einzige Möglichkeit, die abgeschnittenen Steine zu retten, besteht für beide Spieler darin, die sie abtrennenden gegnerischen Steine zu schlagen. Beide Spieler versuchen, den gegnerischen Steinen die Freiheiten zu nehmen (zu verringern), um sie letztendlich schlagen zu können. Für diesen Wettlauf ist natürlich entscheidend, wieviel Freiheiten die Steine haben und auch welcher Spieler zuerst am Zug ist.

2.6 Seki

Seki ist ein Begriff aus dem Japanischen, der nur unzureichend übersetzt werden kann. Er bezeichnet eine Sondersituation im Go, die z.B. durch einen Wettlauf um Leben und Tod entstehen kann.

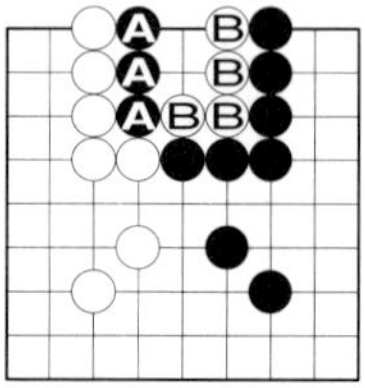

1

In Abb. 1 sehen Sie eine Stellung, in der sich wieder eine schwarze Kette (mit A markiert) und eine weiße Kette (mit B markiert) gegenseitig abschneiden. Es besteht keine Möglichkeit mehr, daß diese markierten Steine an die anderen Steine der jeweiligen Farbe angebunden werden können. Außerdem hat keine der beide Ketten die Möglichkeit mehr, eine lebende Form zu bilden. Es entsteht also prinzipiell ein Wettlauf um Leben und Tod.

Die schwarze und die weiße Kette haben beide jeweils zwei Freiheiten. Das Besondere daran ist, daß beide Ketten dieselben Freiheiten haben. Von außen sind die Freiheiten dieser Ketten schon zugesetzt. Was passiert, wenn z. B. Schwarz am Zug ist und versucht, der weißen Kette eine Freiheit zu nehmen?

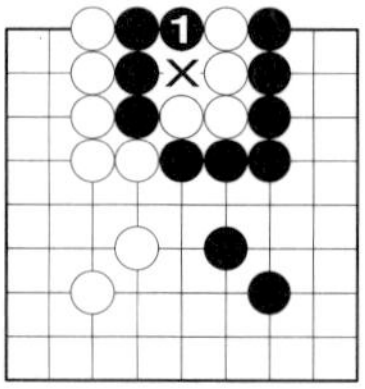

2

Nach S1 in Abb. 2 hat die weiße Steinkette nur noch eine Freiheit, aber die schwarze Steinkette ebenfalls. Da es sich um gemeinsame Freiheiten handelt, hat Schwarz der weißen Steinkette, aber auch sich selbst eine Freiheit genommen. Weiß ist am Zug und kann alle schwarzen Steine schlagen, wenn er auf den mit X markierten Punkt setzt. Ähnlich wäre es, wenn Weiß versuchte, der schwarzen Kette eine Freiheit zu nehmen. Keiner von beiden kann sich der gegnerischen Steinkette nähern. Eine solche Stellung wird im Go Seki genannt. Der Spieler, der versucht dem anderen die Freiheiten zu nehmen, kann sofort selbst geschlagen werden. Keiner von beiden Spielern wird dies also versuchen.

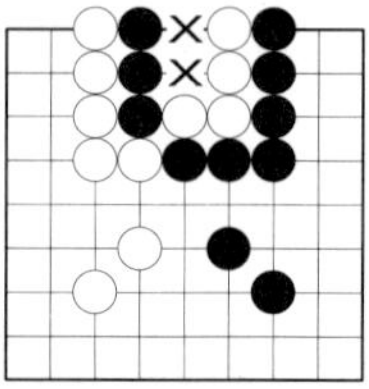

3

Diese Stellung bleibt bis zum Ende der Go-Partie stehen. Da keiner die Steine des anderen schlagen kann, werden die betroffenen Steine nicht vom Brett genommen. Die mit X markierten Punkte in Abb. 3 zwischen den Steinen sind *Niemandsgebiet*, d.h., diese zwei Punkte zählen für keinen der Spieler als Gebiet. Es ist eine Art *lokales Unentschieden* entstanden.

2.7 Das Ko

Die Ko-Regel soll an dieser Stelle nur noch einmal kurz erläutert werden, bevor Sie im 3. Kapitel etwas Detaillierteres über die taktische Seite eines Ko-Kampfes erfahren.

Die Ko-Regel besagt:

> Wenn ein **einzelner** Stein gerade einen anderen **einzelnen** Stein geschlagen hat, darf er **nicht im nächsten** (folgenden) **Zug** zurückgeschlagen werden.

In Abb. 1 sehen Sie eine Ko-Situation. Der mit X markierte Stein steht Atari. Weiß ist am Zug und kann den einzelnen schwarzen Stein schlagen. Das Ergebnis sehen Sie in Abb. 2. Ein einzelner weißer Stein hat einen einzelnen schwarzen Stein geschlagen. Schwarz darf jetzt nicht den einzelnen weißen Stein im nächsten Zug zurückschlagen, dann könnte ja Schwarz im übernächsten Zug auch wieder zurückschlagen, und es ergäbe sich eine endlose Stellungswiederholung.

Darum muß Schwarz nach dem Zug W1 mit seinem Zug S2 erst an einer anderen Stelle auf dem Brett setzen.

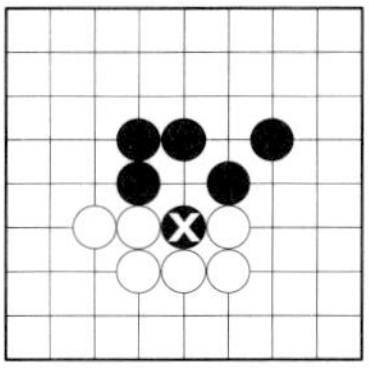

1

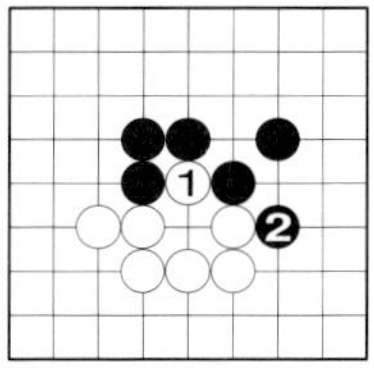

2

Weiß muß sich dann überlegen, ob er auf den schwarzen Zug S2 reagieren will oder sogar muß oder ob er seinen Stein W1 in Abb. 2 vor dem Zurückschlagen schützen will, indem er ihn an seine Steinkette anbindet.

In Abb. 3 reagiert Weiß nicht auf den Zug S2 und bindet seinen Stein W1 mit W3 an seine Steinkette an.

In Abb. 4 hat Weiß dagegen mit W3 auf den schwarzen Zug S2 reagiert. Im nächsten Zug hat Schwarz nun mit S4 die Möglichkeit, den weißen Stein W1 zurückzuschlagen. Nun muß Weiß mit W5 an einer anderen Stelle auf dem Brett spielen und darf nicht sofort S4 zurückschlagen.

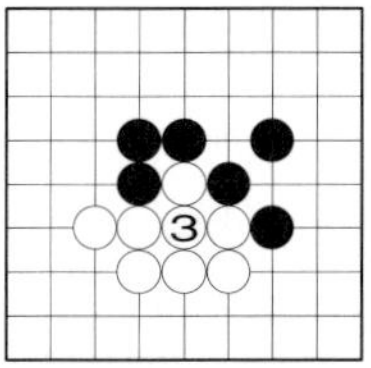

3

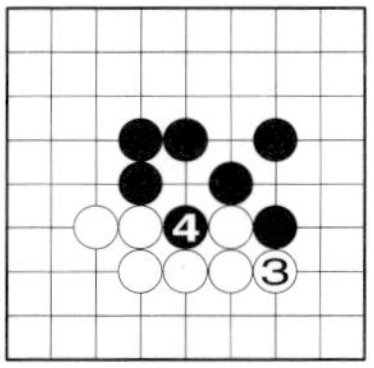

4

Natürlich wirft das "mit einem Zwischenzug an einer anderen Stelle spielen" im Moment noch einige neue Fragen auf. In diesem Kapitel soll aber nur die "reine" technische Handhabung eines Kos den Regeln entsprechend erläutert werden. Wo man am besten seinen Zwischenzug spielt und warum der Gegenspieler durch diesen Zug vielleicht gezwungen ist, auf den Zwischenzug zu antworten, obwohl er eventuell lieber das Ko decken würde, wird im dritten Abschnitt ausführlich dargestellt.

Ein Ko kann auch in der Ecke oder am Rand eines Brettes entstehen, doch dort hat ein Stein ja nur zwei bzw. drei Freiheiten. Manchmal ist gerade das für einen Anfänger sehr verwirrend, darum wollen wir Ihnen kurz zeigen, wie ein solches Ko aussieht.

In Abb. 5 steht der mit X markierte schwarze Stein Atari. In Abb. 6 schlägt W1 den schwarzen Stein.

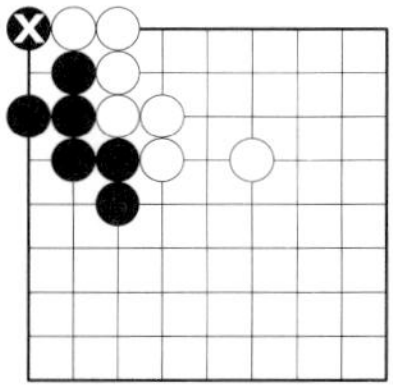

5

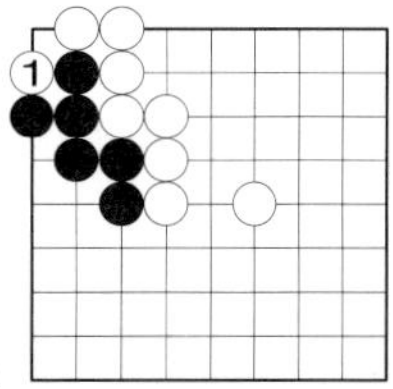

6

Auch hier gilt natürlich die Ko-Regel, so daß Schwarz erst einen Zwischenzug an einer anderen Stelle machen muß, bevor er eventuell den weißen Stein zurückschlagen darf.

Am Rand sieht ein Ko folgendermaßen aus:

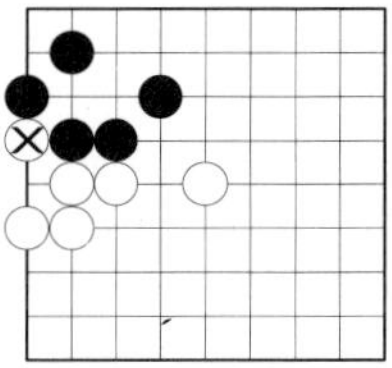

7

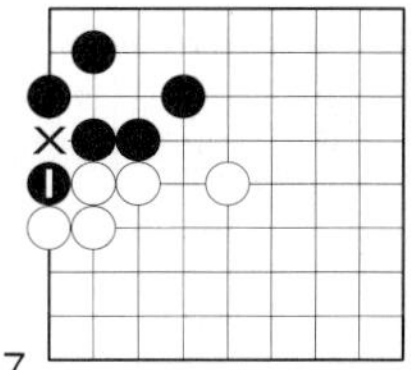

8

In Abb. 7 steht der markierte weiße Stein Atari. Schwarz ist am Zug, und in Abb. 8 schlägt er den weißen Stein mit S1. Auch hier darf Weiß den schwarzen Stein erst nach einem Zwischenzug zurückschlagen. Allerdings kann sich Schwarz in der Zwischenzeit überlegen, ob er seinen Stein S1 nicht an seine übrigen Steine anbinden will, indem er auf den markierten Punkt in Abb. 8 setzt.

Es gibt Situationen während eines Go-Spiels, die eine gewisse Ähnlichkeit mit einem Ko haben, aber **kein Ko** sind, z.B. wenn ein einzelner Stein mehrere Steine der anderen Farbe schlägt. In diesem Fall darf sofort zurückgeschlagen werden. Zwei Beispiele sollen Ihnen das verdeutlichen:

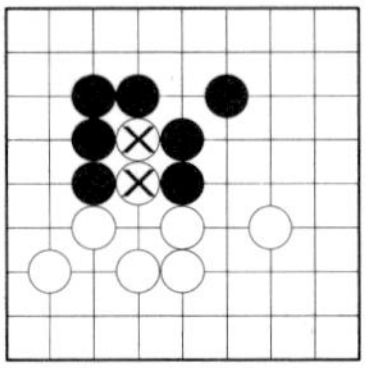

A

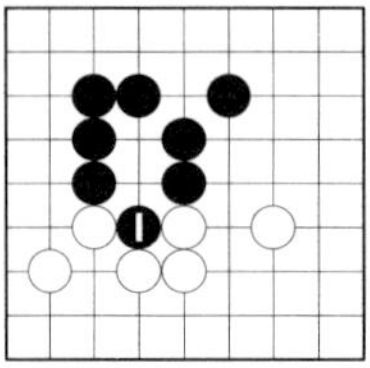

A1

In Abb. A sehen sie zwei markierte weiße Steine, die Atari stehen. Wenn Schwarz am Zug ist, kann er die beiden weißen Steine mit dem Zug S1 in Abb. A1 schlagen.

Sie erinnern sich; Ko ist, wenn ein einzelner Stein einen einzelnen Stein schlägt. In diesem Fall schlägt aber ein einzelner schwarzer Stein zwei weiße Steine. Also liegt kein Ko vor, und Weiß darf sofort zurückschlagen.

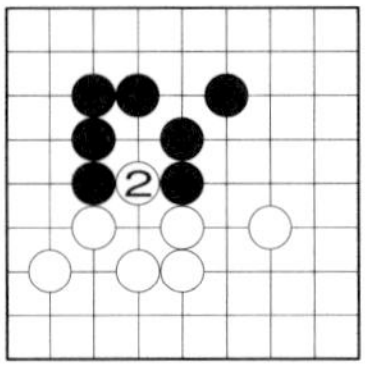

A2

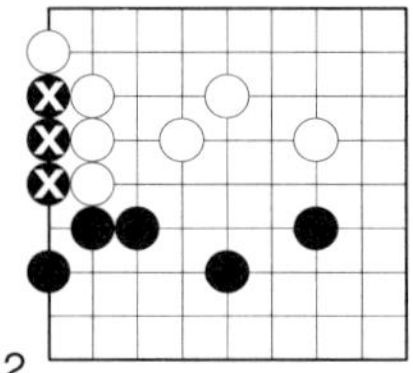

B

In Abb. A2 sehen Sie das Ergebnis. Mit W2 hat Weiß den einzelnen schwarzen Stein zurückgeschlagen. Ein Indiz dafür, daß keine Ko-Situation vorliegt, ist auch, daß Schwarz jetzt gar nicht den weißen Stein W2 zurückschlagen könnte, selbst wenn er es wollte. Der weiße Stein W2 hat nach dem Zurückschlagen zwei Freiheiten.

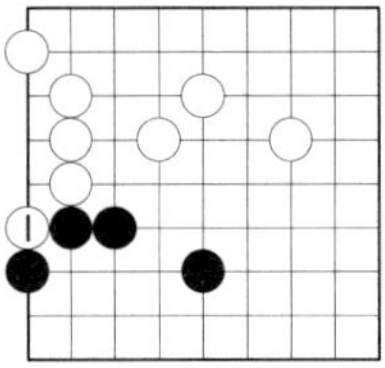

B1

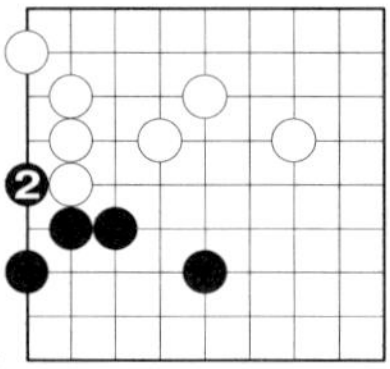

B2

In Abb. B stehen diesmal drei schwarze markierte Steine Atari. Weiß ist am Zug und schlägt die drei Steine mit seinem Zug W1 in Abb. B1.
Da auch hier kein Ko vorliegt, darf Schwarz mit seinem Zug S2 sofort den Stein W1 in Abb. B2 zurückschlagen.

2.8 Das Fangen von Steinen

Das Fangen von Steinen ist natürlich nicht das oberste Ziel beim Go-Spiel, doch es kann dabei helfen, Gebiete zu sichern oder eigene Steine davor zu schützen, daß sie selbst gefangen werden. Darum sollen im folgenden einige grundlegende Techniken erläutert werden, wie man Steine fangen kann.

Was heißt "Steine fangen"?

Es gibt einen wichtigen Unterschied zwischen dem Schlagen und dem Fangen von Steinen.

Für das Schlagen von einem oder mehreren Steinen ist es notwendig, daß man alle Freiheiten dieser Steine besetzt, damit man die Steine auch vom Brett nehmen darf.

Geschlagene Steine, die vom Brett genommen worden sind, bewahrt man bis zum Spiel-ende auf, weil sie in die Endabrechnung eingehen (ein Stein zählt als ein Punkt).

Für das Fangen von Steinen ist es nicht notwendig, daß man ihnen alle Freiheiten nimmt.

Das heißt, ein Spieler kann einen oder mehrere gegnerische Steine mit einem Zug sicher fangen, so daß der Gegner selbst bei optimaler Spielweise die eigenen Steine nicht mehr retten kann.

Dabei muß man noch eine kleine Unterscheidung machen. Man kann Steine fangen und ist manchmal bis zum Spielende nicht gezwungen, diese gefangenen Steine zu schlagen, um sie vom Brett zu nehmen. Nach dem Ende einer Partie darf man sie - auch ohne sie geschlagen zu haben - vom Brett nehmen. Näheres dazu, wie man am Ende einer Partie die Endabrechnung vornimmt, können Sie im Kapitel 2.9 **Das Ende einer Partie** nachlesen.

Manchmal fängt man aber auch (vorläufig) Steine, die man im Verlauf der Partie dann doch noch schlagen muß, damit der Gegenspieler sie nicht wieder "retten" kann.
Diese gerade angesprochene Unterscheidung wird Ihnen im Moment noch nicht ganz verständlich sein.

Ein Beispiel:

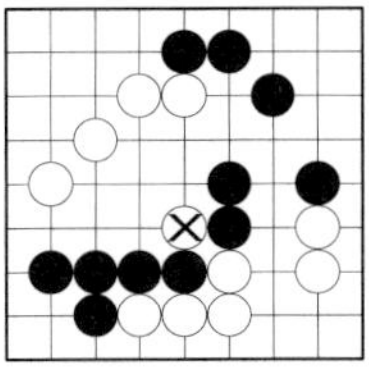

A

Schwarz hat in Abb. A in der rechten oberen und in der linken unteren Ecke Steine stehen, die getrennt sind. Schwarz möchte gern den markierten weißen Stein fangen, denn dann hat er alle seine Steine miteinander verbunden. Wie kann Schwarz den weißen Stein fangen? Soll Schwarz versuchen, dem weißen Stein die Freiheiten zu nehmen? Was passiert dann?

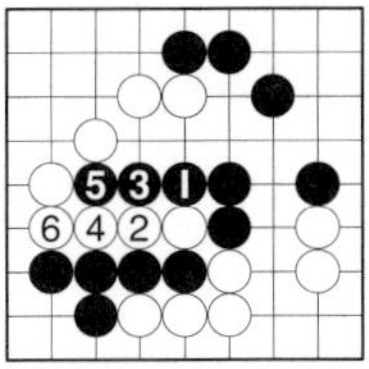

B

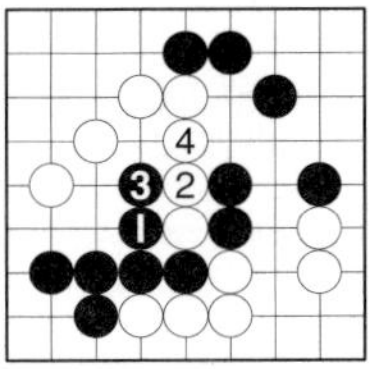

C

Wie man sieht, ist es nicht so einfach, den weißen Stein zu fangen. In den Abbildungen B und C versucht Schwarz, dem weißen Stein jeweils eine Freiheit zu nehmen, um ihn dann schlagen zu können. Doch Weiß verlängert seinen gefährdeten Stein, läuft auf seine eigenen Steine zu und kann somit die Steine, die Schwarz gerne fangen möchte, an seine eigenen Steine anbinden. Der Plan des Schwarzen ist fehlgeschlagen.

Doch gibt es nicht vielleicht doch noch eine Möglichkeit für Schwarz, zum Ziel zu gelangen? Die Spannung soll nicht unermeßlich hochgeschraubt werden, darum sei hier verraten, es gibt sie; nämlich ...

2.8.1 Das Netz

Ein Netz hat bekanntlich einige Maschen bzw. Lücken, und trotzdem kann man damit hervorragend fangen. In der Abbildung 1 sehen wir, wie beim Go gefischt wird.

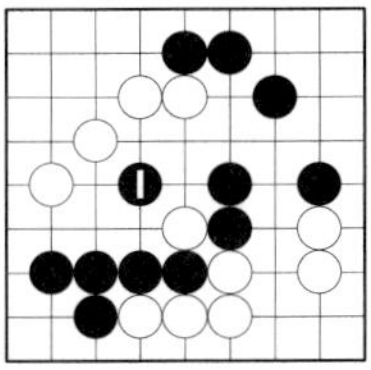

1

Der Zug S1 in Abb. 1 sieht vielleicht im ersten Moment etwas komisch aus, doch er erfüllt sehr gut seinen Zweck. Er hinterläßt zwar einige Lücken, aber Weiß kann dem Netz nicht mehr entkommen. Schauen wir mal, was passiert, wenn Weiß es doch probiert.

In der Abbildung 2, wie auch in der Abb. 3, versucht Weiß, mit W1 durch das schwarze Netz zu stoßen, um zu fliehen. Schwarz antwortet jeweils mit S2, und die beiden weißen Steine haben nur noch eine Freiheit.

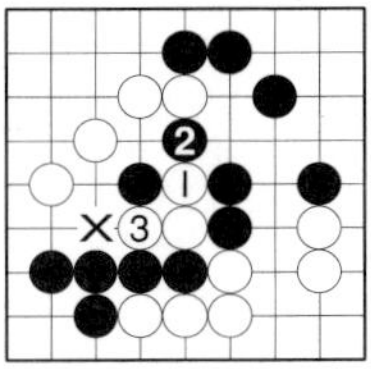

2

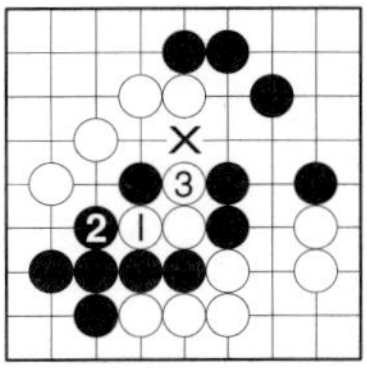

3

Selbst wenn Weiß jetzt einen weiteren Stein W3 hinzufügt, hat er immer noch nur eine Freiheit. Schwarz kann alle drei weißen Steine schlagen, wenn er den mit X markierten Schnittpunkt besetzt.

Mit etwas mehr Spielerfahrung sieht man, daß der weiße Stein gefangen ist. Weiß sollte dann nicht versuchen, diesen Stein um jeden Preis zu retten und dadurch den Schaden letztendlich zu vergrößern, indem er am Ende sogar drei Steine verliert.

Sie sehen also, nach S1 in Abb. 1 ist der einzelne weiße Stein sicher gefangen, doch

Schwarz wird vielleicht noch im Verlauf der Partie gezwungen sein, den weißen Stein zu schlagen.

Zwei weitere Beispiele sollen den Blick für diese Fangtechnik schärfen.

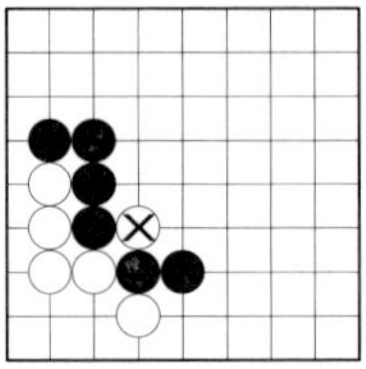
4

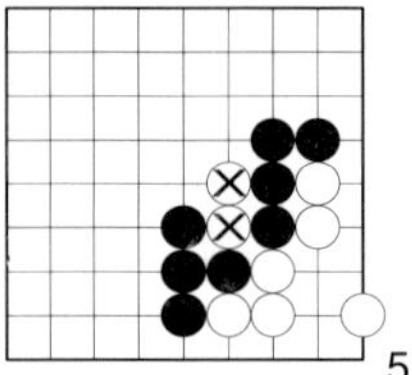
5

Versuchen Sie herauszufinden, ob man in der Abb. 4 den einzelnen weißen Stein und in Abb. 5 die zwei weißen Steine fangen kann, die jeweils die schwarzen Steine trennen.

Probieren Sie mal, ob Sie sich die Züge des Schwarzen und des Weißen vorstellen können, ohne die Steine auf das Brett legen. Das ist vielleicht im Moment noch sehr schwer, sollte aber immer der erste Schritt sein, wenn Sie ein Go-Problem lösen wollen. Mit der Zeit schafft man es, sich einige Züge vorstellen und im voraus planen zu können. Wenn das aber im Moment noch zu schwer ist, können Sie die Steine auch auf das Brett legen und so versuchen, das Problem zu lösen.

Doch zurück zu unseren Beispielen.

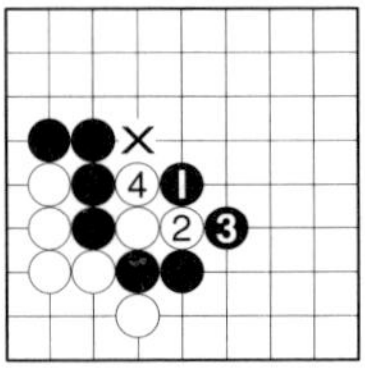
6

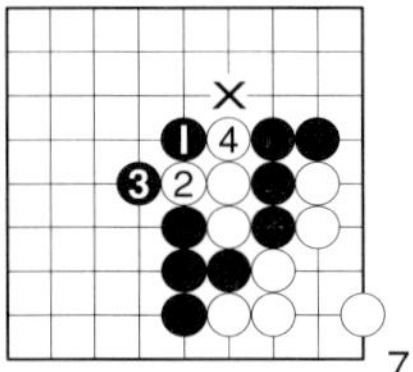
7

Der Zug S1 in Abb. 6 und auch in Abb. 7 entspricht der gezeigten Netztechnik aus der Abb. 1. Weiß versucht wieder, mit W2 durch die schwarzen Maschen zu fliehen, doch nach der Antwort S3 ist das aussichtslos. Weiß hat nur noch eine Freiheit (mit X markiert), und selbst wenn er den nächsten Stein auf diesen markierten Punkt setzt, um zu entkommen, hat er immer noch nur eine Freiheit, und Schwarz kann alle weißen Steine schlagen.

Wenn Weiß einsieht, daß seine Steine verloren sind, wird er nicht versuchen zu fliehen. Wenn Weiß aber nicht zieht, braucht auch Schwarz den weißen Steinen nicht die Freiheiten zu nehmen, um sie zu schlagen. Er hat sie vorerst gefangen.

2.8.2 Die Treppe

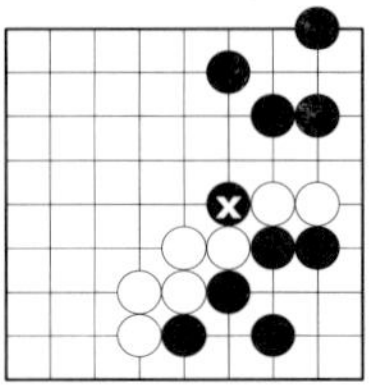
1

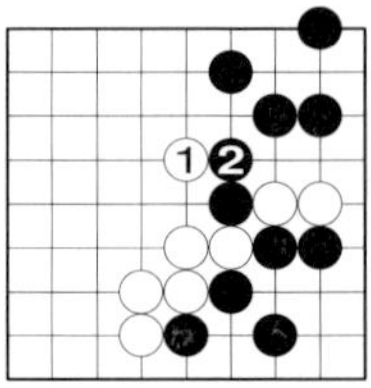
2

Wie sieht es in Abb. 1 aus? Kann Weiß den einzelnen schwarzen Stein fangen? Wenn nicht, besteht die Gefahr, daß die beiden abgetrennten Steine am rechten Rand von Schwarz gefangen werden.

Mit W1 versucht Weiß, in Abb. 2 den schwarzen Stein im Netz zu fangen, doch nach S2 ist der Traum ausgeträumt; Schwarz hat seinen einzelnen schwarzen Stein nach S2 an seine übrigen Steine in der rechten oberen Ecke fast angebunden (auch wenn noch keine feste Verbindung besteht), die zwei weißen Steine sind verloren.
Was passiert, wenn Weiß dem schwarzen Stein einfach nur die Freiheiten nimmt und mit W1 in den Abbildungen 3 und 4 Atari gibt.

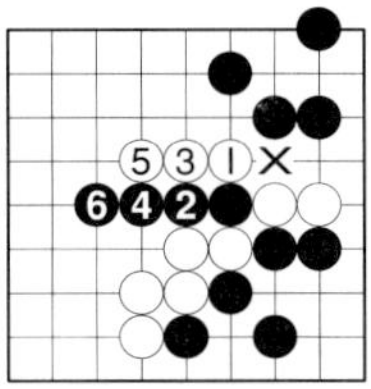
3

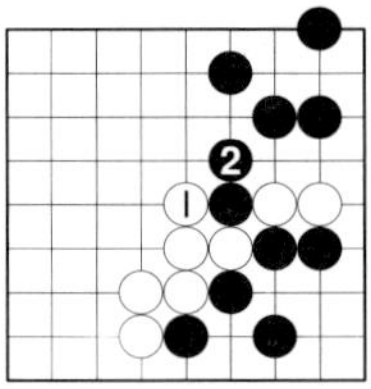
4

Das funktioniert offensichtlich auch nicht. In Abb. 3 entkommt Schwarz dem Weißen, und Weiß hat zudem immer noch eine Schwäche in seiner Stellung. Seine Steine W1, 3 und 5 sind noch nicht mit den beiden weißen Steinen am rechten Rand verbunden. Weiß muß noch den mit X markierten Punkt besetzen, damit seine Steine verbunden sind. D.h, Weiß muß sich um seine eigene Schwäche kümmern und hat sein Ziel, den schwarzen Stein zu fangen, nicht erreicht.

In Abb. 4 erreicht Weiß nach dem 'Atari geben' mit W1 nur das gleiche Ergebnis wie in Abb. 2; Schwarz hat seine Steine an die übrigen Steine angebunden.

Fast sieht es so aus, als ob es keine Möglichkeit gäbe, den schwarzen Stein zu fangen. Doch auch nur fast. Weiß kann den Stein in einer "Treppe" fangen. Wie das geht, sehen Sie in den nächsten Abbildungen.

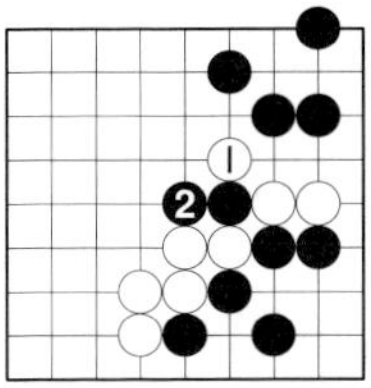
5

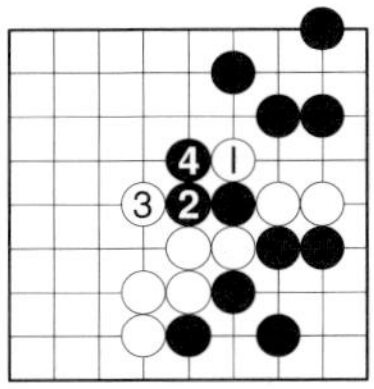
6

In Abb.5 gibt Weiß mit W1 Atari, der schwarze Stein hat nur noch eine Freiheit. Schwarz versucht mit S2 zu fliehen. Jetzt kommt aber die Alternative zu den bisherigen Fangversuchen. Weiß gibt mit W3 in Abb. 6 von der "anderen Seite" wieder Atari. Schwarz versucht, seine Steine mit S 4 herauszuziehen, um sie zu retten.

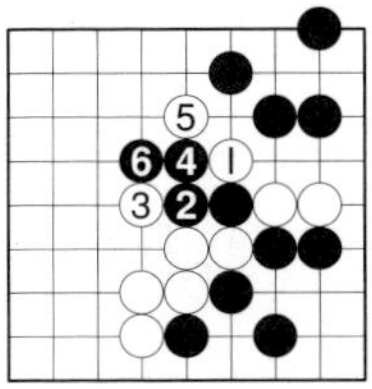
7

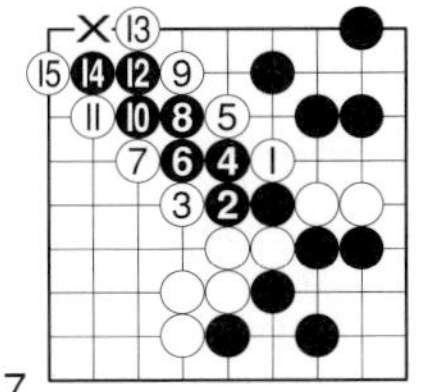
8

In Abb. 7 gibt Weiß wieder Atari auf die schwarzen Steine, doch wieder von der anderen Seite, und Schwarz versucht weiter zu fliehen.

Mit den nachfolgenden Zügen aus Abb. 8 gibt Weiß immer wieder abwechselnd von beiden Seiten Atari. Schwarz läuft direkt auf den Rand zu, wo er nicht mehr weiterkommt. Nach W15 bleibt Schwarz nur noch der markierte Punkt. Doch wenn er den besetzt, hat er nach wie vor nur eine Freiheit, nämlich den linken oberen Eckpunkt.

Weiß kann dann alle schwarzen Steine schlagen. Schwarz hat keine Möglichkeit, aus dieser Treppe auszubrechen, da Weiß ihn immer wieder Atari stellt.

Wenn man nun die Form der schwarzen Steine betrachtet, kann man eine gewisse Ähnlichkeit mit einer Treppe feststellen.

Wenn Schwarz schon nach W1 in Abb. 5 erkennt, daß Weiß ihn in einer Treppe fangen kann, wird er nicht versuchen, diesen Stein zu retten, indem er flieht, da das Ergebnis in Abb.8 für Schwarz katastrophal ist.

Doch es gibt bei der Treppe noch etwas Wichtiges zu beachten.

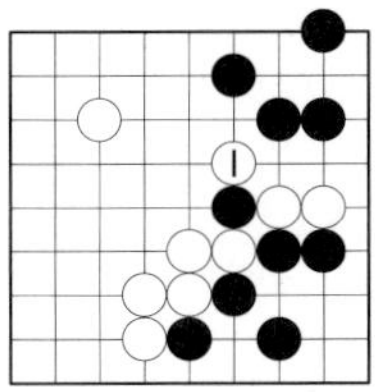
9

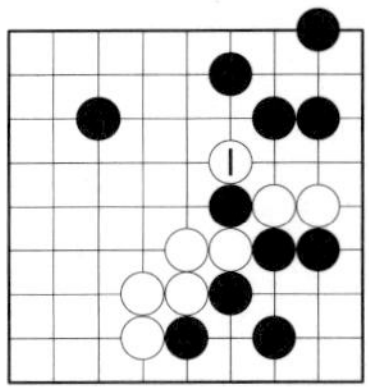
10

Sofern Weiß die Treppe auf den leeren Rand (wie in Abb.5) oder auf einen Stein der eigenen Farbe zutreiben kann (wie in Abb. 9), kann Schwarz nicht mehr entkommen. Doch was passiert, wenn wie in Abb. 10 ein gegnerischer Stein "im Weg steht"?

11

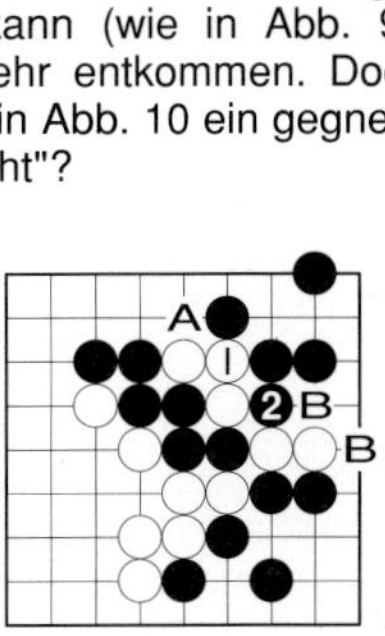
12

Weiß versucht in Abb. 11 wieder, durch abwechselndes *Atari geben* die schwarzen Steine zu fangen. Doch diesmal laufen die schwarzen Steine auf einen einzelnen schwarzen Stein zu. Nach W7 bindet Schwarz seine Steine mit S8 an. Danach hat Schwarz drei Freiheiten (mit X markiert), und Weiß kann nicht weiter Atari geben. Aber noch schlimmer für Weiß ist, daß seine Steine auf der rechten Seite (zwei weiße Steine und W1 und W5) jetzt im Gegensatz zu den schwarzen Steinen sehr schwach sind, weil sie noch nicht miteinander verbunden sind. Weiß ist zwar am Zug, doch mit einem einzigen Zug kann er gar nicht alle seine Steine auf dieser Seite verbinden.

Weiß kann z.B. die beiden einzelnen Steine mit W1 in Abb. 12 verbinden, doch Schwarz trennt mit S2 diese Steine von den anderen. Die drei weißen Steine haben nur noch eine Freiheit (A) und die beiden weißen Steine noch zwei Freiheiten (B). Dieses Ergebnis ist katastrophal für Weiß.

Sie sehen, man muß schon sehr aufpassen, mit welcher Methode man einen Stein fangen will. Wenn man sich dabei verrechnet, kann es schnell passieren, daß eine Partie vorzeitig entschieden und damit aufgabereif ist.

2.8.3 Steine zum Rand treiben

Die einfachste Fangtechnik ist, Steine des Mitspielers zum Rand zu treiben. Kann der Mitspieler mit seinen Steinen nur noch in Richtung des Brettrands fliehen, sind der Bewegungsfreiheit seiner Steine Grenzen gesetzt.

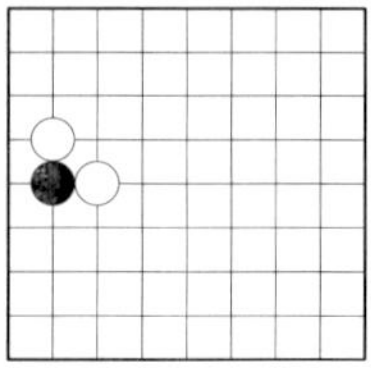
1

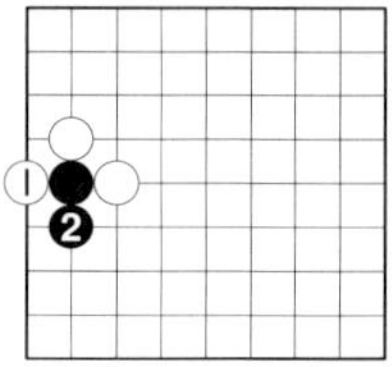

2

In Abbildung 1 steht ein einzelner schwarzer Stein auf der zweiten Linie. Weiß ist am Zug und möchte diesen Stein gerne fangen.

In Abb. 2 gibt Weiß mit W1 auf der ersten Linie Atari, nimmt dem schwarzen Stein also eine Freiheit. Schwarz antwortet mit S2 und ist erst einmal entkommen. Schwarz hat nun drei Freiheiten, und Weiß muß nun größere Anstrengungen unternehmen, wenn er die schwarzen Steine noch fangen möchte. W1 ist also nicht der optimale Zug.

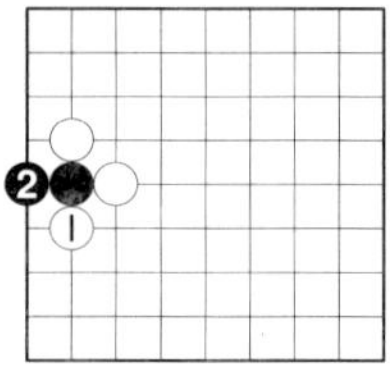

3

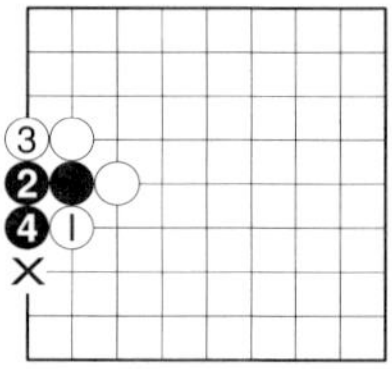

4

Mit W1 aus Abb. 3 gibt Weiß wieder Atari, doch diesmal von oben, d. h., er treibt den schwarzen Stein zum Rand. Schwarz möchte seinen Stein nicht schlagen lassen und versucht, mit S2 zu entkommen.

Weiß spielt W3 in Abb. 4 (diesen Zug könnte Weiß auch auf der anderen Seite spielen, wo schon der Stein W1 steht), und die beiden schwarzen Steine haben nur noch eine Freiheit. Mit S4 unternimmt Schwarz einen letzten zweifelhaften Versuch zu fliehen, doch wie Sie in Abb. 4 sehen, haben die drei schwarzen Steine auch nach S4 nur eine (mit X mar-

kierte) Freiheit, und Weiß kann im nächsten Zug alle drei Steine schlagen.
Ein einzelner Stein auf der zweiten Linie ist gefangen, wenn er wie in Abb. 3 Atari gestellt wird. Schwarz vergrößert den Schaden nur, wenn er versucht, diesen Stein zu retten, indem er damit flieht.

Etwas komplizierter wird es, wenn ein Stein auf der dritten Linie steht, wie in Abb. 5.

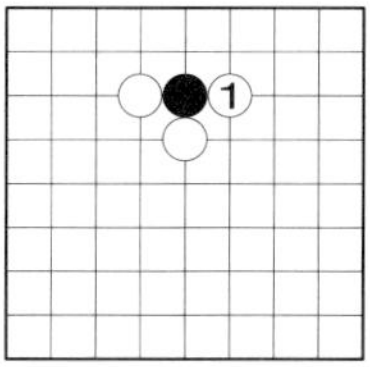

5

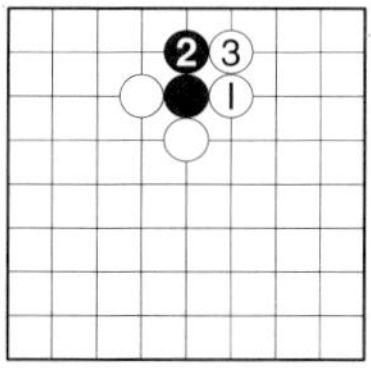

6

Weiß gibt in Abb. 5 auf den einzelnen schwarzen Stein auf der dritten Linie Atari und versucht ihn zum Rand zu treiben.

In Abb. 6 verlängert Schwarz seinen einzelnen Stein mit S2 und versucht zu entkommen.

In Abbildung 7 macht Weiß den Zug W3 und möchte Schwarz am Rand einschließen. Mit S4 versucht Schwarz, zur anderen Seite durchzubrechen. Weiß wiederum will das mit W5 verhindern. Doch W5 ist ein voreiliger Zug, der bei Weiß große Schwächen hinterläßt.

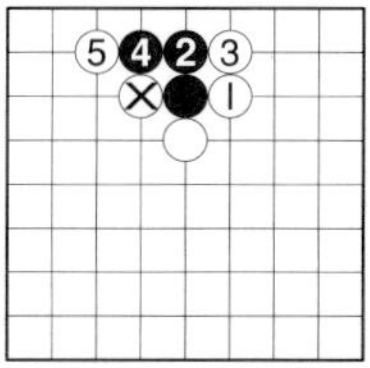

7

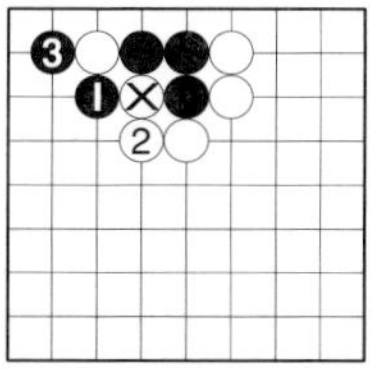

8

Die beiden weißen Steine W1 und W3 sind zwar miteinander verbunden, doch der Stein W5, der mit X markierte weiße Stein und der nicht markierte Stein sind nicht miteinander verbunden. Die weißen Steine, die die schwarzen Steine fangen sollen, haben zu viele Schwächen, sprich Schnittpunkte.

In Abb. 8 stellt Schwarz mit S1 den mit X markierten Stein Atari. Weiß bindet diesen Stein mit W2 an und verhindert so, daß Schwarz ihn schlagen kann. Doch danach stellt Schwarz mit S3 auch den Stein W 5 Atari.

Der Stein W5 in Abb. 7 steht auf der zweiten Linie. Wie Sie ja gerade gelernt haben, ist das Atari auf einen einzelnen Stein auf der zweiten Linie ein sehr sicherer Fangversuch. Schwarz hat nun sogar seinerseits einen weißen Stein gefangen.

Weiß kann also seinen Zug W5 nicht auf die zweite Linie spielen, sondern muß wie in Abb.9 mit W1 'nachgeben'. Schwarz spielt danach S2 und verschafft sich zusätzliche Freiheiten.

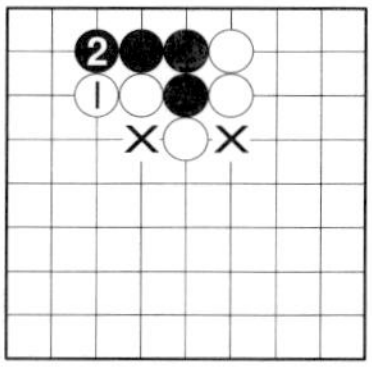

9

Auch jetzt hat Weiß noch die beiden mit x markierten Schnittpunkte, die er im Auge behalten muß, aber Schwarz kann nicht unmittelbar Nutzen daraus ziehen.

Sie sehen, es ist nicht so leicht, einen Stein von der dritten Linie so an den Rand zu treiben, daß man ihn mit Sicherheit fangen kann. In unserem Beispiel haben wir diesen 'Fangversuch' isoliert betrachtet, ohne daß noch andere Steine auf dem Brett standen. Es ist aber klar, daß zusätzlich auf dem Brett stehende Steine, je nachdem, welche Farbe sie haben, einen solchen Fangversuch unterstützen oder aber unmöglich machen können.

In Abb. 10 haben wir eine nur leicht veränderte Brettsituation gegenüber dem gerade erörterten Beispiel. Doch das Ergebnis wird dadurch sofort eindeutig verändert.

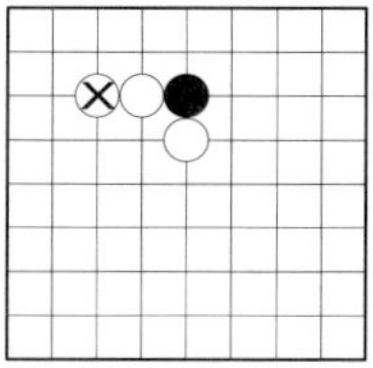

10

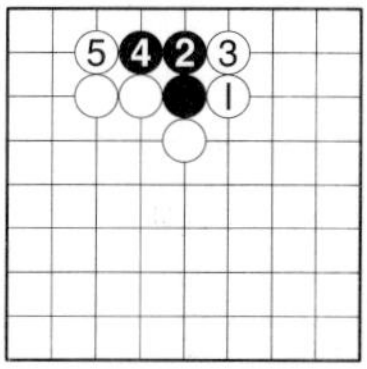

11

Zu der Abb. 5 ist hier in Abb. 10 nur der markierte weiße Stein hinzugekommen.

Weiß gibt in Abb. 11 wieder mit W1 Atari. Schwarz verlängert mit S2, und Weiß streckt sich mit W3 zum Rand, um Schwarz einzuschließen. Wenn Schwarz nun mit S4 zur anderen Seite durchbrechen möchte, erlebt er sein weißes Wunder. Mit W5 hat Weiß die drei schwarzen Steine erst einmal sicher gefangen.

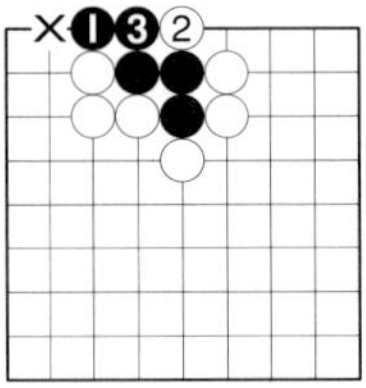

12

Ein Entkommen auf der ersten Linie ist für Schwarz unmöglich. Wenn Schwarz mit S1 in Abb. 12 auf der ersten Linie entkommen will, gibt Weiß mit W2 Atari auf die drei schwarzen Steine. Es nützt Schwarz nicht, seine Steine mit S3 zu verbinden. Nach dem Verbinden haben die fünf schwarzen Steine nur noch die mit X markierte Freiheit. Weiß kann diesen Punkt mit dem nächsten Zug besetzen und alle schwarzen Steine schlagen.

2.8.4 Die Mausefalle

Die letzte Fangtechnik, die hier vorgestellt wird, ist die Mausefalle. In Abb. 1 sehen Sie ein Beispiel dafür.

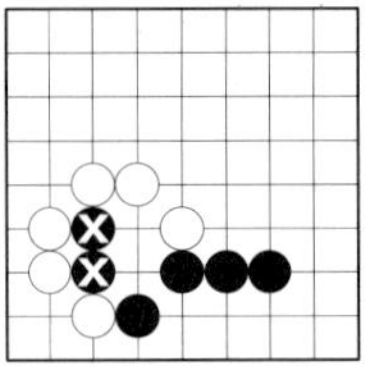

1

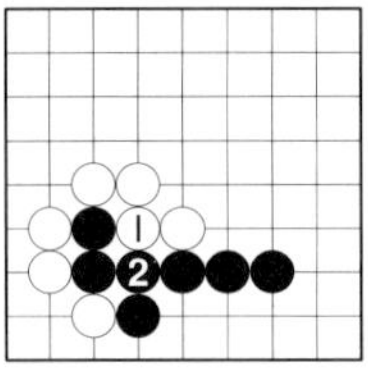

2

Die Frage ist, kann Weiß die beiden markierten schwarzen Steine fangen?

Mit W1 in Abb. 2 stellt Weiß die beiden Steine Atari und droht, sie mit einem weiteren Zug zu schlagen. Schwarz kann das sehr leicht verhindern, indem er die beiden Steine mit S2 an seine anderen Steine anbindet. Das war also nicht die Lösung unserer Frage.

Was passiert aber, wenn Weiß mit seinem Zug W1 zuerst auf den Punkt in Abb. 2 spielen würde, auf dem jetzt der Stein S2 steht?

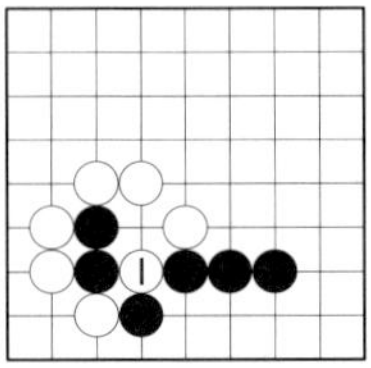

3

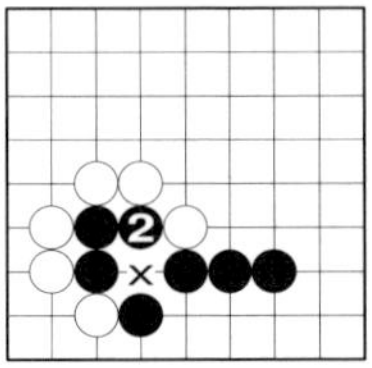

4

In Abb. 3 sehen Sie diesen etwas ungewöhnlich aussehenden Zug. Weiß stellt freiwillig seinen Stein W1 Atari. Schwarz kann diesen Stein sofort schlagen und macht dies auch mit seinem Stein S2 in Abb. 4.

Doch betrachten Sie einmal genau das Ergebnis von Abb. 4! Die drei schwarzen Steine sind noch nicht mit den anderen schwarzen Steinen verbunden. Und noch gravierender ist, daß die drei schwarzen Steine nach S2 nur noch eine Freiheit haben, und Weiß ist am Zug.

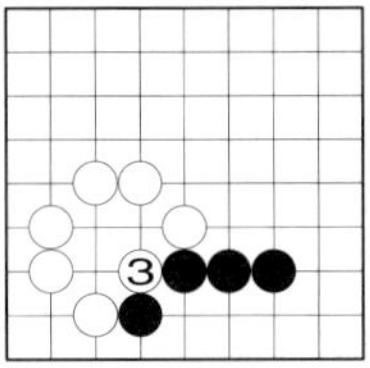

5

Folglich kann Weiß mit seinem nächsten Zug W3 in Abb. 5 die drei schwarzen Steine schlagen und vom Brett nehmen. Schwarz hat zwar am Anfang einen weißen Stein geschlagen, nämlich W1, aber dafür hat Weiß letztendlich drei statt nur zwei schwarze Steine schlagen können.

D.h., wenn beide Spieler diese Abfolge erkennen, wird Schwarz den Stein W1 in Abb.3 nicht schlagen, weil er dadurch keinen Vorteil erreicht. Andererseits ist Weiß auch nicht gezwungen, die beiden schwarzen Steine zu schlagen, weil er das jederzeit tun kann, selbst

wenn Schwarz zuerst zieht und den einzelnen weißen Stein schlägt.
Beide Spieler können diese Stellung (Abb. 3) - so, wie sie ist - bis zum Spielende stehen lassen. Wenn sie sich beide auf das Ende der Partie geeinigt haben, kann Weiß die beiden schwarzen Steine als seine Gefangenen vom Brett nehmen.

Das Charakteristische an der Fangtechnik der Mausefalle ist, daß ein einzelner Stein, wie W1 in Abb. 3, "geopfert" wird, um mehrere Steine der anderen Farbe zu fangen.

Natürlich handelt es sich dabei nicht um ein wirkliches Opfer.
Es kommt durchaus vor, daß man am Anfang öfter einmal die Fangtechnik der "Mausefalle" mit einem Ko verwechselt. Es sei also noch einmal ausdrücklich darauf hingewiesen: Bei der "Mausefalle" schlagen mehrere Steine einen einzelnen Stein, wie in unserem Beispiel, wo drei schwarze Steine einen weißen Stein schlagen. Daraufhin schlägt ein einzelner weißer sofort drei schwarze Steine zurück. Es liegt also kein Ko vor.

Im folgenden einige Übungsaufgaben, die sich mit den verschiedenen Fangtechniken befassen. Die Schwierigkeit liegt vor allem darin, sich für die jeweils richtige Fangtechnik zu entscheiden.

Übungsaufgaben:

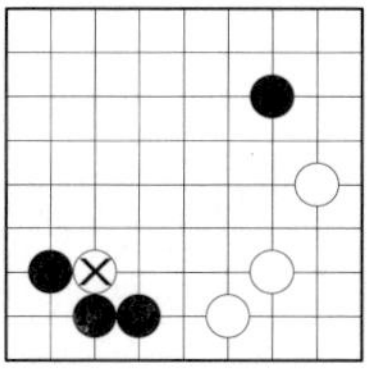
A

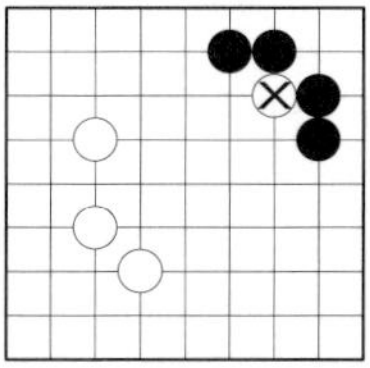
B

In den Abbildungen A und B sollen die jeweils markierten einzelnen weißen Steine von Schwarz gefangen werden.

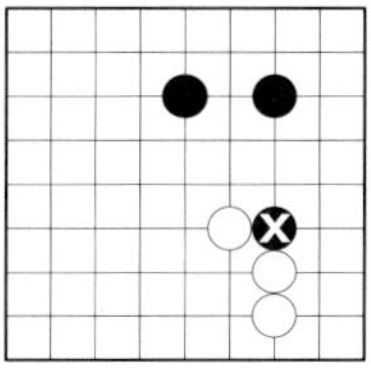
C

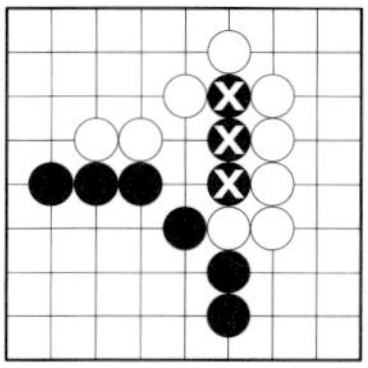
D

In den Abbildungen C und D soll Weiß die jeweils markierten schwarzen Steine fangen.

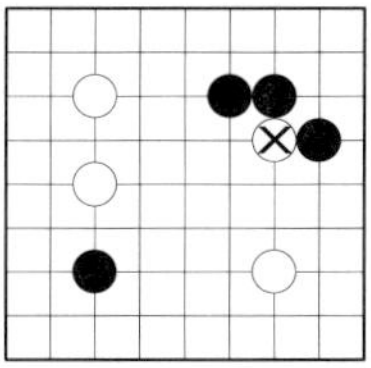
E

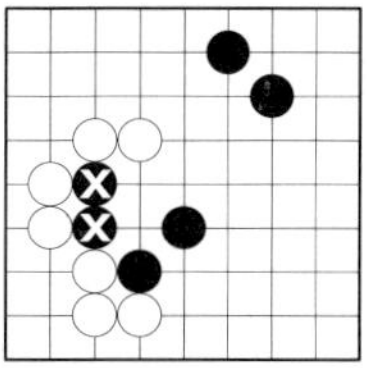
F

Die Aufgabe E scheint der Aufgabe A sehr ähnlich. Die Frage lautet, kann Schwarz den markierten weißen Stein fangen? Die richtige Beantwortung erfordert von Ihnen aber ein sehr genaues Hinsehen.

Aufgabe F wird sicherlich für die meisten Anfänger zu schwer sein, doch probieren Sie ruhig mal, ob Weiß die beiden markierten Steine fangen kann. Die Lösung dieser Aufgabe erfordert von Ihnen - sofern Sie die ersten vier Übungen als leicht empfunden haben sollten - schon eine Portion Kombinationsgabe, weil hier zwei Techniken miteinander kombiniert werden müssen. Nehmen Sie ruhig ein Brett zu Hilfe. Ein kleiner Hinweis: Sie müssen erst einen Stein opfern.

Lösungen zu den Fangtechniken finden Sie auf Seite 50.

2.9 Das Ende einer Partie

Gebiete, neutrale Punkte, Endabrechnung

Entsprechend dem Punkt der Regel im ersten Kapitel "Ende eines Go-Spiels" soll sich auch ein Punkt im zweiten Kapitel mit dem Ende einer Partie beschäftigen.
Hier soll dieser Punkt allerdings etwas ausführlicher behandelt werden. Es soll erläutert werden, was sind Gebiete, insbesondere was ist sicheres Gebiet, und was ist ein Gebiet, das noch gesichert werden muß? Was sind neutrale Punkte, und wie wird eine beendete Partie abgerechnet?

Gebiete sind freie Schnittpunkte auf dem Brett, die von Steinen umzingelt worden sind.

Sie haben hier im zweiten Kapitel gelernt, daß es Gebiete gibt, die in zwei Augen unterteilt werden müssen, damit der Gegner sie nicht "tot" spielen kann. Das ist aber meistens nur bei kleinen Gebieten notwendig, die bis zu sieben Punkten groß sind (das ist aber nur ein ungefährer Erfahrungswert und keine allgemeingültige Regel).

Bei Gebieten, die größer sind, ist das meistens nicht notwendig. Allerdings ist dabei immer individuell zu beachten, wie die Gebiete umzingelt worden sind. D.h., ist das Gebiet von nur einer zusammenhängenden Kette umzingelt worden oder wurde das Gebiet aus mehreren Ketten oder sogar mit einzelnen Steinen umzingelt, die nicht miteinander verbunden sind? Im letzteren Fall muß man darauf achten, daß der Gegner nicht einige Schwächen in der Umzingelung ausnutzen kann, um das Gebiet zu verkleinern.

Dies immer richtig beurteilen zu können, erfordert einige Spielerfahrung und fällt darum dem Go-Anfänger nicht leicht.

Gebiete und neutrale Punkte ?

Schauen wir uns als erstes ein sehr einfaches Beispiel an. In Abb. A hat Schwarz sich auf der linken Seite und Weiß auf der rechten Seite Gebiet abgesteckt. Beide haben ihr Gebiet mit einer einzigen zusammengehörigen Kette abgeriegelt.

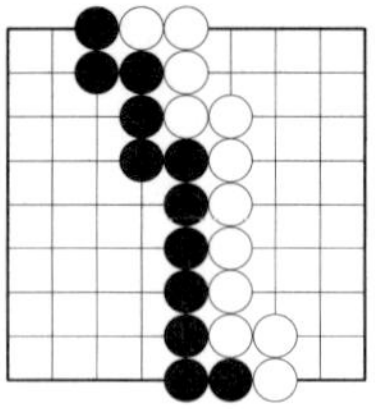

A

Schwarz hat 30 freie Schnittpunkte umzingelt, Weiß dagegen nur 27 freie Schnittpunkte. Während der Partie hat keiner der Spieler Steine seines Gegenspielers geschlagen, ferner stehen keine gefangenen Steine auf dem Brett. Somit hat Schwarz 30 Punkte und Weiß 27 Punkte, d.h., Schwarz hat mit drei Punkten gewonnen.

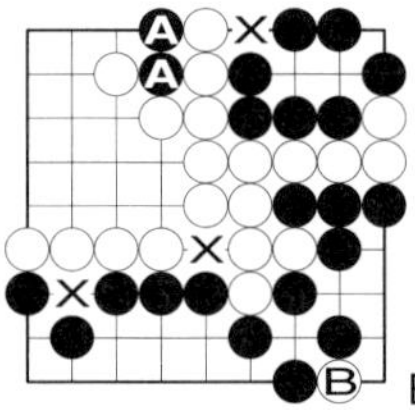

B

Doch das ist - wie gesagt - ein sehr einfaches Beispiel. Schauen Sie sich einmal die Abb.B an. Dieses Beispiel ist schon sehr realistisch für eine Go-Partie.

Das sieht zuerst einmal ziemlich unübersichtlich aus.
Weiß hat sich in der linken oberen Ecke ein Gebiet gebaut. In diesem Gebiet stehen zwei gefangene schwarze Steine, die mit A markiert sind.
Schwarz hat sich in der rechten oberen Ecke ein kleines Gebiet abgesteckt, das zwei Augen hat und damit auch lebt. Zudem hat Schwarz auch am unteren Rand einen größeren Gebietsstreifen. In dem unteren Gebiet steht ein weißer Gefangener, der mit B markiert ist. Zudem hat Schwarz während der Partie einen weißen Stein geschlagen.
Die beiden schwarzen Gebiete werden durch eine weiße Steinkette getrennt.

Sowohl die beiden gefangenen schwarzen Steine als auch der gefangene weiße Stein können nicht mehr entkommen. Alle diese Steine stehen Atari. Sowohl Schwarz als auch

Weiß sind nicht mehr gezwungen, ihre gefangenen Steine zu schlagen und vom Brett zu nehmen, da sie - wie gesagt - nicht mehr fliehen können.

Falls Schwarz oder Weiß diese gefangenen Steine schlagen sollten - obwohl das nicht nötig ist -, stellen sie einen Stein in ihr eigenes Gebiet und besetzen damit einen freien Schnittpunkt. Somit haben sie in der Endabrechnung einen freien Schnittpunkt weniger, was bedeutet, daß sie sich selbst ihr Gebiet um einen Punkt verkleinert haben, obwohl das nicht nötig war.
Zudem sehen Sie drei mit X markierte Punkte. Diese Punkte liegen zwischen den schwarzen und weißen Ketten.
Es stellt sich die Frage, ob es sich bei diesen markierten Punkten um neutrale Punkte handelt oder nicht.
Die Definition für neutrale Punkte ist folgende:

> Ein Punkt ist neutral, wenn keiner der beiden Spieler sein eigenes Gebiet vergrößern oder das Gebiet des Gegenspielers verkleinern kann, wenn er diese Punkte besetzt.

Manchmal glaubt man, ein Punkt sei neutral, weil er zwischen den Ketten der beiden Spieler liegt. Doch das ist nicht unbedingt entscheidend. Es kann durchaus vorkommen, daß ein Spieler einen Punkt zwischen den Steinketten besetzt, der sein eigenes Gebiet nicht vergrößert, der aber den Gegenspieler dazu zwingt, in sein eigenes Gebiet zu setzen. Durch das Setzen in das eigene Gebiet hat der Gegenspieler aber sein eigenes Gebiet verkleinert, somit war der Punkt, den der erste Spieler besetzt hat, nicht neutral.

Von den drei mit X markierten Punkten in Abbildung B der vorhergehenden Seite sind zwei neutral, einer nicht. Versuchen Sie doch einmal herauszufinden, welcher der Punkte nicht neutral ist und den Spielern einen Vorteil bringt, wenn sie ihn besetzen würden.

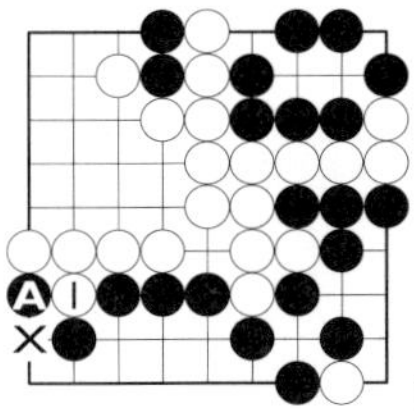

1

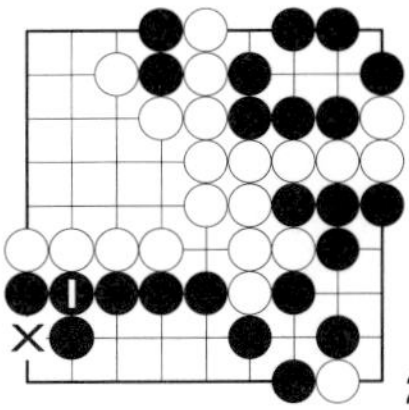

2

In Abb. 1 sehen Sie, welcher der in Abb. B markierten Punkte nicht neutral ist. Wenn Weiß zum Zug W1 kommt, steht der mit A gekennzeichnete Stein Atari. Wenn Schwarz verhindern will, daß Weiß diesen Stein schlägt, muß Schwarz noch den mit X markierten Punkt besetzen, um seinen Stein zu verbinden. Doch damit setzt er in sein eigenes Gebiet.

Wäre Schwarz am Zug, könnte er selbst auf den Punkt setzen, auf dem W1 aus Abb. 1 steht. In Abb. 2 hat er das getan. Nun gehört der mit X markierte Punkt aus Abb. 2 noch zum schwarzen Gebiet.
Sie sehen also, je nachdem, wer am Zug ist, ist das schwarze Gebiet einen Punkt größer oder aber kleiner.

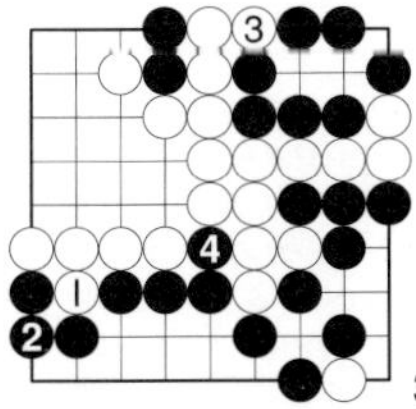

3

In dem Beispiel ist Weiß am Zug. In Abb. 3 sehen Sie, wie die letzten Züge der Partie gemacht werden.

Wenn Sie sich jetzt die Gebiete anschauen, werden Sie feststellen, daß sie abgeschlossen sind. An den Rändern oder in der Mitte gibt es keine Lücken mehr, in die einer von beiden Spielern stoßen könnte, um das Gebiet des Gegners zu verkleinern oder sein eigenes Gebiet zu vergrößern.

Nach S4 in Abb. 3 ist Weiß am Zug. Weiß muß sich jetzt überlegen, ob er noch einen sinnvollen Zug machen kann.

Spielende ?

Wenn Weiß noch einen Zug machen möchte, hat er nur zwei Alternativen:

1.) Weiß kann in sein eigenes Gebiet setzen. Das sollte Weiß aber nur machen, wenn es notwendig ist, z.B. um sein Gebiet zu sichern. Ansonsten verkleinert Weiß durch einen Zug in sein eigenes Gebiet unnötig sein Gebiet um einen Punkt. Oder...

2.) Weiß kann in das schwarze Gebiet setzen. Das wiederum sollte er nur tun, wenn er dadurch einen Vorteil erreicht, z.B. das Gebiet von Schwarz verkleinern oder vielleicht auch Steine fangen oder schlagen kann. Falls Weiß in das schwarze Gebiet setzt, ohne daß dieser Zug eine echte Bedrohung für Schwarz darstellt, "schenkt" er Schwarz einen Gefangenen.

Wenn Weiß weder in sein eigenes noch in das schwarze Gebiet setzen möchte, kann er passen, d.h., er verzichtet darauf, einen Zug zu machen.
Nun muß sich Schwarz überlegen, ob er auch passen will oder ob er noch einen sinnvollen Zug sieht, den er machen möchte. Wenn Schwarz auch paßt, ist das Spiel zu Ende.
Wenn Schwarz aber noch einen Zug macht, ist Weiß wieder an der Reihe. Weiß muß überlegen, ob er auf den schwarzen Zug reagieren will bzw. muß oder ob er ein zweites Mal paßt.
Theoretisch kann ein Spieler beliebig viele Züge lang passen, weil er in den Zügen seines Gegners keine Bedrohung sieht, während sein Gegner kontinuierlich weitersetzt. Wenn der erste Spieler dann wieder setzen möchte, darf er das.

Erst wenn beide Spieler direkt nacheinander passen, ist das Spiel beendet.

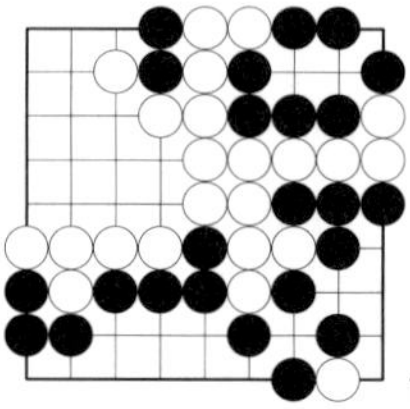
1

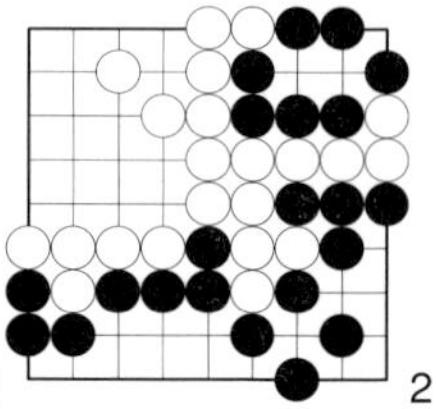
2

Nehmen wir einmal an, daß beide Spieler in Abb. 1 gepaßt haben und das Spiel beendet ist.

Nach Beendigung des Spiels müssen sich beide Spieler darüber einig sein, welche Gruppen 'leben' oder 'tot' sind und welche Steine auf dem Brett gefangen worden sind. Wenn darüber keine Einigung erzielt wird, sollte z.B. ein Spieler nachweisen, daß eine Gruppe lebt, weil sie zwei Augen hat, oder tot ist, weil sie nicht zwei Augen hat.

In unserem Beispiel einigen sich die Spieler darauf, daß alle Gruppen auf dem Brett leben und zwei schwarze Steine und ein weißer Stein auf dem Brett stehen, die gefangen worden sind. Zudem ist auch während der Partie - wie schon erwähnt - ein weißer Stein geschlagen worden, so daß wir zur Endabrechnung kommen können.

Nachdem die Spieler die gefangenen Steine vom Brett genommen haben, ergibt sich die Abb. 2.

Weiß hat in der linken oberen Ecke 18 Punkte Gebiet umzingelt. Zuzüglich seiner beiden gefangenen Steine hat er 20 Punkte erzielt. Schwarz hat in der rechten oberen Ecke 3 Punkte und am unteren Rand 16 Punkte Gebiet gemacht; zuzüglich eines gefangenen Steins und eines geschlagenen Steine insgesamt also 21 Punkte. Somit hat Schwarz die Partie mit einem Punkt gewonnen.

Doch was passiert, wenn nicht beide Spieler passen, sondern ein Spieler noch weiterspielt?

Zu beurteilen, ob ein Spiel zu Ende ist oder nicht, fällt dem Anfänger in der Regel sehr schwer. Je größer die Spielerfahrung, desto sicherer kann man absehen, ob man noch Sicherungszüge im eigenen Gebiet machen muß, oder ob man noch erfolgreich in das Gebiet des Gegners setzen kann.

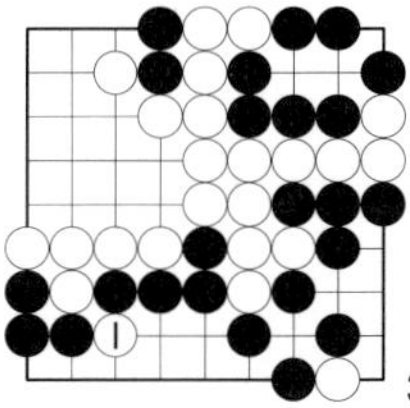

3

Nehmen wir an, Weiß ist am Zug und hat den Zug W1 in Abb. 3 gespielt. Schwarz muß nun entscheiden, ob er auf diesen Zug reagieren soll. Versetzen Sie sich doch einmal in die Lage von Schwarz. Würden Sie reagieren?

Wenn Schwarz nicht reagiert und der weiße Zug keine Bedrohung für Schwarz darstellt, hat Schwarz einen Gefangenen, nämlich den Stein W1. Dann hätte Schwarz die Partie gewonnen, weil der gefangene Stein ja als ein Punkt in der Endabrechnung zählt. Stellt der weiße Stein aber eine Bedrohung dar und Schwarz reagiert nicht, entsteht ihm wahrscheinlich ein Verlust, so daß er die Partie verliert.

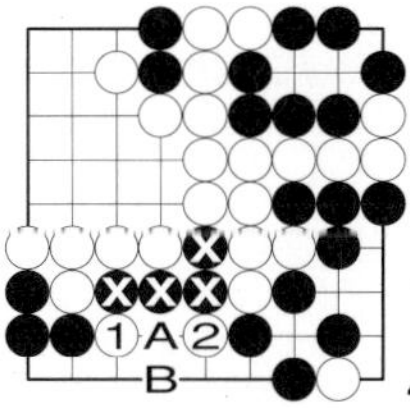

4

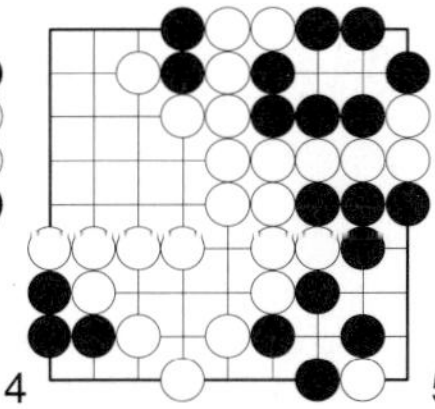

5

In Abb. 4 sehen Sie den Fall, daß Schwarz nicht reagiert, also nach dem Zug W1 paßt. Nun ist Weiß wieder am Zug und setzt den Stein W2. Nach diesem Zug stehen die vier markierten schwarzen Steine Atari und können von Weiß geschlagen werden. Schwarz kann seine Steine nicht mehr retten. Wenn Schwarz im nächsten Zug auf den Punkt A setzt, stellt er zwar die weißen Steine W1 und W2 Atari, doch seine (nun) fünf schwarzen Steine stehen ebenfalls immer noch Atari. Weiß ist am Zug, setzt auf den Punkt B und nimmt alle fünf Steine vom Brett (siehe Abb. 5). Somit sind natürlich auch die drei schwarzen Steine in der unteren linken Ecke verloren.

Das Fazit der Abb. 4 lautet also, daß Schwarz auf den Zug W1 reagieren muß. Doch wie soll Schwarz reagieren?

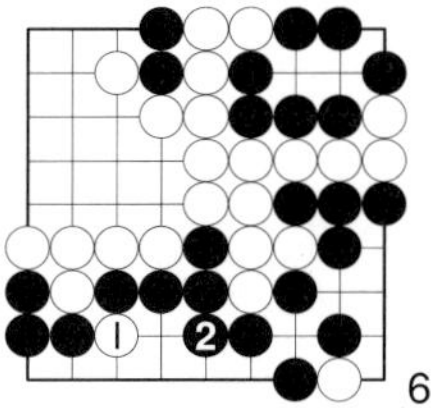

6

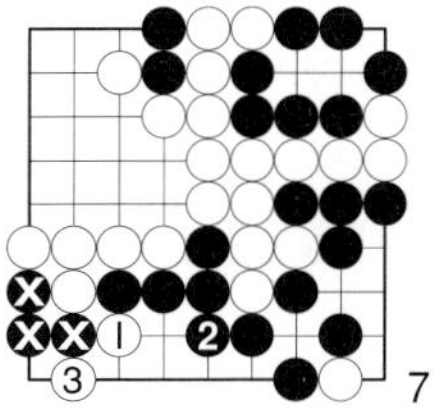

7

Nach W1 in Abb. 3 sind die vier markierten schwarzen Steine aus Abb. 4 in Gefahr. In Abb. 6 bindet Schwarz mit S2 seine vier Steine an. Ist damit jegliche Gefahr gebannt?

Schauen Sie sich die Stellung in Abb. 6 wieder genau an. Hätten Sie auch den Zug S2 gemacht?

Der Zug S2 ist nicht optimal. Zwar sind die vier vormals bedrohten Steine jetzt sicher, doch nach dem Zug S2 in Abb. 7 kommt Weiß zu dem Zug W3, und die drei markierten schwarzen Ecksteine verabschieden sich vom Brett. Nach W3 stehen die drei schwarzen Steine Atari und sind verloren.

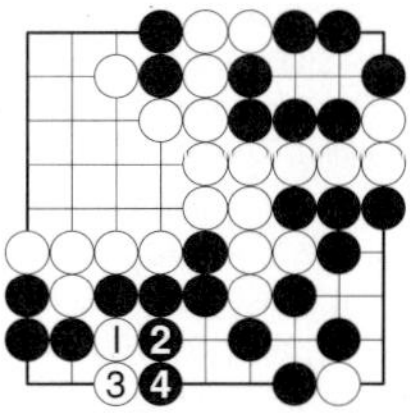

8

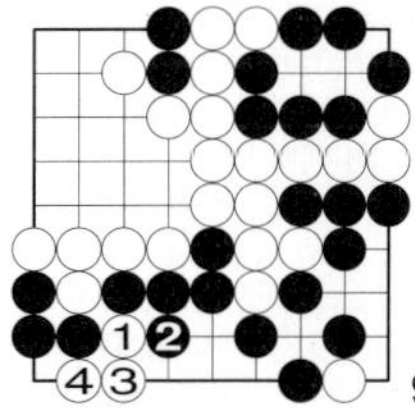

9

In Abb. 8 sehen Sie den richtigen Zug S2, der den weißen Stein W1 entschärft. Nach S2 steht der Stein W1 Atari und kann keinen Schaden mehr anrichten. Wenn Weiß den Stein noch retten möchte und mit W3 verlän-

gert, sollte Schwarz mit seinem Stein S4 mitziehen.
Wenn Schwarz nicht mitzieht und paßt, kann Weiß doch noch die drei schwarzen Ecksteine fangen (siehe Abb. 9).
Ähnliche Beispiele ließen sich auch noch an anderen Stellen auf dem Brett konstruieren. Mit etwas Spielerfahrung werden Sie aber sehen, wann eine Partie zu Ende ist.

Natürlich wird es Ihnen oder Ihrem Spielpartner am Anfang passieren, daß noch Versuche unternommen werden, Gebiete zu verkleinern oder Steine zu fangen, obwohl diese Möglichkeiten objektiv nicht bestehen. Oftmals gelingt ein solcher Versuch dann doch, weil nicht der richtige Antwortzug gefunden wird. Doch so etwas sollte Sie weniger frustrieren als viel mehr Anreiz sein, durch solche Fehler zu lernen und Ihr Go-Spiel zu verbessern.

2.10 Vorgabesystem

Ein großer Vorteil des Go-Spiels ist, daß es ein Vorgabesystem gibt. Dieses System ermöglicht es, daß zwei ungleich starke Spieler trotzdem eine spannende und interessante Partie miteinander spielen können. Der schwächere Spieler erhält von dem stärkeren Spieler je nach Spielstärkenunterschied bis zu 9 Vorgabesteine auf einem großen 19x19 Brett, die auf besonders markierten Schnittpunkten plaziert werden. Auf dem kleineren 9x9 Brett sind maximal 4 Vorgabesteine üblich.

Normalerweise wird die Spielfarbe zwischen gleichstarken Spielern ausgelost. Gewinnt aber ein Spieler gegenüber einem anderen Spieler deutlich mehr als die Hälfte aller Spiele, bekommt der stärkere Spieler automatisch die weißen Steine und der schwächere Spieler nimmt sich die schwarzen Steine. Gewinnt der stärkere Spieler wieder deutlich häufiger als sein Spielpartner, nimmt letzterer dann zwei oder mehr Vorgabesteine, bis sich ein ausgeglichenes Gewinn- und Verlustverhältnis zwischen den beiden Spielern ergibt.

In der Abbildung 1 sehen Sie, wie die jeweiligen Vorgabesteine auf dem 9x9 Brett plaziert werden, je nachdem, ob es zwei, drei oder vier Vorgabesteine sind.

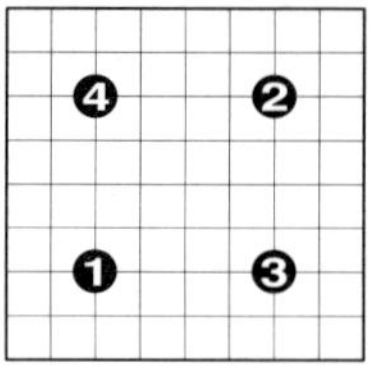

1

In der unteren Abbildung sind die möglichen 9 Vorgabesteine auf dem 19x19 Brett gekennzeichnet. Man versucht, die Vorgabesteine möglichst symmetrisch aufzustellen.

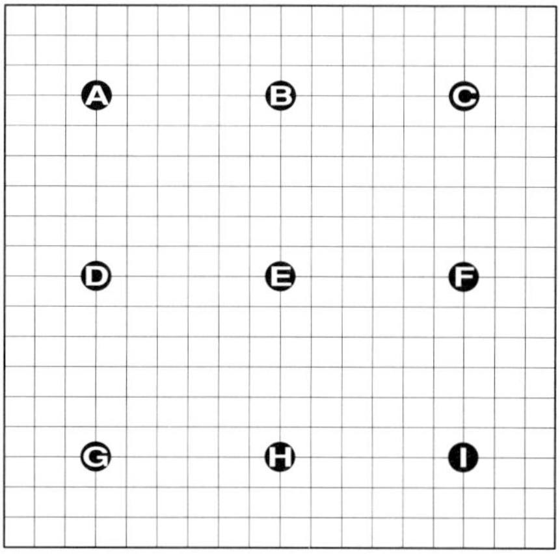

Die ersten vier Vorgabesteine werden ähnlich dem 9x9 Brett aufgestellt (A, C, G und I). Bei fünf Vorgabesteinen wird noch zusätzlich der Stein E hinzugefügt. Bei sechs Vorgabesteinen werden die Steine B, E und H weggelassen. Bei sieben Vorgaben der Stein E hinzugefügt. Bei acht Vorgaben fehlt der Stein E.

Komi

Bei gleichstarken Spielern wird - wie schon erwähnt - die Spielfarbe ausgelost. Natürlich hat der Spieler, der die schwarzen Steine bekommt, einen kleinen Vorteil, weil er den ersten Zug machen darf. Um diesen kleinen Anfangsvorteil auszugleichen, erhält der Spieler mit den weißen Steinen bei der Endabrechnung auf dem großen Brett 5 Punkte zu seinen erzielten Punkten hinzugerechnet. Auf dem kleinen 9x9 Brett erhält der Spieler mit den

weißen Steinen vier Punkte hinzugerechnet. Die Punkte, die als Ausgleich gegeben werden, nennt man im Go **Komi**.
Bei Spielen mit Vorgabesteinen gibt es diesen Ausgleich des Anfangsvorteils natürlich nicht. Ganz im Gegenteil, der schwächere Spieler erhält ja die Vorgabe, um die Gewinnchance auszugleichen.

In dem vorhergehenden Kapitel 2.9 **Das Ende einer Partie** haben wir zwei beendete Partien betrachtet, um das Auszählen einer Partie zu erläutern. Die erste (einfache) Partie hatte Schwarz mit 3 Punkten gewonnen, die zweite (komplexere) Partie hatte ebenfalls Schwarz mit 1 Punkt gewonnen.

Dabei haben wir der Einfachheit halber die Punkte, die Weiß als Ausgleich dafür bekommt, daß Schwarz den ersten Zug machen darf, unter den Tisch fallen lassen.

Wenn wir unterstellen, daß es sich bei diesen Partien um Partien handelt, in denen keine Vorgabe gegeben wurde, hätte Weiß zu seinen erzielten Punkten jeweils 4 Punkte hinzurechnen dürfen.

Das bedeutet konkret, daß Weiß die erste Partie mit einem Punkt gewonnen hätte anstatt mit drei Punkten verloren. Auch die zweite Partie hätte Weiß mit drei Punkten gewonnen anstatt mit einem Punkt verloren.

Eine Go-Partie im fortgeschrittenen Stadium, das Endspiel hat schon begonnen .

Lösungen zum Atari

Bei den Lösungen in den Abbildungen A bis F haben wir die geschlagenen Steine noch in der Abbildung sichtbar gemacht (mit O markiert), um zu verdeutlichen, um welche Steine es sich handelt. Normalerweise werden aber die geschlagenen Steine natürlich sofort vom Spielbrett genommen.

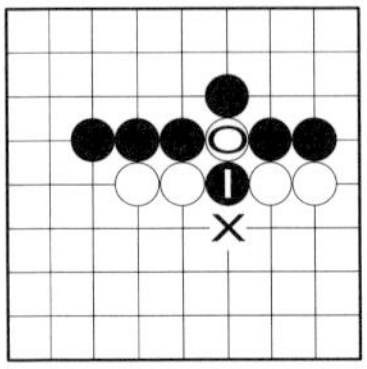

A

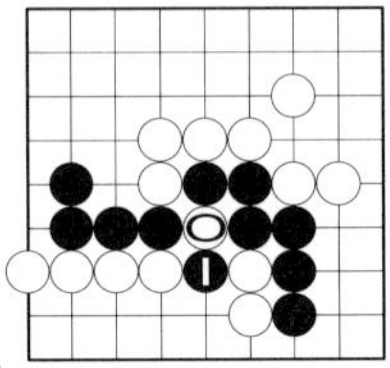

B

In den Abbildungen A und B schlägt Schwarz jeweils einen einzelnen weißen Stein. Auch in Abb. B schlägt Schwarz mit seinem Stein S1 einen einzelnen weißen Stein. Wäre Weiß am Zug, könnte er selbst den Punkt besetzen, wo jetzt S1 steht.

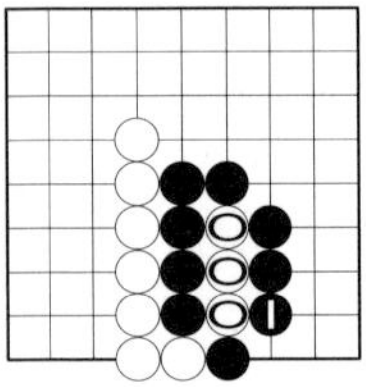

C

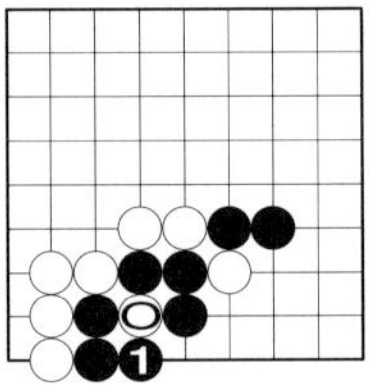

D

In der Abb. C schlägt Schwarz mit S1 drei weiße Steine. Wäre Weiß am Zug, könnte er den ebenfalls Atari stehenden einzelnen schwarzen Stein am unteren Rand schlagen und seine drei Steine retten.

In Abb. D schlägt Schwarz mit S1 wieder einen einzelnen weißen Stein. Wiederum könnte Weiß, wäre er am Zug, seinerseits zwei schwarze Steine schlagen, indem er selbst einen weißen Stein auf den Punkt setzt, auf dem jetzt der Stein S1 steht.

In der Abb. E schlägt Schwarz einen einzelnen weißen Stein in der Ecke. Sie erinnern sich bestimmt, ein Stein in der Ecke hat nur zwei Freiheiten.

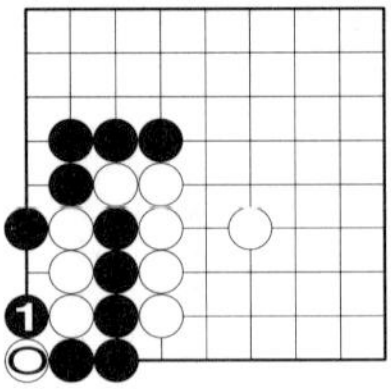

E

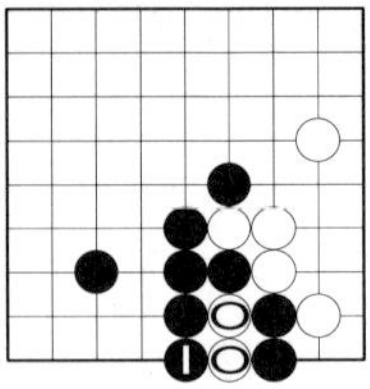

F

In der Abb. F schlägt Schwarz mit seinem Zug S1 zwei weiße Steine.

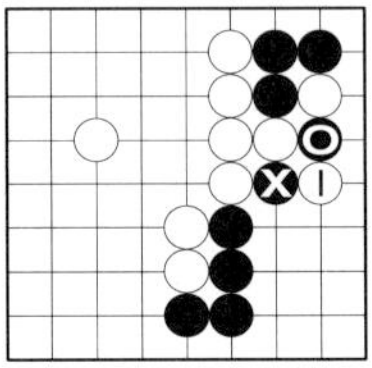

G

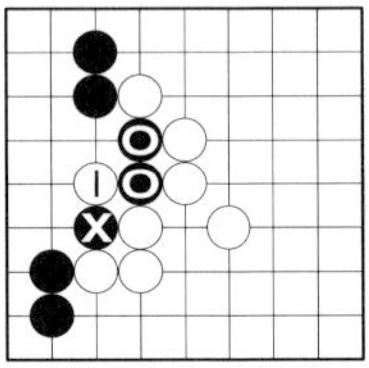

H

In der Abb. G ist der weiße Stein W1 der richtige Zug. Nach W1 stehen zwei einzelne schwarze Steine Atari. Hier ist die zuvor beschriebene Situation des **Doppel-Ataris**.
Schwarz kann entweder seinen mit X markierten Stein an seine Steinkette anbinden oder seinen mit O markierten Stein retten, indem er den einzelnen weißen Stein am Rand schlägt. Einen der beiden Steine wird Weiß aber dann schlagen können.

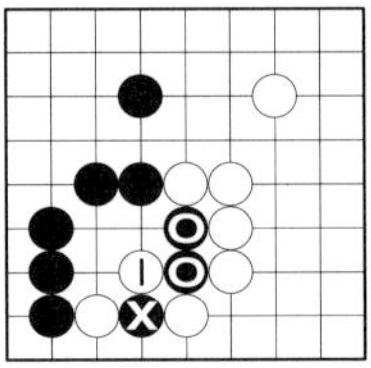

J

Auch in den beiden letzten Abbildungen H und J hat Weiß nach seinem Zug W1 die Möglichkeit, den jeweils mit X markierten Stein oder die mit O markierten Steine zu fangen.

Lösungen zu verbotenen Zügen

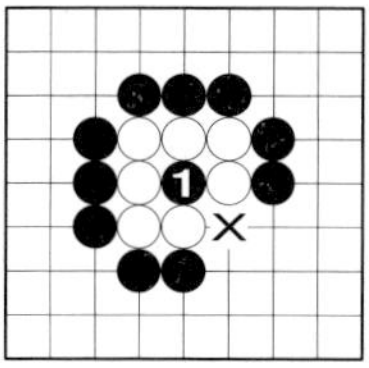
A

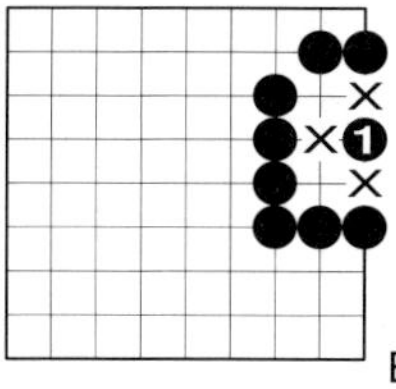
B

In der Abbildung A darf Schwarz nicht den Stein S1 setzen. Zur Verdeutlichung haben wir aber einmal den Stein S1 gesetzt. Wie Sie sehen, hat der Stein S1 keine Freiheiten mehr. S1 dürfte also nur gesetzt werden, wenn er gleichzeitig einem oder mehreren Steinen der anderen Farbe die letzte Freiheit nähme. Die weiße Steinkette hat aber nach dem Setzen von S1 immer noch eine "Außenfreiheit", nämlich den mit X markierten Punkt. Darum darf Schwarz nicht den Zug S1 machen.

Schwarz könnte aber seinen Stein S1 auf den in Abb. A mit X markierten Punkt setzen. Danach stehen alle weißen Steine Atari und sind verloren, da Schwarz sie im nächsten Zug alle schlagen kann.

In der Abbildung B darf Schwarz den Zug S1 machen, weil er gleichzeitig der weißen Kette die letzte Freiheit nimmt. Nach dem Herausnehmen der weißen Steine hat der Stein S1 wieder drei Freiheiten (mit X markiert). Darum ist dieser Zug S1 erlaubt.

Lösungen zum Leben und Tod

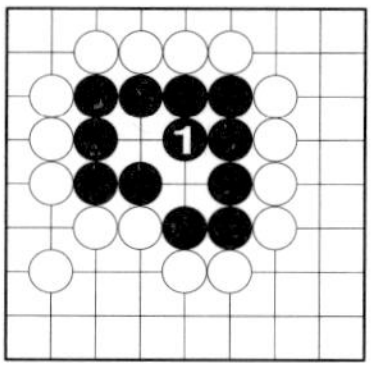
A

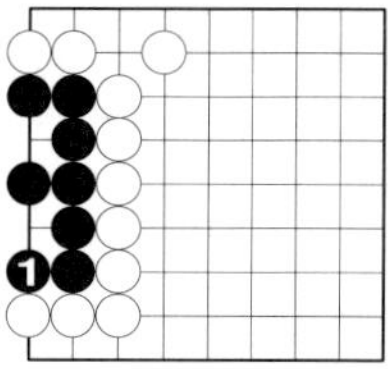
B

In Abb. A ist Schwarz am Zug. Um sein Gebiet in zwei Augen zu unterteilen, ist S1 der einzig mögliche Zug. Spielt Schwarz nicht diesen Zug, kann Weiß diesen Punkt besetzen, und die schwarze Gruppe wäre tot.

In Abb. B ist Weiß am Zug. Doch um die Frage, ob Weiß noch einmal spielen muß, zu verdeutlichen, ist der Zug S1 abgebildet. Wenn Weiß nicht spielt, kann Schwarz diesen Zug machen und hat zwei Augen und damit eine lebende Gruppe. Fazit: Weiß muß den Punkt S1 selbst besetzen, damit die schwarze Gruppe tot ist.

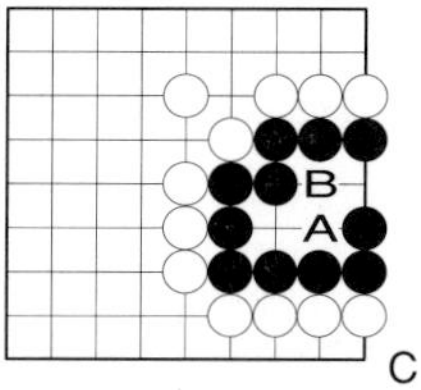

C

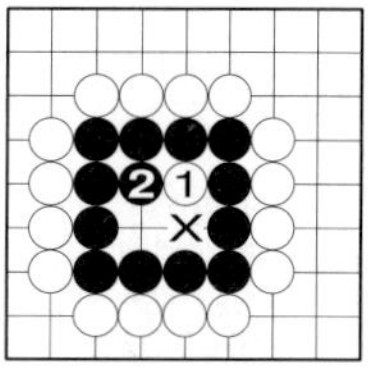
D

In Abb. C ist das Gebiet vier Punkte groß. Ähnlich wie bei dem auf den vorhergehenden Seiten behandelten Vier-Punkte-Gebiet kann Schwarz einem weißen Zug auf den Punkt A oder B beruhigt entgegensehen. Er hat dann immer noch die Möglichkeit, den jeweils anderen Punkt zu besetzen, um sein Gebiet in zwei Augen zu unterteilen. Die schwarze Gruppe lebt also bedingungslos, selbst wenn Weiß zuerst spielt.

In Abb. D hat Schwarz wieder ein Vier-Punkte-Gebiet. Doch diesmal ist die Form dieses Gebiets nicht "langgestreckt" wie in den bisherigen Beispielen, sondern eher "klumpig". Wenn Weiß zuerst den Zug W1 spielt, kann Schwarz mit S2 antworten, in der Hoffnung, daß er auch noch den mit X markierten Punkt besetzen kann. Dann hätte er zwei Augen. Doch Weiß ist am Zug. Besetzt Weiß mit einem weiteren Zug den markierten Punkt, hat Schwarz eine tote Form, weil er sein Gebiet nicht mehr in zwei Augen unterteilen kann.

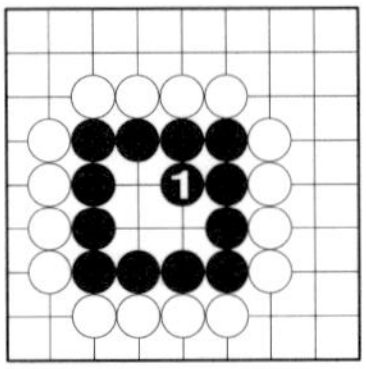

D1

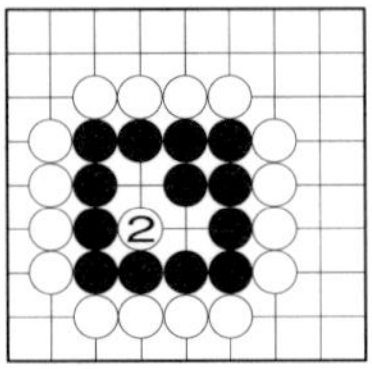

D2

In Abb. D1 spielt Schwarz selbst zuerst in sein Gebiet. Doch das nützt Schwarz wenig, da er dann nur noch ein drei Punkte großes Gebiet hat.

Wie Sie in Abb. D2 sehen, spielt Weiß mit seinem Zug W2 auf den vitalen Punkt dieser Gruppe, was es Schwarz im folgenden wieder unmöglich macht, zwei Augen zu bilden. Die Gruppe aus Abb. D ist also bedingungslos tot, egal ob Schwarz oder Weiß zuerst spielt.

Sie sehen also, es ist für das Leben einer Gruppe nicht nur entscheidend, wie groß ein Gebiet ist, sondern auch, welche Form es hat.

Ähnlich ist es in Abb. E. Auch hier hat das Vier-Punkte-Gebiet eine eher klumpige Form. Besetzt Weiß mit dem Zug W1 den zentralen (vitalen) Punkt, lebt er. Könnte Schwarz diesen Punkt besetzen, wäre Weiß tot, weil er keine zwei Augen mehr bilden kann.

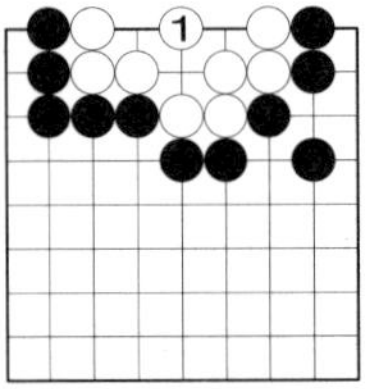

E

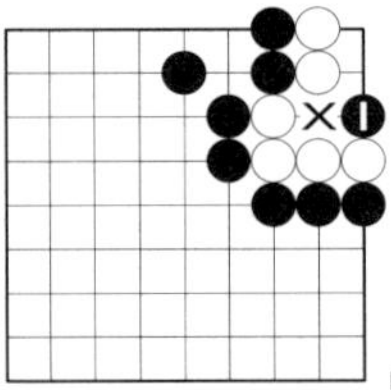

F

In Abb. F hat Weiß wieder eine lang gestreckte Vierer-Form. Man könnte meinen, es wäre egal, ob Weiß zuerst spielt oder nicht, doch es gibt hierbei etwas zu beachten: Das weiße Gebiet wird von zwei Steinketten umzingelt, die aus vier und zwei Steinen bestehen.

Wenn Schwarz den Punkt S1 besetzt, hat Weiß keine Zeit, daran zu denken, sein Gebiet zu unterteilen, weil die Steinkette (aus vier Steinen) Atari steht. Weiß muß auf den mit X markierten Punkt setzen, wenn er nicht will, daß Schwarz seine vier Steine schlägt.

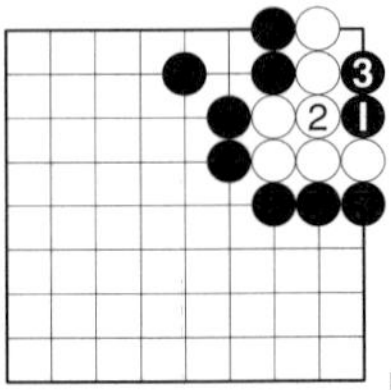

F1

Doch wenn Weiß seine vier Steine retten will und sie mit W2 in Abb. F1 anbindet, setzt Schwarz auch noch den Stein S3, und die weiße Gruppe fährt hinab in Gottes tiefen Keller, da es jetzt nicht mehr möglich ist, zwei Augen zu bilden. Wenn Weiß leben will, muß er also unbedingt den Punkt S1 oder S3 zuerst besetzen.

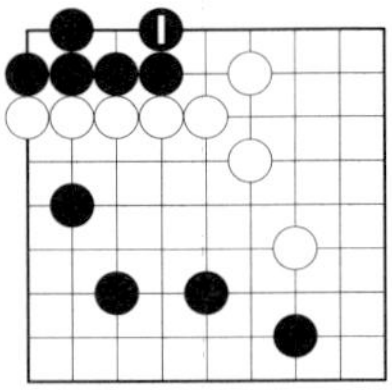

G

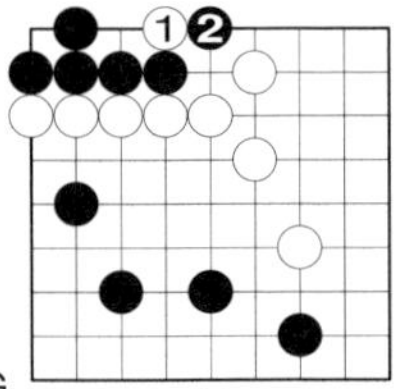

G1

In Abb. G übergehen wir erst noch einmal die Tatsache, daß Weiß am Zug ist. Wenn Schwarz ziehen dürfte, könnte er ohne große Schwierigkeit sein zweites Auge bilden, indem er den Stein S1 setzt. Wenn Weiß ein zweites Auge der schwarzen Gruppe verhindern will, muß er also selbst auf diesen Punkt spielen.

In Abb. G1 hat Weiß den Stein W1 gespielt. Schwarz versucht mit seinem Stein S2 Weiß daran zu hindern, daß er seinen Stein W1 nach außen an die anderen weißen Steine anbindet, weil es für Schwarz dann schon endgültig unmöglich wäre, ein zweites Auge zu bilden.

Nach W3 in Abb. G2 steht der schwarze Stein S2 Atari. Doch auch der Stein W1 steht ja Atari.

Wenn Schwarz nun den weißen Stein W1 schlägt, ergibt sich die Stellung in Abb. G3.

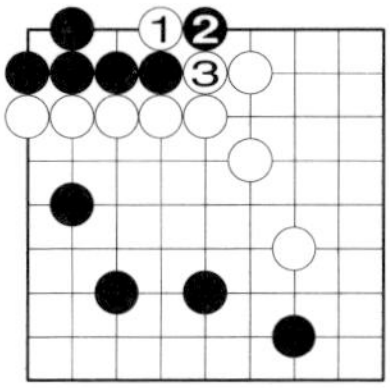

G2

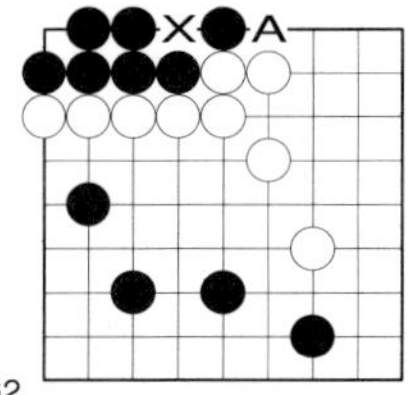

G3

Doch der mit X markierte Punkt ist ein "unechtes Auge", weil Schwarz den markierten Punkt später einmal zusetzen muß, wenn Weiß die schwarze Gruppe von außen auf dem Punkt A zusetzt.

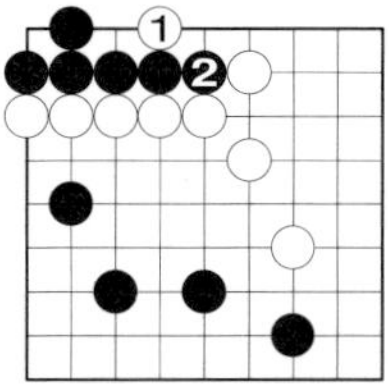

G4

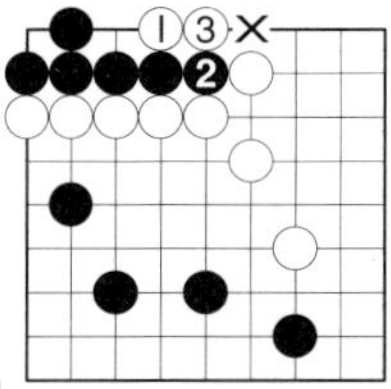

G5

In Abb. G4 variiert Schwarz seinen Zug S2 im Vergleich zu Abb. G2. Weiß läuft nun Gefahr, seinen Stein W1 zu verlieren. Darum spielt Weiß den Stein W3 in Abb. G5 und bindet seine Steine nach außen an. Schwarz kann die beiden Steine nicht mehr abschneiden, indem er auf den markierten Punkt setzt, weil ein schwarzer Stein auf dem markierten Punkt Atari stehen würde und sofort von Weiß geschlagen werden könnte.
In Abb. H untersuchen wir erst einmal den Fall, daß Weiß am Zug ist.

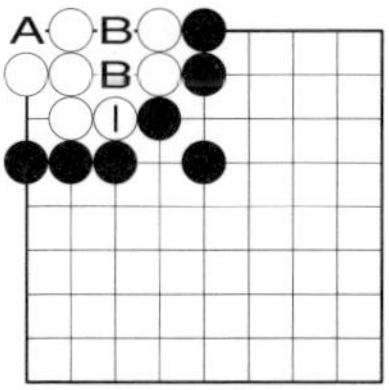

H

Nach dem Zug W1 lebt die weiße Gruppe. Sie hat zwei getrennte Augen, wobei der Gebietspunkt A ein Auge und die beiden Gebietspunkte B das zweite Auge sind.

Aber kann Weiß auch eventuell auf den Zug W1 aus Abb. H verzichten, was gleichbedeutend mit dem Fall ist, daß Schwarz zuerst ziehen darf? Schauen wir mal, was dann passiert.

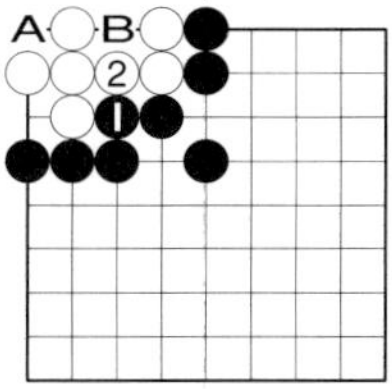

H1

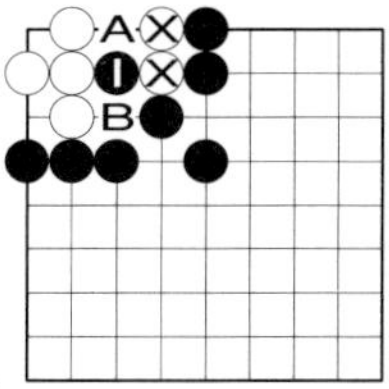

H2

Nach S1 in Abb. H1 hat Weiß die Möglichkeit, mit W2 zu antworten und wieder zwei Augen zu bilden: A und B.

In Abb. H2 wird es schon interessanter. Nach S1 stehen die zwei markierten weißen Steine Atari. Wenn Weiß den Stein S1 abschneiden will und auf B setzt, wird Schwarz auf A setzen und die beiden markierten weißen Steine schlagen. Wenn Weiß seine beiden gefährdeten Steine anbindet, indem er auf A setzt, wird auch Schwarz seinen Stein S1 anbinden und auf B setzen. Nach S1 aus Abb. H2 ist die weiße Gruppe "tot", weil Weiß nicht mehr zwei Augen bilden kann.

Lösungen zu den Fangtechniken

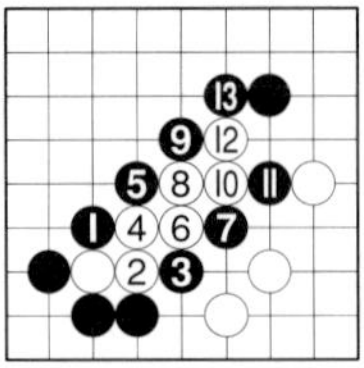
A

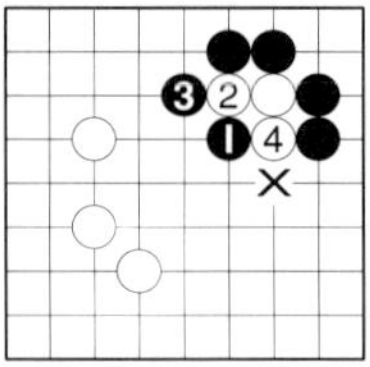
B

Der einzelne weiße Stein aus Übung A kann in einer Treppe gefangen werden. In Abb. A sehen Sie, wie Schwarz abwechselnd von beiden Seiten Atari gibt. Nach S13 hat Weiß nur noch eine Freiheit, und Schwarz kann alle Steine schlagen.
In Abb. B fängt Schwarz den weißen Stein im Netz. Falls Weiß mit W2 ausbrechen will, wird das durch S3 verhindert. Nach W4 hat Weiß nur noch die markierte Freiheit und kann von Schwarz geschlagen werden. Die Treppe würde nicht funktionieren, weil der einzelne weiße Stein auf die weißen Steine links unten zulaufen würde, wie Sie in Abb. B1 sehen können.

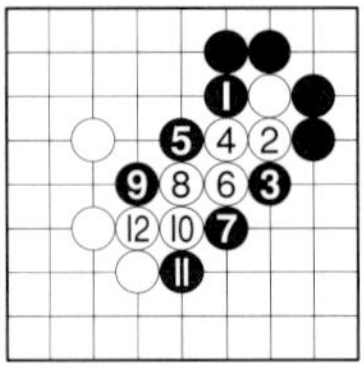
B1

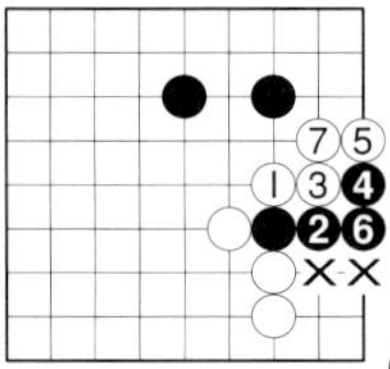
C

Der einzelne schwarze Stein in Abb. C wird mit W1 zum Rand getrieben. Mit W3 verhindert Weiß, daß Schwarz seine Steine nach außen an die anderen beiden schwarzen Steine anbinden kann. Mit S4 versucht Schwarz, doch noch seine Steine zu verbinden. Doch W5 stellt den Stein S4 Atari, so daß Schwarz seine Steine mit S6 verbinden muß. Auch Weiß bindet seinen Stein W5 mit W7 an. Die abgeschnittenen vier schwarzen Steine haben nur noch die beiden markierten Freiheiten. Weiß hat zwar noch nicht alle seine Steine miteinander verbunden, doch er hat aufgrund der wenigen Freiheiten der vier schwarzen Steine jederzeit die Möglichkeit, diese zu schlagen. Man kann sagen, die weißen Steine sind so gut wie verbunden.

In Abb. D bereitet W1 die Mausefalle vor. Nach W1 kann Schwarz das Fangen seiner Steine nicht mehr verhindern.

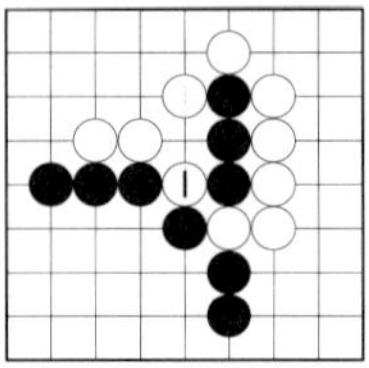
D

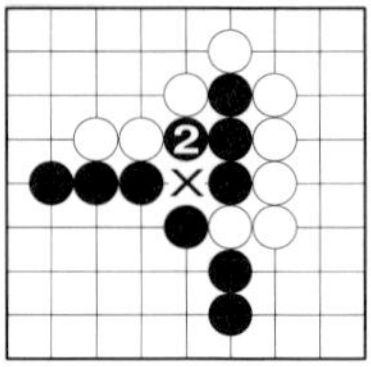
D1

Versucht Schwarz es trotzdem, indem er in Abb. D1 den Stein W1 schlägt, haben die vier schwarzen Steine nur noch die mit X markierte Freiheit, und Weiß kann die vier Steine im nächsten Zug schlagen, wenn er auf den mit X markierten Punkt setzt.

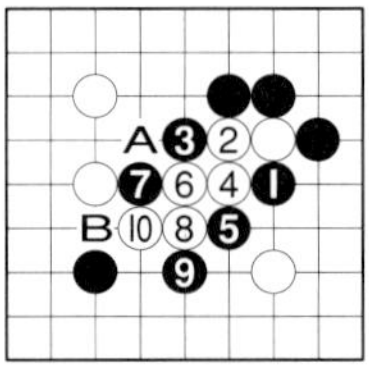
E

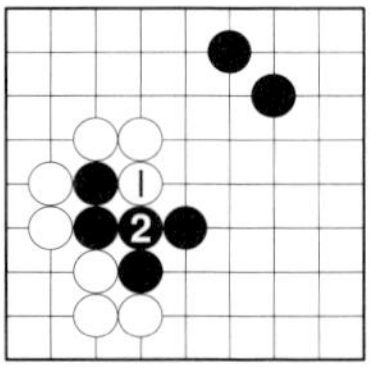
F

Der einzelne weiße Stein in der Aufgabe E kann nicht gefangen werden! Die offensichtliche Treppe funktioniert nicht. Nach W10 in Abb. E steht plötzlich der Stein S7 Atari, er hat nur noch den Punkt A als Freiheit. Wenn Schwarz den Stein S7 auf A deckt, verbindet Weiß seine Steine auf B. Danach hat Schwarz (siehe S1, S5 und S9) erhebliche Schwächen in seiner Stellung, weil er zu viele Schnittpunkte hinterläßt.
Eine Treppe zu spielen, die nicht funktioniert, kann zum vorzeitigen Ende einer Partie führen. Sie sollten solche Fangversuche sehr vorsichtig behandeln, wenn Sie nicht genau ausrechnen können, ob Ihr Plan funktioniert.

In Abb. F stellt Weiß mit W1 zwei schwarze Steine Atari, und Schwarz bindet sie mit S2 an. Damit besteht für die schwarzen Steine keine unmittelbare Gefahr mehr.

In Abb. F1 'opfert' Weiß seinen Stein W1, weil Schwarz ihn sofort schlagen kann. In Abb. F2 hat Schwarz gerade mit S2 geschlagen.

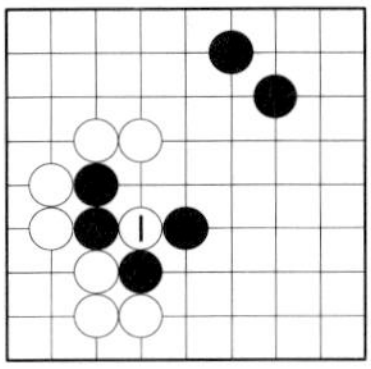

F1

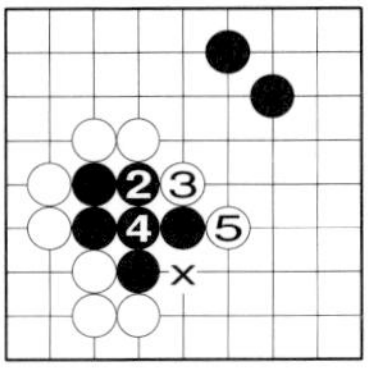

F2

Mit W3 gibt Weiß auf die drei schwarzen Steine Atari. Wenn Schwarz seine drei Steine nicht schlagen lassen möchte, muß er sie mit S4 anbinden. Mit W5 gibt Weiß diesmal Atari auf sechs schwarze Steine.
Wenn Schwarz noch die Illusion hat, entkommen zu können, bleibt ihm nur der Zug S6 in Abb. F3

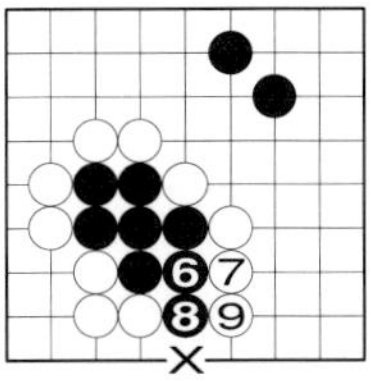

F3

Doch nach W7 stehen wieder alle schwarzen Steine Atari. Nach S8 und W9 sind die schwarzen Steine endgültig verloren, sie haben nur noch die markierte Freiheit am unteren Rand.

Obwohl W1 nicht eine 'richtige' Mausefalle einleitet, sollte Schwarz die zwei Steine aufgeben. Versucht er, sie zu retten, kann Weiß alle schwarzen Steine zum Rand treiben und fangen. Der Clou an W1 ist, daß W3 Atari für drei schwarze Steine bedeutet. Wenn Schwarz das Atari beantwortet und die drei Steine anbindet, bedeutet auch W5 wie auch alle weiteren weißen Züge Atari für die schwarzen Steine.

In Abb. F gibt Weiß direkt Atari, und nach dem Anbinden hat Schwarz drei Freiheiten und ist nicht sofort wieder auf Atari zu stellen. Nur mit dem richtigen ersten Zug W1 in Abb. F1 ergibt sich die Chance für Weiß, die schwarzen Steine an den Rand zu treiben. Diese Aufgabe ist sicherlich für einen Anfänger sehr schwer, sollte Ihnen aber zeigen, daß man oftmals Techniken kombinieren muß, um zum Erfolg zu kommen.

Zweites Intermezzo

Go heute

Mit dem Ende der Edo-Zeit 1868 begann das Profi-System auseinanderzubrechen. Die Meiji-Restauration mit ihren vielen, durch die Öffnung des Landes bedingten Neuerungen drängte das Go etwas in den Hintergrund. Das Profiwesen existierte zwar weiter, die Go-Welt war jedoch sehr zerstritten, die öffentliche Förderung minimal. Erst im Jahr 1924 konnte eine Phase der Streitigkeiten zwischen den Go-Schulen durch die Gründung des Nihon Kiin, des japanischen Go-Verbandes, beendet werden.
1926 schließlich begann eine neue Zeit für das Go-Spiel. Die Herausgeber der großen Tageszeitungen Japans entdeckten, daß ihre Leserschaft großes Interesse für das Go-Spiel bekundete. In fast jeder japanischen Tageszeitung findet sich seitdem eine Go-Ecke, die großen Zeitungen sponsern die bedeutendsten Turniere Japans.
In der heutigen Zeit ist die Go-Welt vielfältiger geworden. Korea ist ein Land mit einer geradezu Go-begeisterten Bevölkerung. Und auch in China ist mit dem Abklingen der „Kulturrevolution“ das Go neu belebt worden; seit dem Anfang der 80er Jahre ist eine deutliche Aufwärtsentwicklung spürbar. Die chinesischen Profis, vor allem auch die Frauen, zählen inzwischen zur Weltspitze.
Gleichzeitig sind die Sponsoren nicht mehr ausschließlich die großen Zeitungsverlage, sondern vor allem auch große Industrien, in Japan vor allem die Computerindustrie.

Die westliche Welt

Die Go-Geschichte außerhalb Ostasiens beginnt eigentlich erst mit dem Ende des 19. Jahrhunderts. Bis zum Jahr 1881, in dem der deutsche Otto Korschelt die erste ernstzunehmende Abhandlung über das Go schrieb, gab es nahezu keine Publikationen zu diesem Thema außerhalb des ostasiatischen Raums. Positiv formuliert: Go ist in Deutschland bereits seit über hundert Jahren bekannt, im Jahr 1909 gab es bereits eine Go-Zeitschrift mit dem Titel "Die Abonnenten".
Die Verbreitung des Go erfolgte trotz enthusiastischer Bemühungen einzelner Go-Spieler wie L. Pfaundler, Bruno Rüger, Edward Lasker (berühmter Schachspieler) und Felix Dueball nur sehr langsam. Die Entwicklung in den anderen europäischen Staaten und in den USA verlief ähnlich. Aufgrund der beeindruckenden wirtschaftlichen Erfolge Japans in den Nachkriegsjahren begannen sich die westlichen Staaten schließlich stärker für die japanische Kultur zu interessieren. Die aktive Förderung des Go außerhalb Japans durch den Nihon Kiin startete ebenfalls in den frühen 60er Jahren. Die Verbreitung des Go in Europa, Australien und Nordamerika wurde durch diese Aktivitäten stark beschleunigt.

Go im heutigen Deutschland

Der „Deutsche Go-Bund" wurde 1937 gegründet, nach dem 2. Weltkrieg als „DGoB" neu formiert, und seit 1965 ist der DGoB Dachverband für die Landesverbände, deren Zahl nach der Vereinigung auf zwölf angewachsen ist. Obwohl es nur ca. 1500 organisierte Go-Spieler gibt, kann die Zahl der Go-Spieler in Deutschland auf weit über 10.000 geschätzt werden. Die Anzahl der verkauften Go-Spiele allein durch den Spieleverlag "Ravensburg" ist beeindruckend. Es gibt die verschiedensten Möglichkeiten, sich dem Go-Spiel zu widmen. Auf mehr als 30 Turnieren im Jahr treffen sich Spitzenspieler und Gelegenheitsspieler, um Kontakte zu knüpfen und das Spiel zu genießen, und in fast jeder größeren Stadt gibt es regelmäßige Spieletreffs.

Kontakte zu Go-Spielern und Go-Spielerinnen zu knüpfen ist sehr einfach.

Der Deutsche Go-Bund schickt Ihnen gerne aktuelle Kontaktadressen und die Termine der Spielabende in Ihrer Nähe zu.

Deutscher GO-Bund
Postfach 60 54 54

22249 Hamburg

3. Taktik und Strategie

Die Eröffnung, das Mittelspiel, das Endspiel

Nachdem Sie bisher in Kapitel 1 die Regeln des Go-Spiels kennengelernt haben und nachdem in Kapitel 2 eine Reihe von grundlegenden Techniken - das Fangen von Steinen, Leben und Tod usw. - erläutert wurden, wollen wir uns nun einigen einfachen strategischen Überlegungen zuwenden. Zur Orientierung werden wir uns dabei an die drei Phasen eines Go-Spiels halten: die Eröffnung, das Mittelspiel und das Endspiel.
Um nun die einzelnen Schnittpunkte auf dem Go-Brett benennen zu können, werden die Linien des Go-Brettes wie in Abbildung 1 vom Rand aus als die 1. Linie, die 2. Linie, die 3. Linie usw. bezeichnet. Anstatt von „Linie" werden wir oft auch von „Reihe" sprechen. Zum Beispiel liegen die beiden schwarzen Steine in Abbildung 2 auf einem „3-3"-Punkt, während sich der weiße Stein auf „3-4" befindet.

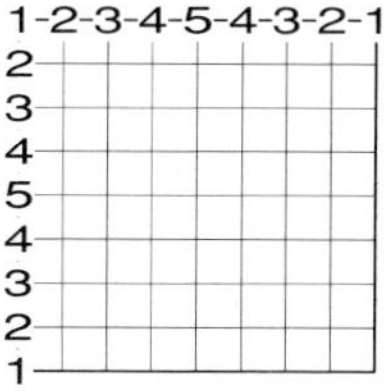

1

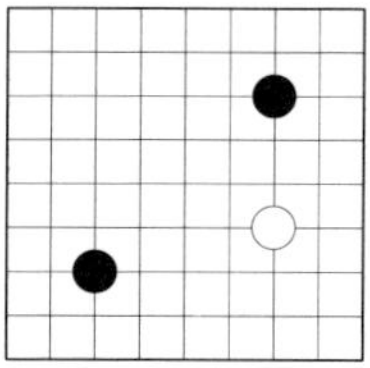
2

3.1 Die Eröffnung

Zu Beginn eines Go-Spiels ist das Brett leer (zumindest in Partien ohne Vorgabe). Es entsteht nun die Frage: wohin sollte man seine ersten Steine spielen?

Die 1. und die 2. Reihe

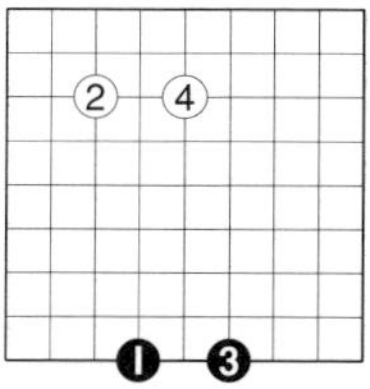

1

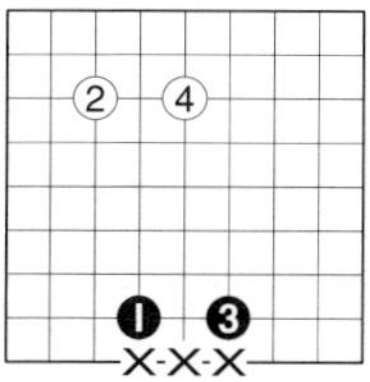

2

Abb. 1: Die schwarzen Züge 1 und 3 sind nicht gut. Mit diesen Zügen auf der ersten Linie macht Schwarz kein Gebiet. Weiß dagegen macht mit seinen Zügen 2 und 4 auf der dritten Linie Gebiet am oberen Rand.
Abb. 2: Auch die schwarzen Züge 1 und 3 auf der zweiten Reihe sind nicht besonders gut. Zwar macht Schwarz etwas Gebiet, die mit X markierten Punkte, dies ist aber zu wenig. Die weißen Züge 2 und 4 sind immer noch besser.
Man sieht also: in der Eröffnung ist es nicht gut, Züge auf der 1. oder der 2. Reihe zu machen. Wie es besser ist, werden wir gleich sehen.

Eine Eröffnung auf dem großen Brett

Betrachten wir einmal die ersten Züge einer typischen Partie auf dem 19x19-Brett.

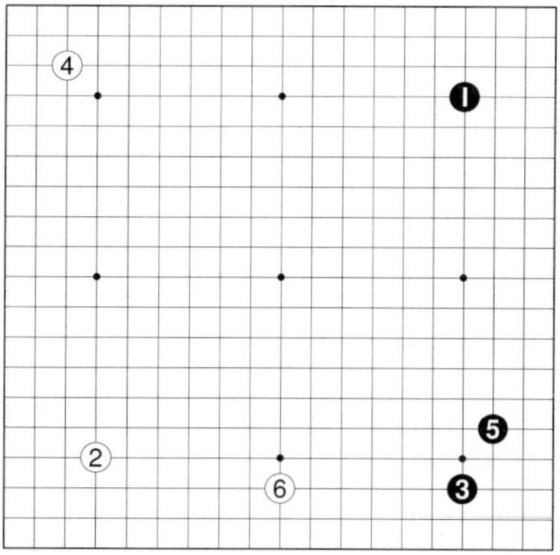

Mit seinem ersten Stein spielt Schwarz in die obere rechte Ecke, und Weiß zieht mit 2 in die untere linke Ecke. Bis zum weißen Zug 4 haben beide jeweils zwei Ecken besetzt. Danach zieht Schwarz mit 5 erneut in der unteren rechten Ecke, um diese weiter zu festigen. Weiß spielt nun am Rand.
So oder ähnlich beginnen die meisten Spiele: zuerst besetzen beide Spieler die Ecken. An-

schließend werden die Stellungen zum Rand hin erweitert, im Zentrum wird erst recht spät gespielt. Warum dies so ist, werden wir weiter unten untersuchen. Beachten Sie aber einmal: alle Steine bis zum weißen Zug 6 aus der Partie oben wurden auf die 3. oder die 4. Reihe gespielt!

Die 3. und die 4. Reihe

In der Eröffnung sollte man auf der 3. und der 4. Reihe spielen. Egal, ob auf dem großen oder dem kleinen Brett: dort ist es am leichtesten, Gebiet zu machen.

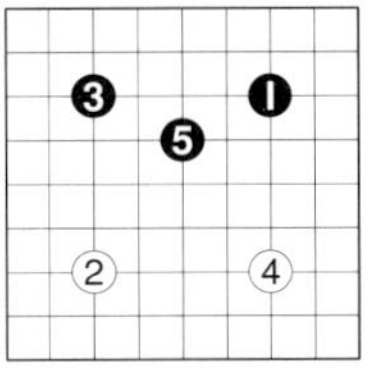
1

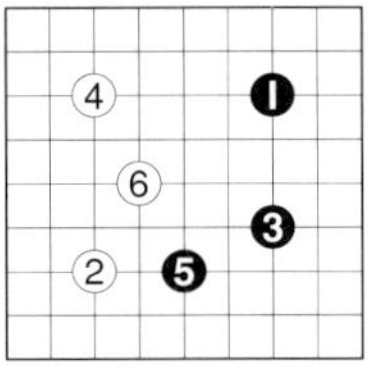
2

Abb. 1: Mit den ersten vier Zügen besetzen Schwarz und Weiß jeweils die Ecken mit einem Stein auf dem 3-3-Punkt. Mit 5 macht Schwarz auf der vierten Linie Gebiet. Das ist eine gute Eröffnung.

Abb. 2: Natürlich dürfen Sie auch variieren: Schwarz 3 auf den 3-4-Punkt zu spielen ist ebenfalls eine gute Strategie. Anschließend erweitert Schwarz mit 5 seine Stellung am unteren Rand, während diesmal Weiß mit 6 auf der 4. Reihe Gebiet sichert. Beide spielen richtig.

Die 5. Reihe

Auf dem kleinen 9x9-Brett hat die 5. Linie eine besondere Stellung: der 5-5-Punkt ist bereits der Mittelpunkt des Brettes.

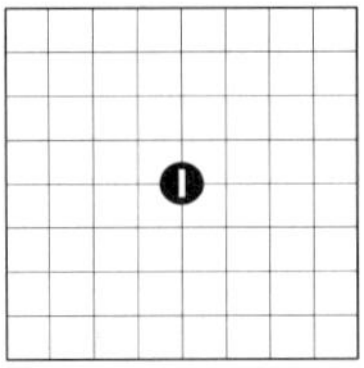
1

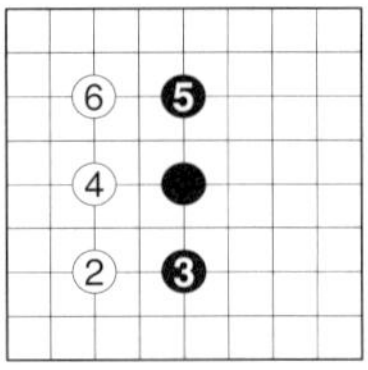
2

Abb. 1: In dem besonderen Fall des 9x9-Brettes ist auch der erste Zug von Schwarz mit 1 auf den 5-5-Punkt gut.

Abb. 2: Mit 2 besetzt Weiß eine Ecke und nach Schwarz 3 spielt Weiß auf 4, damit der Schwarze nicht den Stein Weiß 2 einkreisen kann. Nach den Zügen 5 und 6 hat Weiß den linken und Schwarz den rechten Rand. Da der rechte Rand größer ist als der Linke, ist dies ein gutes Ergebnis für Schwarz.

Sie sehen also, daß auch ein Zug auf den Mittelpunkt eine gute Eröffnung sein kann. Es muß aber gesagt werden, daß es trotzdem leichter ist, mit Zügen auf etwa der 3. Linie Gebiet zu machen. Weiß wird zum Beispiel anstatt auf 6 in der Abb. 2 auf 1 in Abb. 3 spielen. Man sagt, Weiß startet mit 1 eine „Invasion". Dieses Konzept werden wir später genauer erläutern. Auf alle Fälle wird es nach dem weißen Zug 1 zu einem komplizierten Kampf kommen.

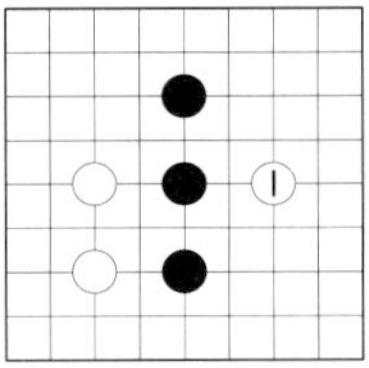
3

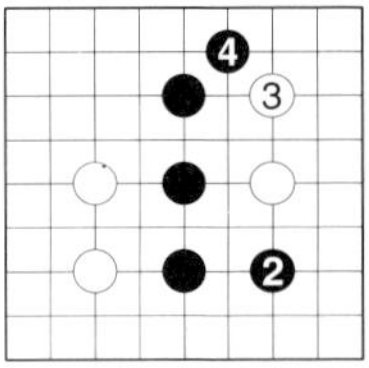
4

Abb. 4: Schwarz kann den einzelnen weißen Stein etwa mit 2 attackieren, um nach Weiß 3 den Angriff mit Schwarz 4 fortzusetzen. Die Partie befindet sich nun im Mittelspiel, und es hängt dann vom Geschick der beiden Spieler ab, ob es dem Schwarzen gelingen wird, die weißen Steine zu töten, oder ob Weiß es schafft, mit diesen Steinen eine lebende Stellung zu bauen.

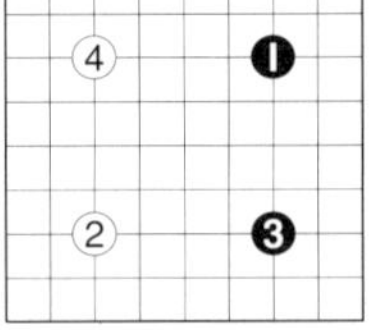
5

Abb. 5: Hier ist noch einmal eine einfache Eröffnung gezeigt. Beide Spieler besetzen je zwei Ecken auf dem 3-3-Punkt, was, wie gesagt, eine gute Strategie ist. Gute Züge können auch im Go einfach sein!

Noch ein Wort als Warnung: ein Zug auf den 5-5-Punkt, der auf dem 9x9-Brett eine gute und sicherlich interessante Eröffnung ergibt, die Sie auf jeden Fall auch einmal selbst ausprobieren sollten, ist auf dem 19x19-Brett nicht sehr ratsam. Auf dem großen Brett können Züge, die in der Eröffnung auf die fünfte Linie oder noch weiter im Zentrum gespielt werden, nur als sehr eigenwillige Strategie gewertet werden.

Gebiet machen - weiträumig spielen

Bisher wissen Sie also, daß man in der Eröffnung die 1. und die 2. Linie meiden sollte. Betrachten wir nun einmal die beiden folgenden Abbildungen. Beide Spieler machen ihre Züge jeweils auf der 3. und der 4. Reihe, aber:

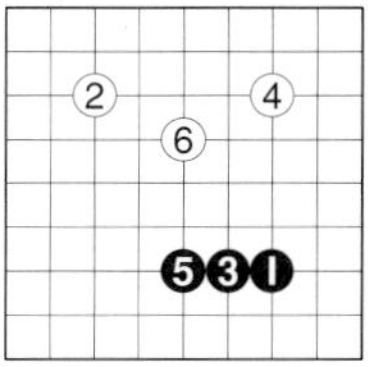

1

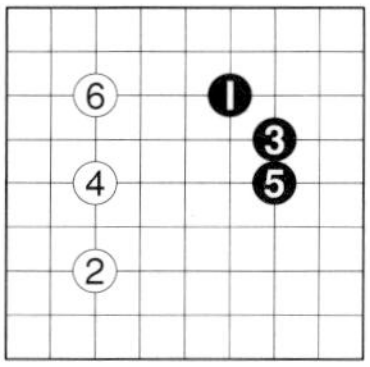

2

Abb. 1: Schwarz setzt seine Steine direkt aneinander. Dies mag zwar die sicherste Art sein, seine Steine verbunden zu halten, es ist aber zu langsam! Weiß zieht mit 4 und 6 großräumiger und macht damit schnell fast doppelt soviel Gebiet wie Schwarz.

Abb. 2: Auch der Diagonalzug von Schwarz auf 3 sichert eine Verbindung mit dem Stein 1, wie Sie in Kapitel 2 gelernt haben. Danach setzt Schwarz mit 5 direkt neben den Stein 3, somit ist alles wieder fest verbunden. Aber erneut ist die Spielweise des Schwarzen zu langsam, zu unflexibel! Weiß spielt mit seinen „1-Punkt-Sprüngen" von 2 nach 4 und von 4 nach 6 weiträumiger und macht wieder rasch mehr Gebiet als Schwarz.

In der Eröffnung sollte man also seine Steine nicht direkt nebeneinander legen, sonst ist der Gegner „schneller". Man sollte flexibel spielen und weiträumig setzen.

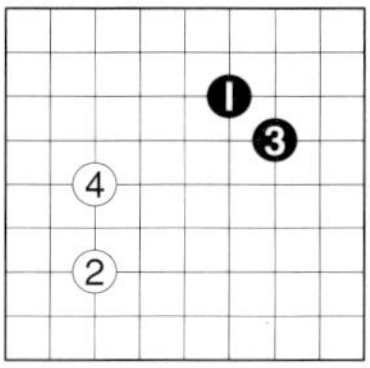

3

Wie sicher dabei z.B. so ein „1-Punkt-Sprung" auf der 3. Reihe - von Weiß 2 nach Weiß 4 in Abbildung 3 - ist und daß Weiß damit wirklich Gebiet macht, werden wir in Abschnitt 3.2 über das Mittelspiel genauer untersuchen.

Gebiet machen - Ecke, Rand und Zentrum

Nun, wir haben also untersucht, auf welche Linien man in der Eröffnung spielen sollte und daß es schlecht ist, zu Anfang einer Go-Partie seine Steine direkt nebeneinander zu legen. Aber darüber hinaus ist Ihnen sicherlich schon aufgefallen, daß fast alle guten Eröffnungen, die wir bisher gezeigt haben, damit begannen, daß Schwarz und Weiß zuerst jeweils zwei Ecken besetzt haben. Auch bei der Beispielpartie auf dem 19x19-Brett auf der vorhergehenden Seite wurde auf diesen Punkt aufmerksam gemacht. Untersuchen wir einmal, woran das liegt.

Die Abbildungen 1 und 2 zeigen drei verschiedene Gebiete, die alle sechs Punkte enthalten. Betrachtet man nun die Anzahl der Steine, die jeweils notwendig ist, um diese sechs Punkte Gebiet zu machen, fallen große Unterschiede auf. In der Ecke benötigt man 6 Steine, am Rand sind es bereits 9 Steine, die man für die sechs Gebietspunkte braucht, und in der Mitte muß man 14 Steine investieren, mehr als doppelt so viele wie in der Ecke!

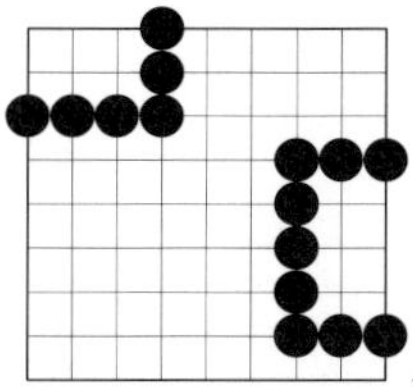
1

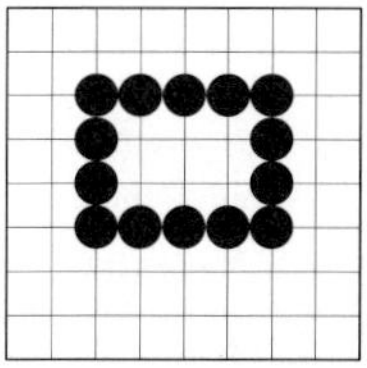
2

Der Grund hierfür ist leicht auszumachen. In der Ecke muß man nur an zwei Seiten die

Grenzen für ein Gebiet ziehen, die beiden anderen Seiten bekommt man durch den Rand des Brettes quasi geschenkt. Am Rand muß man bereits drei Grenzen aufbauen, während man im Zentrum auf allen vier Seiten spielen muß, um Gebiet zu machen.

Das führt dazu, daß die Ecken die wertvollsten, die wichtigsten Bereiche auf dem Go-Brett sind; dort ist es am einfachsten, Gebiet zu machen.

Die nächste Abbildung zeigt eine - zugegeben sehr extreme und rein hypothetische - Eröffnung auf einem 19x19-Brett. Während Schwarz in den Ecken zieht, wie es richtig ist, plaziert Weiß seine Steine im Zentrum. Nach 16 Zügen - also nach 8 Zügen jedes Spielers - ist der Unterschied deutlich: Weiß hat in der Mitte ein Gebiet abgesteckt, das etwa 9 Punkte groß ist; so viele Punkte aber hat Schwarz ungefähr in jeder seiner Ecken!

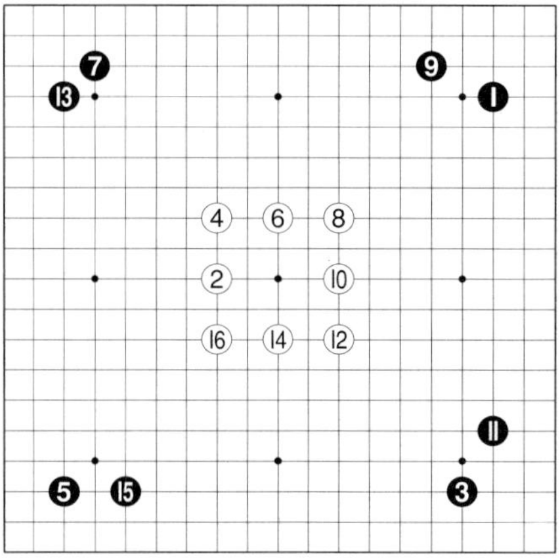

Auch die stärksten Go-Spieler der Welt beginnen ihre Partien normalerweise in den Ecken. Sie wissen einfach, daß das am vorteilhaftesten ist. Anschließend werden am Rand die Stellungen ausgebaut und erst spät wird im Zentrum gespielt.

Das 9x9-Brett mag ob seiner geringen Größe und mit dem 5-5-Punkt, der ebenfalls eine gute Eröffnung ist, eine Ausnahme sein. Aber auch hier gilt: Gebiet entsteht am leichtesten in den Ecken, im Zentrum wird fast nie eine nennenswerte Anzahl von Punkten gemacht.

Variationen

Nun haben Sie bereits eine ganze Menge Eröffnungstheorie gelernt. Das sollte Sie aber natürlich nicht davon abhalten, selber in der Eröffnung mit den verschiedensten Zügen zu experimentieren. Hier noch einige Anregungen:

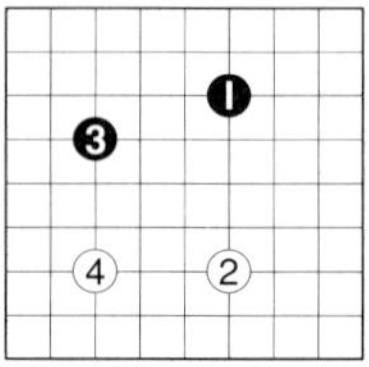

1

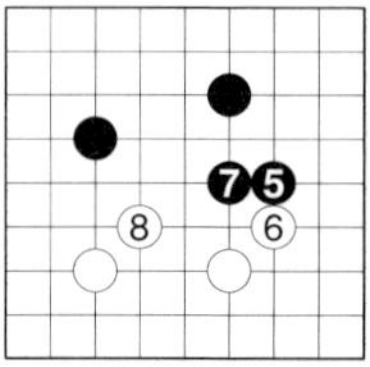

2

Abb. 1: Auch Züge auf die 3-4-Punkte - hier die Steine 1, 2 und 3 - sind, wie gesagt, gute Eröffnungszüge.

Abb. 2: Mit 5 dehnt Schwarz seine Stellung am rechten Rand aus und greift gleichzeitig die rechte, untere weiße Ecke an. Weiß verteidigt diese mit 6, Schwarz stärkt dann mit 7 seinen nunmehr seinerseits attackierten Stein 5, und mit 8 macht Weiß Gebiet am unteren Rand.

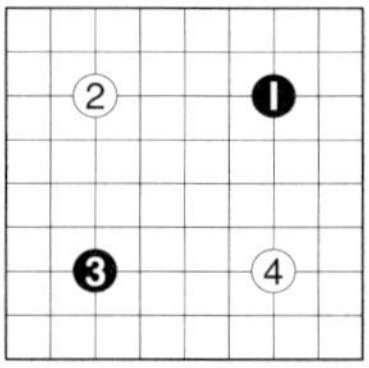

3

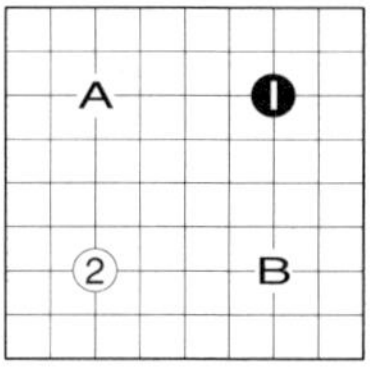

4

Abb. 3: Bis jetzt haben wir nur Eröffnungen gezeigt, in denen Schwarz und Weiß jeweils zwei benachbarte Ecken besetzt haben, die Eröffnungen waren „parallel". Aber natürlich ist es auch eine gute und vor allem interessante Strategie, „diagonal" zu spielen: nach Weiß 2 besetzt Schwarz die linke untere Ecke, anstatt rechts unten zu spielen, wie wir es bereits mehrfach gesehen haben. Weiß zieht dann mit 4 natürlich in die noch freie Ecke.

Abb. 4: Allerdings vermag Schwarz nicht immer diagonal zu spielen: Weiß kann, wenn er es möchte, dies verhindern, indem er selber direkt diagonal zum ersten schwarzen Stein zieht. Die Ecken sind die wertvollsten Gegenden auf dem Go-Brett, also sollte Schwarz dann auf einen der Punkte um A oder B spielen, Weiß besetzt anschließend die verbliebene Ecke, und wir haben wieder eine „parallele" Eröffnung.

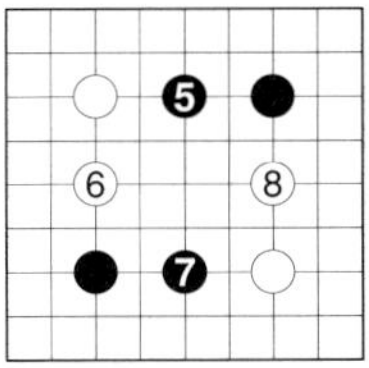
5

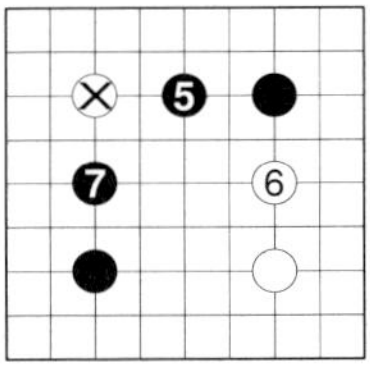
6

Abb. 5: Dies ist eine mögliche Fortsetzung der Partie aus Abbildung 3. Beide Spieler dehnen ihre Stellungen am Rand aus und stärken sie damit gleichzeitig. So ist es gut.

Abb. 6: Dagegen ist es für Weiß nicht gut, wie in dieser Abbildung hier zu spielen. Nach Schwarz 5 und Weiß 6 zieht Schwarz auf 7, und der weiße markierte Stein in der Ecke ist plötzlich stark angegriffen! Schon in dieser Stellung muß Weiß sehr genau weiter spielen, um eine lebende Formation in der Ecke zu bauen.

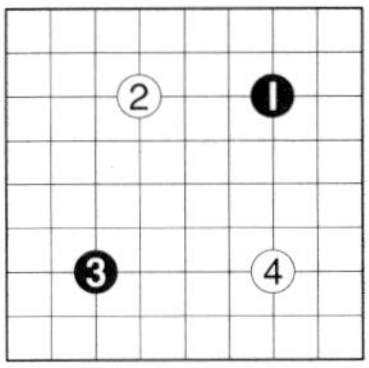
7

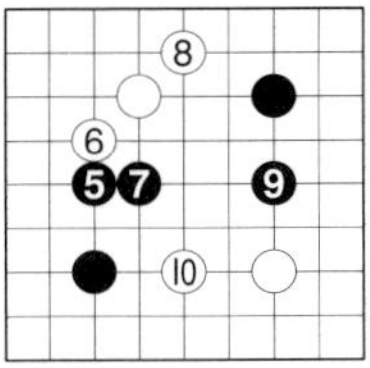
8

Abb. 7: Erneut eine diagonale Eröffnung, wieder werden zuerst die Ecken besetzt ...

Abb. 8: ... und dann mit Schwarz 5 die Stellung am Rand erweitert. Den Abtausch Weiß 6 und Schwarz 7 kennen wir bereits von oben, aber Weiß 8 ist neu: hier spielt Weiß auf der 2. Reihe! Ein solcher Zug kann auch in der Eröffnung notwendig sein. Ohne diesen Stein könnte Schwarz mit einem Zug auf gerade diesen Punkt die weiße Ecke stark angreifen, was Weiß mit 8 verhindert. Trotzdem gilt weiterhin: Züge auf die 2. oder gar die 1. Reihe sollte man vermeiden, nur in „Notfällen" sollte man auf sie zurückgreifen. Die Züge 9 und 10 setzen nun die Eröffnung wie gewohnt fort, sie bauen die jeweiligen Stellungen am Rand aus.

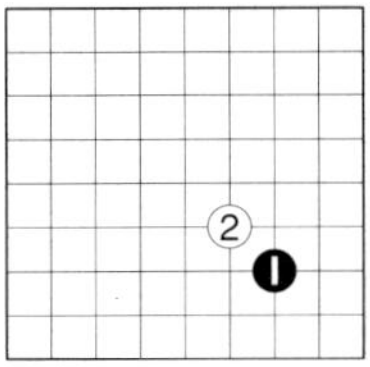
9

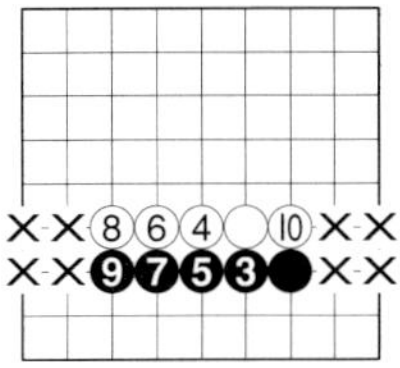
10

Abb. 9: Weiß 2 ist ein ungewöhnlicher Zug, ein aggressiver Zug, der sofort den ersten schwarzen Stein attackiert. Aber auch damit kann man in der Eröffnung experimentieren, nur durch Ausprobieren lernt man.

Abb. 10: Schwarz 3 ist eine natürliche Antwort: wird man so direkt wie mit Weiß 2 angegriffen, sind solide Züge gut. Was passiert nun, wenn beide bis Zug 10 in dieser Abbildung so weiter spielen? Schwarz hat am unteren Rand einen Streifen Gebiet, aber was ist mit Weiß? Besetzen beide Spieler auch noch die mit X markierten Punkte und passen dann anschließend, so ist die Partie zu Ende und der gesamte obere Teil des Brettes ist weißes Gebiet; Weiß würde mit großen Abstand gewinnen. Aber der von Weiß abgegrenzte Teil des Brettes ist sehr groß, Schwarz kann versuchen, darin eine lebende Gruppe zu bauen.

Invasionen

Schwarz kann zum Beispiel mit 1 in der Abbildung 1 beginnen, er startet eine „Invasion". Gelingt es ihm, mit diesem Stein eine lebende Stellung aufzubauen, hat er das weiße Gebiet erheblich verkleinert.

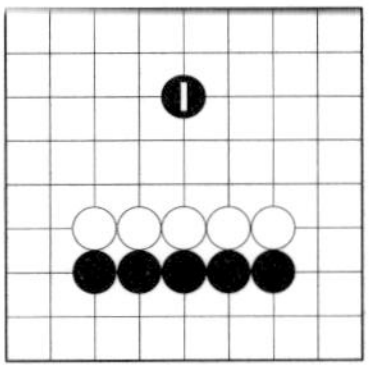
1

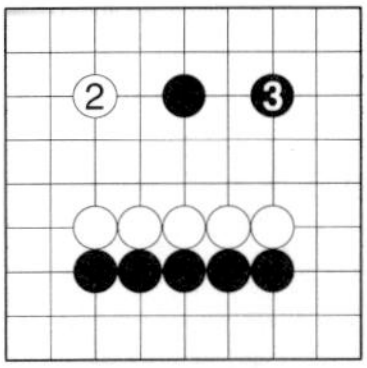
2

Abb. 2: Weiß greift den schwarzen Stein natürlich an, zum Beispiel mit Weiß 2. Schwarz zieht dann mit Zug 3 in die rechte, obere Ecke und hat bereits eine gute, stabile Formation erreicht.

Weiß wird nun seinen Angriff wie in Abbildung 3 fortsetzen, wenn Schwarz aber mit 5 und 7 verteidigt, so kann er sich ziemlich sicher sein, zwei Augen bilden zu können und damit zu leben. Die Invasion mit Schwarz 1 war also ein Erfolg.

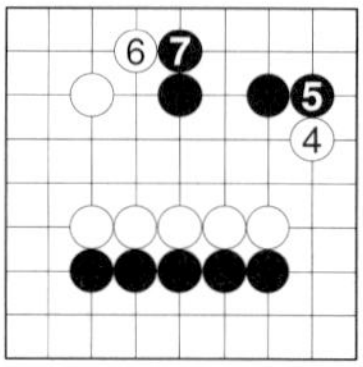

3

Normalerweise gelingt es einem Spieler kaum, einen so großen Bereich abzustecken, wie Weiß es hier am oberen Rand getan hat, und gleichzeitig alle Invasionssteine des Gegners zu töten.

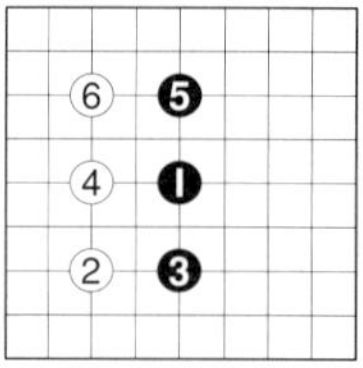

4

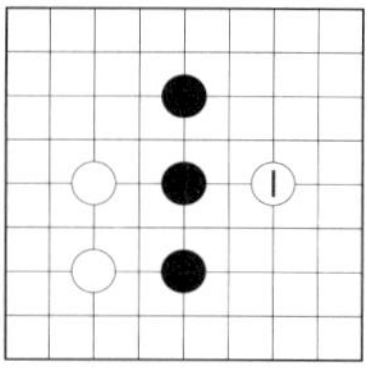

5

Abb. 4: Hier ist noch einmal die Beispielpartie aus der Erläuterung zu der 5. Linie (siehe Seite 54). Schwarz beginnt mit Zug 1 auf dem 5-5-Punkt, und nach Weiß 6 haben wir eine ähnliche Situation wie oben, diesmal nur mit vertauschten Farben: Weiß hat am rechten Rand Gebiet und Schwarz am linken Rand. Das schwarze Gebiet ist aber deutlich größer als das weiße, Schwarz gewinnt also mit großem Abstand.

Abb. 5: Um dies zu verhindern, spielt Weiß auf den Punkt 1, er „invadiert" die schwarze Gebietsanlage.

Abb. 6: Auch hier folgt eine ähnliche Sequenz wie oben. Weiß hat noch zu viel Platz, als daß es dem Schwarzen wirklich gelingen könnte, Weiß zu fangen. Somit war auch diese Invasion ein Erfolg.

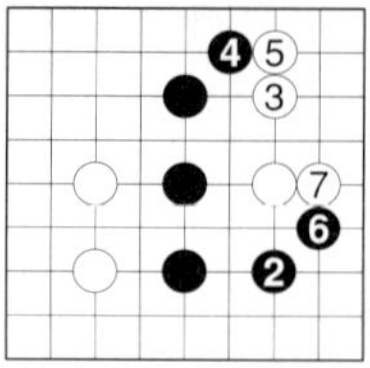

6

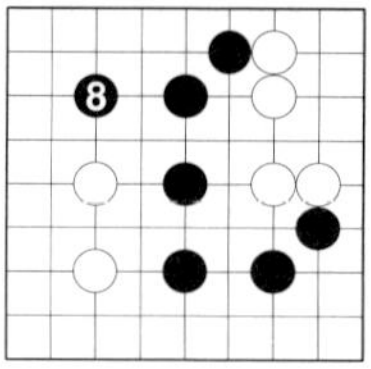

7

Das bedeutet aber nicht, daß Schwarz damit soviel Gebiet verloren hat, daß er nun selbst nicht mehr gewinnen kann. Bereits in Abbildung 6 hat Schwarz mit den Zügen 2 und 6 die untere, rechte Ecke für sich abgesteckt, und nach Weiß 7 ist er ja wieder am Zug. Zieht Schwarz nun auf 8 in Abbildung 7, so gelangen wir wieder zu einer gewohnten Situation: Beide Spieler haben zwei Ecken besetzt und am Rand gespielt, so daß die Partie ausgeglichen steht.

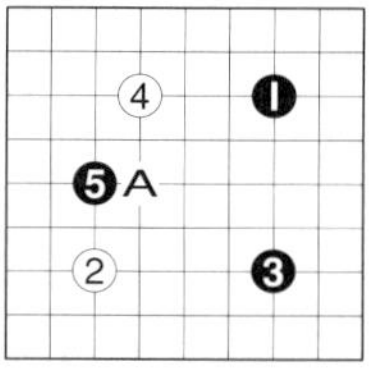

8

Abbildung 8 zeigt zum Abschluß noch eine ganz andere Art von Invasion: anstatt im Anschluß an das Besetzen der Ecken eher friedlich oben, unten oder eben rechts am Rand zu spielen, zieht Schwarz an dem Rand, an dem

Weiß mit seinen beiden ersten Steinen bereits gespielt hat. Auch einen solchen Zug wie Schwarz 5 bezeichnet man als Invasion. Wie das Spiel nach diesem doch sehr aggressiven Zug weitergehen kann, sollten Sie einmal selbst untersuchen. Ein Hinweis: A ist eine der guten Möglichkeiten für Weiß.

Fazit zur Eröffnung

Natürlich gäbe es zur Eröffnungstheorie noch sehr viel zu sagen, eine ganze Menge haben Sie bis hierhin aber auch schon gelernt:

- Züge auf die 1. oder die 2. Linie sind zu Beginn einer Go-Partie nicht gut, dort sollte nur in Notfällen gespielt werden.
- Auf der 3. und der 4. Reihe ist es deutlich leichter, Gebiet zu machen, und auch der 5-5-Punkt ist auf dem 9x9-Brett eine gute Eröffnung.
- Legen Sie Ihre Steine in der Eröffnung nicht direkt nebeneinander, das ist zu unflexibel. Nur bei Kämpfen kann dies eine gute Strategie sein (s. einige Beispiele im Abschnitt über Invasionen).
- Gebiet entsteht am einfachsten in den Ecken, im Zentrum eigentlich nie. Also: die Ecken sind das Wertvollste auf dem Go-Brett.
- Sie sollten Ihre Ecken zum Rand hin erweitern. Dadurch werden Ihre Stellungen vergrößert und gleichzeitig gefestigt und gegen Angriffe geschützt.
- Haben Sie keine Angst vor Invasionen. Hat Ihr Gegner ein sehr großes Gebiet abgesteckt, so können Sie meist nur gewinnen, wenn Sie es invadieren, also hinein! Startet Ihr Gegenspieler eine Invasion in einem Bereich des Brettes, den Sie großzügig für sich abgesteckt hatten, so muß es nicht Ihre Niederlage bedeuten, wenn er dort eine lebende Stellung bauen kann.

Dies sind einige Punkte einer Theorie zum Go-Spiel, die sich in Jahrhunderten entwickelt hat. Aber selbstverständlich sollen Sie sich nicht sklavisch an die hier genannten „Regeln" halten, nur durch eigene Versuche, eigenes Ausprobieren lernt man. Go ist eine geistige Auseinandersetzung, nur durch kreatives Spiel gelangt man voran. Und letztendlich ist Go ein Spiel, es soll Spaß machen. Experimentieren Sie also mit allen möglichen Zügen in der Eröffnung, mit allem, was Ihnen gefällt!

3.2 Das Mittelspiel

Nachdem in der Eröffnung auf dem zunächst leeren Brett von beiden Spielern erste Gebietsanlagen abgesteckt worden sind, ist das Mittelspiel durch Kämpfe charakterisiert, die aus der Ausweitung der eigenen und der Reduzierung der gegnerischen Gebiete entstehen. In diesem Sinne waren die Beispiele über die Kämpfe nach einer Invasion eigentlich schon Bestandteil des Mittelspiels.

Verbinden

Im Go ist es wichtig, seine Steinen verbunden zu halten.

Sie haben bisher auch schon einiges darüber gelernt. Bereits im ersten Kapitel über die Regeln des Go-Spiels wurde der Begriff der Kette eingeführt; Ketten haben gemeinsame Freiheiten, um sie zu schlagen, müssen diese alle besetzt werden, was das Fangen von großen Ketten nicht gerade einfach macht.

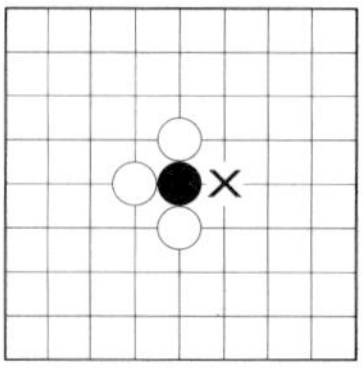

1

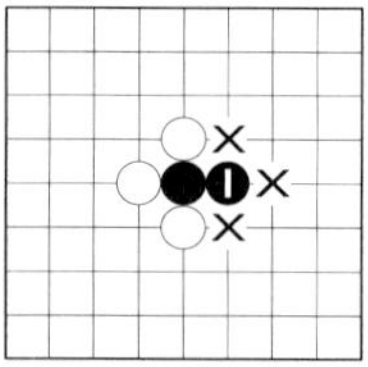

2

Schon das einfache Beispiel aus Abbildung 1 und 2 macht dies deutlich: In Abbildung 1 hat der einzelne schwarze Stein noch genau eine Freiheit, den mit X markierten Punkt. Spielt Weiß dort, so ist der schwarze Stein geschlagen. Ist aber Schwarz am Zug und spielt auf 1 in Abbildung 2, so bilden die beiden Steine eine Kette mit nunmehr drei Freiheiten. Jetzt kann Weiß die schwarzen Steine nicht mehr unmittelbar fangen.

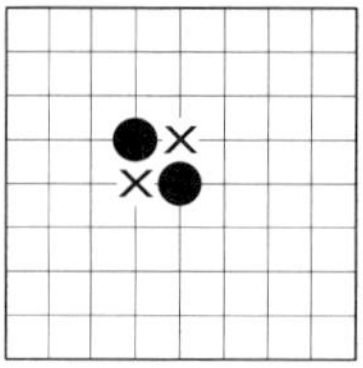

3

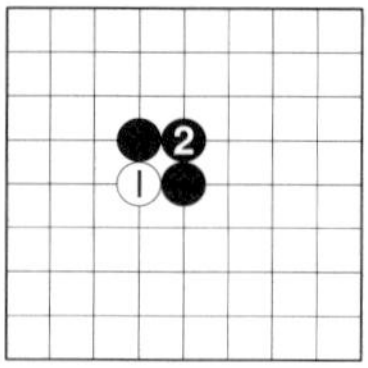

4

Im gleichen Zusammenhang haben Sie gelernt, daß die beiden Steine aus Abbildung 3 keine gemeinsame Kette bilden. Trotzdem können sie nicht getrennt werden, solange die beiden mit X markierten Punkte unbesetzt sind, die beiden Steine sind ebenfalls „verbunden". Abbildung 2 zeigt warum: spielt Weiß zum Beispiel mit 1 auf den einen der mit X markierten Punkte, so kann Schwarz seine Steine mit 2 immer noch zu einer Kette zusammenfügen, spielt Weiß auf 2, so zieht Schwarz auf 1.

Es gibt also Möglichkeiten, seine Steine zu verbinden, ohne sie direkt aneinander zu legen! Das ist ein wichtiges strategisches Konzept im Go-Spiel.

Auch im Abschnitt 3.1 über die Eröffnung haben wir über das Verbinden gesprochen. Dabei haben Sie gelernt, daß das direkte Aneinanderlegen von Steinen oder auch eine Diagonalverbindung wie in Abbildung 3 oft zu langsam ist, man sollte flexibler spielen. Wir wollen nun einige weiträumigere Züge untersuchen und wie diese noch eine Verbindung sichern.

Der Ein-Punkt-Sprung auf der 3. Linie

Die beiden schwarzen Steine in Abbildung 1 bilden einen Ein-Punkt-Sprung auf der 3. Linie, wie er im Abschnitt 3.1 oft vorkam. Wie sicher ist nun die Verbindung der beiden schwarzen Steine?

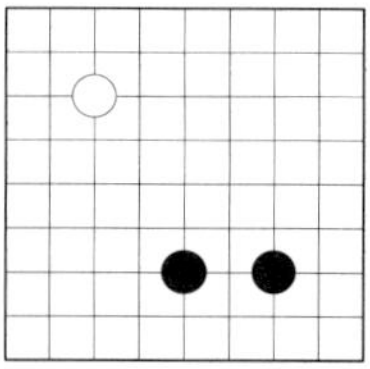

1

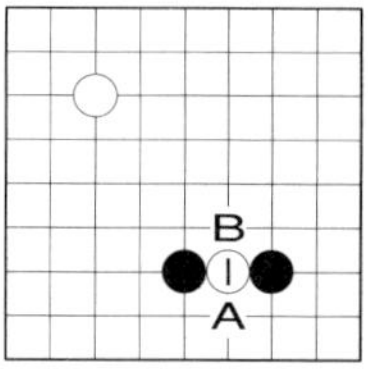

2

Abb. 2: Um die schwarzen Steine zu trennen, muß Weiß auf 1 spielen. Schwarz kann nun mit A oder B antworten.

Abb. 3: Hier wählt Schwarz die Möglichkeit A aus Abbildung 2 und gibt mit seinem Zug 1 Atari auf den weißen Stein. Weiß zieht nun auf 2, damit sein Stein nicht geschlagen wird, und

Schwarz deckt noch auf 3 (oder auf A, was genauso gut wäre).

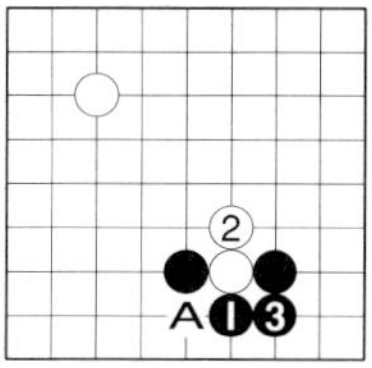

3

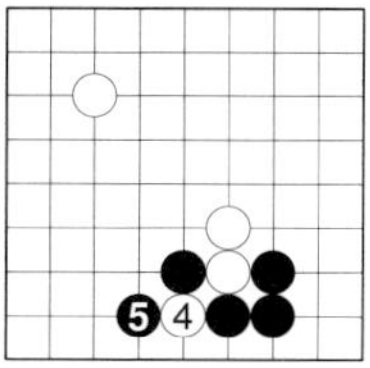

4

Abb. 4: Der Versuch des Weißen, die schwarzen Steine mit Weiß 4 weiter zu trennen, scheitert, da Schwarz den Stein 4 mit einem Zug auf 5 fangen kann, wie Sie es in Kapitel 2 gelernt haben.

Abb. 5: Warum sollte Schwarz eigentlich noch auf A oder 3 in Abbildung 3 decken? Unterläßt Schwarz den Deckungszug, so kann Weiß auf 1 spielen. Zwar fängt Schwarz mit 2 diesen Stein, ...

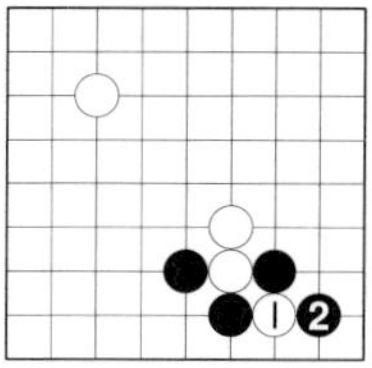

5

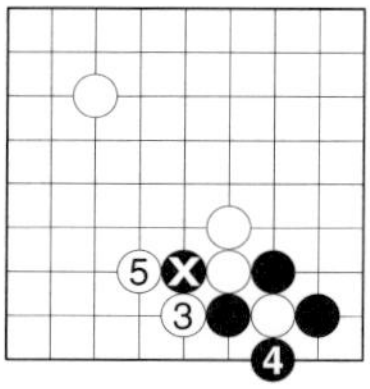

6

Abb. 6: ... doch nun zieht Weiß auf 3, und Schwarz muß mit 4 antworten. Mit 5 fängt Weiß dann den mit X markierten Stein in einer Treppe. Damit hat Weiß nicht nur das Ziel erreicht, die beiden schwarzen Steine aus Abbildung 1 zu trennen, er hat sogar noch einen dieser Steine gefangen.

Das wäre ein sehr großer Erfolg für Weiß.

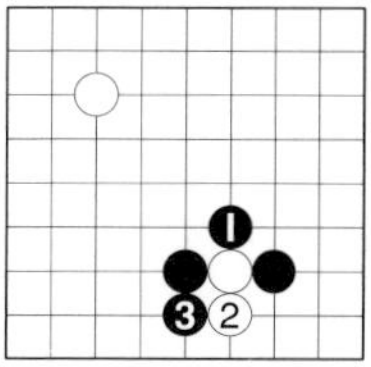

7

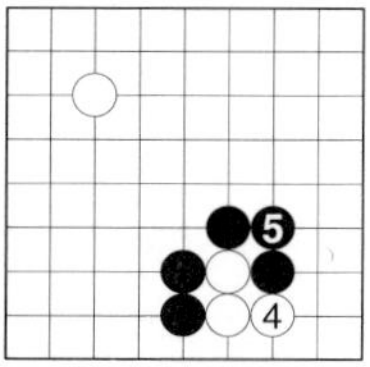

8

Abb. 7: Hier wird die Möglichkeit B aus Abbildung 2 gezeigt. Schwarz gibt von oben auf den weißen Stein Atari, und Weiß schützt seinen Stein natürlich durch 2. Mit 3 greift Schwarz den Weißen weiter an.

Abb. 8: Weiß muß nun versuchen, am unteren Rand eine lebende Stellung aufzubauen. So versucht Weiß mit 4, seine Stellung am Rand zu vergrößern, und Schwarz sollte dann auf 5 decken.

Abb. 9: Mit 6 und 8 baut Weiß seine Stellung in der Ecke weiter aus, so daß Schwarz zu einem weiteren Deckungszug auf 9 kommt.

Damit hat Schwarz sein ursprüngliches Ziel, nämlich seine Steine des Ein-Punkte-Sprungs zusammen zu halten, bereits erreicht. In dieser Position kann Schwarz aber sogar noch mehr erreichen. Selbst nach dem schwarzen Zug 9 kann Weiß immer noch keine lebende Stellung am unteren Rand aufbauen.

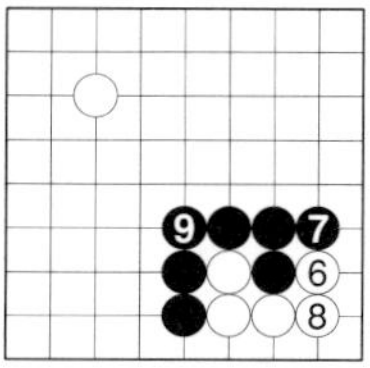

9

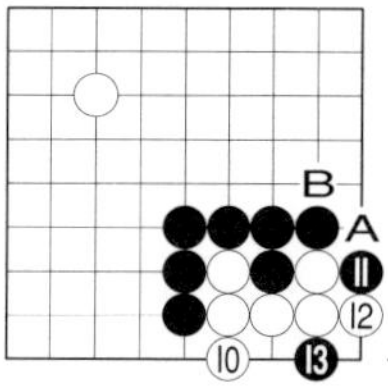

10

Abb. 10: Weiß versucht zwar, mit Zug 10 Augen zu bilden, Schwarz aber drückt zuerst mit 11 von außen das weiße Gebiet ein, um dann mit 13 auf den vitalen Punkt zu ziehen. Weiß kann nun keine zwei Augen mehr bilden. Selbst wenn er auf A den schwarzen Stein 11 fängt, spielt Schwarz auf B und verhindert damit, daß Weiß seine Steine nach außen an andere Steine anbindet oder ein zweites Auge macht. Weiß hat nur ein echtes und ein unechtes Auge gebaut, was, wie Sie wissen, nicht zum Leben ausreicht.

Zusammengefaßt ergibt sich also, daß der Ein-Punkt-Sprung auf der 3. Reihe wie in Abbildung 1 eine Verbindung sichert.

Der Zwei-Punkte-Sprung auf der 3. Linie

Was passiert nun, wenn wir den linken schwarzen Stein in Abbildung 1 noch einen Punkt weiter nach links verschieben? Man spricht dann von einem Zwei-Punkte-Sprung auf der 3. Reihe, und auch dies kam öfter im Abschnitt 3.1 über die Eröffnung vor.

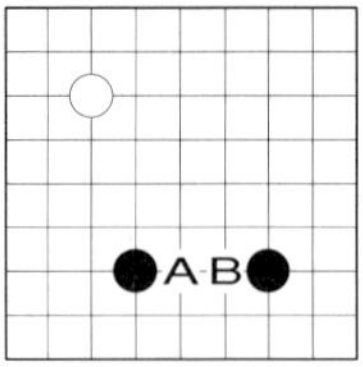

1

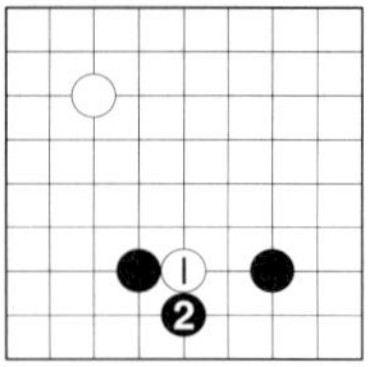

2

Abb. 1: Die beiden schwarzen Steine bilden einen Zwei-Punkte-Sprung auf der 3. Reihe. Um diese Steine zu trennen, muß Weiß auf A oder B spielen, wobei es in dieser Situation egal ist, welchen Punkt Weiß wählt. Beide Varianten sind gleich.

Abb. 2: Nehmen wir an, Weiß zieht auf 1 in dieser Abbildung. Schwarz kann dann mit 2 antworten, wenn er seine Steine verbunden halten will.

Abb. 3: Weiß setzt nun seinen Versuch, die schwarzen Steine zu trennen, mit 3 fort. Nach Schwarz 4 muß er allerdings auf 5 spielen, da Schwarz sonst seinen Stein 1 schlägt. Also kann Schwarz auf 6 decken, und seine Steine bleiben verbunden.

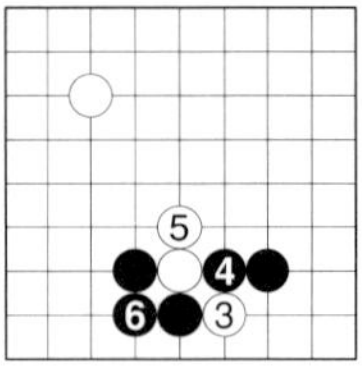

3

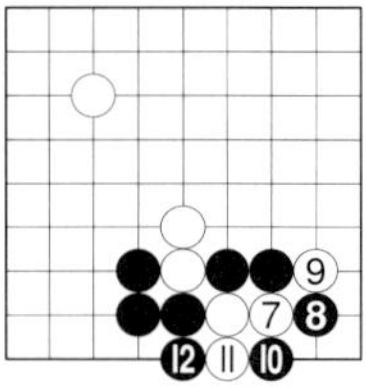

4

Abb. 4: Die schwarzen Steine sind verbunden, weil schon nach dem Zug Schwarz 6 der einzelne weiße Stein 3 aus Abbildung 3 am Rand gefangen ist. Weiß kann auch mit den Zügen 7 usw. nicht mehr entkommen, wie die Abbildung hier zeigt (Schwarz 12 schlägt drei weiße Steine).

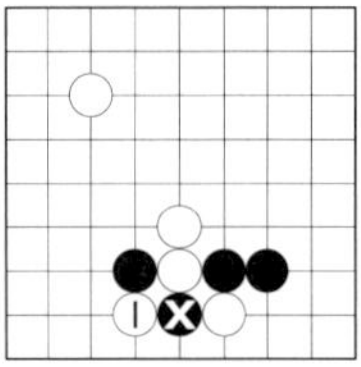

5

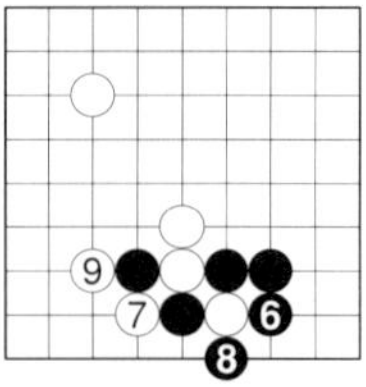

6

Abb. 5: Wie beim Ein-Punkt-Sprung ist auch hier der Deckungszug Schwarz 6 aus Abbildung 3 notwendig. Unterläßt Schwarz diesen Zug, so kann Weiß mit 1 in dieser Abbildung hier leicht den markierten schwarzen Stein fangen und damit die schwarze Stellung durchtrennen.

Abb. 6: Diesmal hat Schwarz aber keine Alternative zum Zug 6 aus Abbildung 3: Zieht er auf 6 hier, so kann er zwar einen weißen Stein fangen, Weiß aber kann mit 7 die schwarze Antwort 8 erzwingen, um anschließend mit 9 einen schwarzen Stein in einer Treppe zu fangen. Wie oben wäre dies wieder ein hervorragendes Ergebnis für Weiß.

Wie Abbildung 3 zeigt, garantiert also auch der Zwei-Punkte-Sprung aus Abbildung 1 eine Verbindung der schwarzen Steine.

Der Rösselsprung von der 3. zur 4. Linie

In Anlehnung zur Bewegungsart des Springers im Schachspiel nennt man einen Zug wie Schwarz 1 in Abbildung 1 einen „Rösselsprung". Auch eine solche Formation ist uns in den Beispielen zur Eröffnung häufig begegnet. Untersuchen wir also, wie gut ein solcher Zug eine Verbindung zwischen den schwarzen Steinen herstellt.

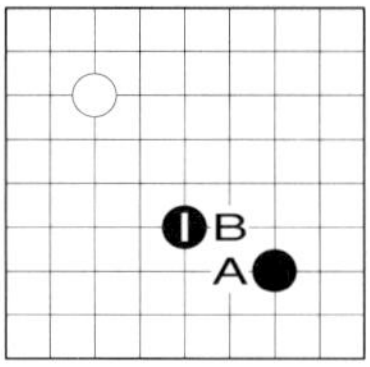

1

Weiß hat auch hier zwei Ansatzpunkte, A und B, um die schwarze Stellung zu durchtrennen; im Gegensatz zum Zwei-Punkte-Sprung ergeben sich diesmal aber zwei unterschiedliche Varianten.

Abb. 2: Beginnen wir mit der Variante A. Weiß versucht mit 1 zu schneiden, und Schwarz antwortet mit 2.

Abb. 3: Setzt Weiß seinen Versuch mit 3 fort, so kann Schwarz mit 4 den markierten Stein, also den ersten weißen Schnittstein, in einer Treppe fangen, seine Steine bleiben verbunden. Dieser Versuch ließ sich also leicht widerlegen.

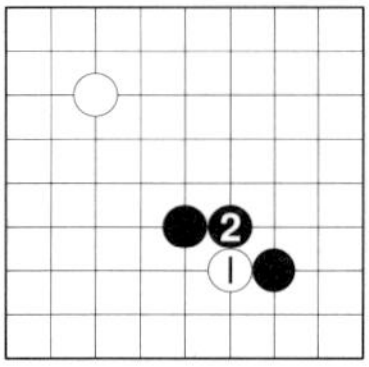
2

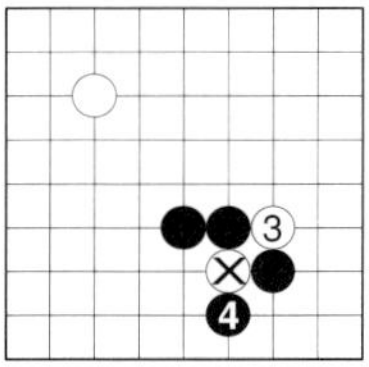
3

Abb. 4: Hier versucht Weiß die Variante B. Schwarz 2 ist die natürliche Antwort, wenn Schwarz seine Steine verbunden halten will.

Abb. 5: Mit 3 durchtrennt Weiß erst einmal die schwarze Formation, doch nun kann Schwarz mit 4 und 6 die weißen Schnittsteine fangen.

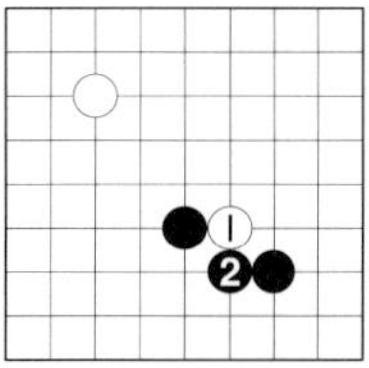
4

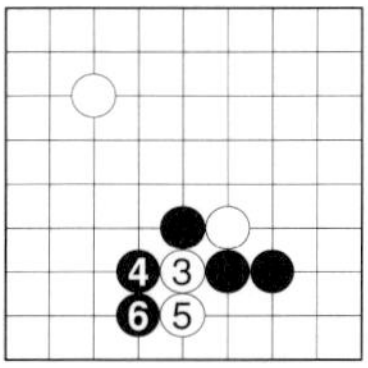
5

Abb. 6: Weiß kann mit 7 nicht entkommen. Nach Schwarz 8 haben die drei weißen Steine am unteren Rand nur noch die beiden Freiheiten X auf der ersten Reihe und sind damit endgültig nicht mehr zu retten, wie Sie in Kapitel 2 gelernt haben.

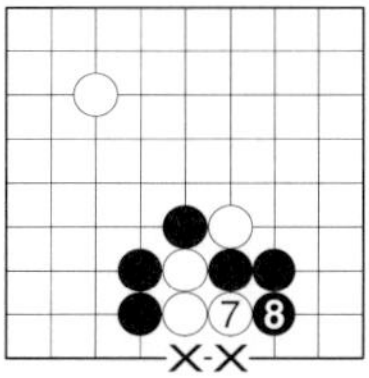
6

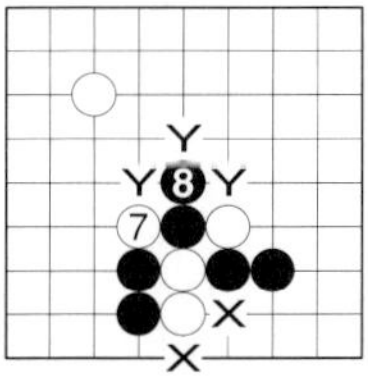
7

Abb. 7: Auch der Versuch von Weiß, mit 7 hier einen Gegenangriff zu starten, scheitert. Schwarz streckt auf 8, damit sein Stein, der ja Atari steht, nicht geschlagen wird. Gleichzeitig haben diese beiden schwarzen Steine damit 3 Freiheiten, die mit Y markierten Punkte. Da die weißen Steine am Rand nur zwei Freiheiten haben (die mit X markierten Punkte), kann Schwarz diese stets schneller fangen als Weiß die schwarzen. Das ist in Kapitel 2, im Zusammenhang mit „Wettlauf um Leben und Tod", erläutert worden.

Somit bildet auch der Rösselsprung aus Abbildung 1 eine sichere Verbindung zwischen den beiden schwarzen Steinen.

Lassen Sie den Gegner nicht schneiden!

Das ist ein Motto, das Sie beherzigen sollten. Besonders bei Anfängern beobachtet man oft, daß sie ihre Stellungen einfach vom Gegner zerschneiden lassen, obwohl es sehr leicht wäre, dies zu verhindern.

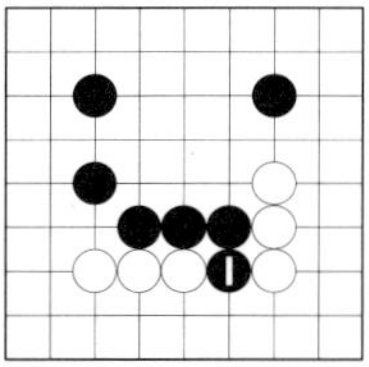
1

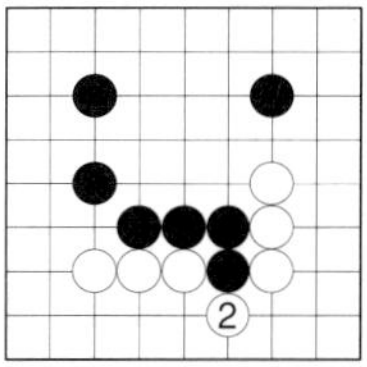
2

Abb. 1: Schwarz hat gerade auf 1 gespielt. Wo sollte Weiß nun ziehen?

Abb. 2: Weiß 2 ist der korrekte Zug. Damit verbindet Weiß seine Steine.

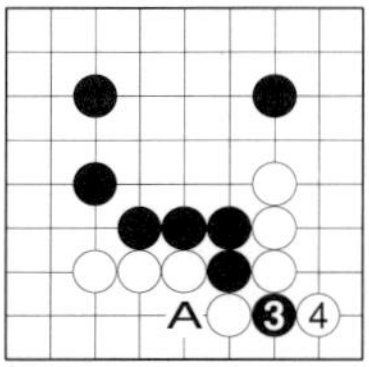
3

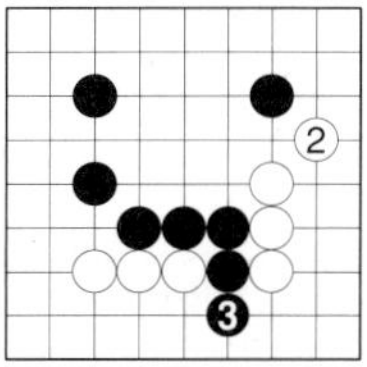
4

Abb. 3: Schwarz kann mit 3 nicht mehr schneiden: Nach Weiß 4 ist der schwarze Stein auf der zweiten Reihe gefangen. Natürlich kann Weiß genauso leicht einen schwarzen Stein fangen, sollte Schwarz versuchen, auf A zu schneiden.

Abb. 4: Weiß sollte unbedingt wie in Abbildung 2 spielen. Beantwortet er den ersten schwarzen Zug nicht und setzt zum Beispiel auf 2 in dieser Abbildung hier, so zieht Schwarz auf 3. Damit hat er die weißen Steine getrennt. Als Folge ist fast das gesamte Gebiet, das Weiß am unteren Rand zu erwarten hatte, zerstört, und zudem muß Weiß sich um eine lebende Formation, insbesondere für seine drei Steine links, bemühen.

Lassen Sie sich nicht zerschneiden! Das gilt natürlich auch für die drei Stellungen, die wir gerade untersucht haben.

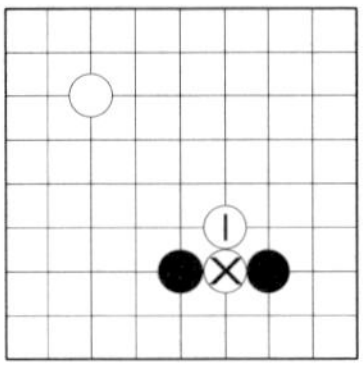

5

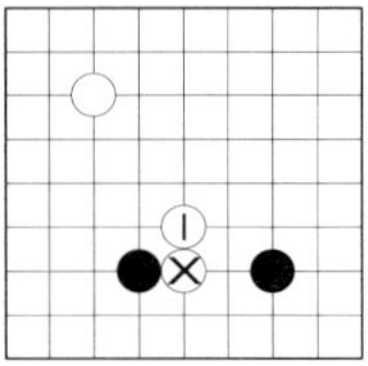

6

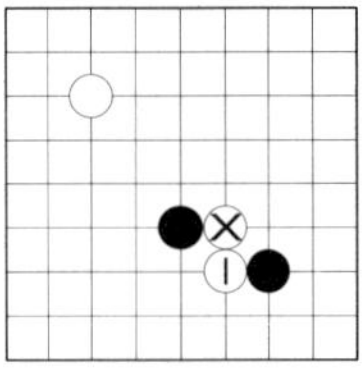

7

In den drei Abbildungen 5, 6 und 7 ist der mit X markierte Stein jeweils der Versuch des Weißen, die schwarze Formation - den Ein-Punkt-Sprung usw. - zu durchtrennen. Für alle drei Fälle haben wir gerade festgestellt, daß Schwarz bei richtiger Spielweise diesen Versuch des Weißen vereiteln kann, er kann seine Steine verbunden halten. Es gibt also keinen Grund, einen Zug wie Weiß 1 in einer der Abbildungen zuzulassen.

Warum ist das Verbinden wichtig?

Wir haben uns nun wiederholt mit dem Schneiden/Verbinden von Steinen beschäftigt. Warum ist dies eigentlich ein so wichtiges Thema?

Die erste Antwort ist bereits oben gegeben worden: Steine, die in Form von Ketten direkt miteinander verbunden sind, haben gemeinsame Freiheiten. Um sie zu schlagen, müssen alle Freiheiten zugesetzt werden, was bei großen Gruppen in der Regel sehr schwierig ist. Dieser Punkt findet auch bei strategischen Überlegungen seine Entsprechung.

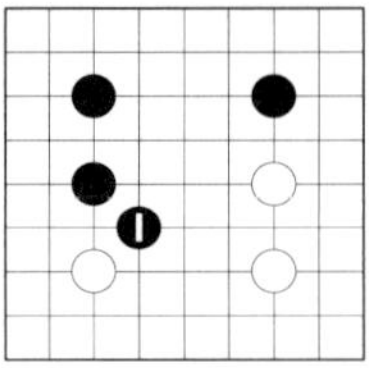

1

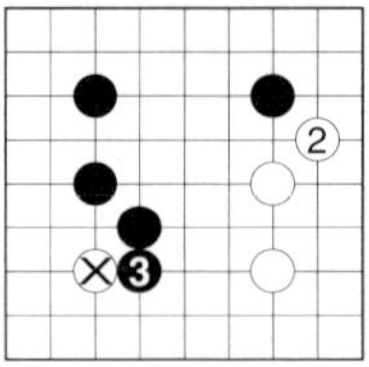

2

Abb. 1: Beim Übergang von der Eröffnung zum Mittelspiel zieht Schwarz auf 1. Wie sollte Weiß antworten?

Abb. 2: Weiß 2 ist nicht gut. Mit 3 schneidet Schwarz den markierten Stein von der übrigen weißen Formation ab. Das bedeutet zwar noch nicht, daß Schwarz den weißen Stein schlagen kann - dieser hat ja noch 3 Freiheiten. Um aber dem Gefangenwerden auf die Dauer zu entgehen, muß Weiß mit diesem Stein in der Ecke eine eigenständige, lebende Stellung aufbauen. In dieser Situation mag das bei korrekter Spielweise noch gehen, ist aber bereits ein schwieriges Unterfangen.

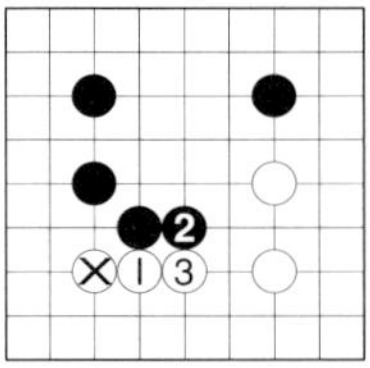

3

Abb. 3: Weiß sollte lieber wie in der folgenden Abbildung spielen. Mit 1 und 3 stellt er eine sichere Verbindung zu den weißen Steinen am rechten Rand her, und die weiße Formation ist nun so groß, daß es keine Frage mehr ist, daß sie lebt.

Verbinden erleichtert es also, lebende Stellungen zu bauen.

Der zweite Grund, warum das Verbinden so wichtig ist, ist ebenfalls bereits bei der Einführung der Regeln geliefert worden: Das Ziel des Go-Spiels ist, möglichst viele freie Schnittpunkte als Gebiet zu umzingeln. Dafür ist es letztendlich notwendig, sein Gebiet mit festen Mauern zu umschließen. Und bereits von der Eröffnung an sollte dieses Ziel bei Ihren strategischen Überlegungen eine wichtige Rolle spielen.

Betrachten wir unter diesem Gesichtspunkt noch einmal die Abbildung 2. Nachdem Schwarz mit 3 den weißen Stein in der Ecke abgeschnitten hat, muß Weiß dort eine lebende Stellung aufbauen - den einzelnen Stein einfach aufzugeben wäre ein zu großer Verlust. Die Abbildung 4 zeigt eine mögliche Zugsequenz, mit der Weiß dieses Ziel erreicht (wobei uns die Details hier nicht weiter interessieren).

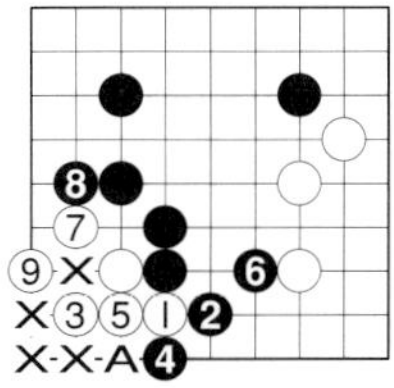

4

Was ist nun das Resultat? Weiß hat maximal, wenn er später noch auf A zieht, 4 Punkte Gebiet in der Ecke gemacht, die mit X markierten Punkte. Dafür hat Schwarz mit 8 sein Gebiet nach oben hin abgeschlossen, und er verhindert mit seinen Steinen 2 und 6, daß Weiß am unteren Rand Gebiet macht. In Abbildung 3, in der Weiß korrekt spielt, haben wir ein anderes Bild: Weiß hat ebenfalls in der unteren, linken Ecke Gebiet, zusätzlich macht er aber auch am gesamten unteren Rand Punkte. Das ist viel besser.

Verbinden erleichtert es also auch, Gebiet zu machen.

Der Tigerrachen

An dieser Stelle wollen wir uns noch einmal der letzten Abbildung zuwenden. Uns interessiert dabei besonders der schwarze Zug 6.

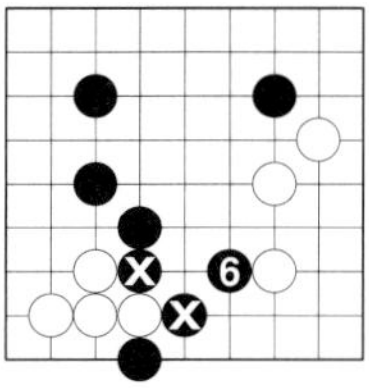

1

Dieser bildet zusammen mit den markierten schwarzen Steinen eine Formation, die „Tigerrachen" genannt wird. Was ist nun so besonders an dieser Form, daß sie einen so eindrucksvollen Namen hat?

Dazu betrachten wir zuerst noch einmal die Situation ohne diesen schwarzen Zug.

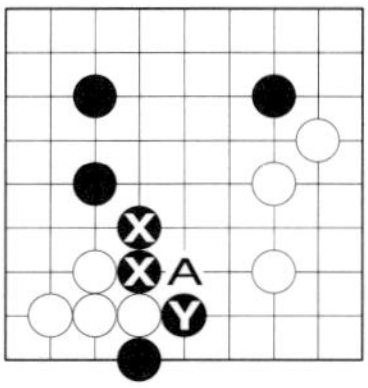

2

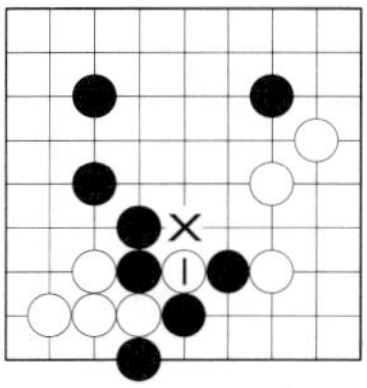

3

Abb. 2: Die vier weißen Steine links unten sind von der weißen Stellung rechts abgeschnitten, was für Schwarz ein großer Vorteil ist. Allerdings bilden die mit X und Y markierten schwarzen Steine keine gemeinsame Kette, Weiß kann mit einem Zug auf A diese Steine trennen. Schwarz sollte den Schnitt A decken und spielt dafür auf 6 in Abbildung 1.

Abb. 3: Hier ist gezeigt, daß der Tigerrachen wirklich eine Verbindung sichert: Will Weiß die schwarzen Steine weiterhin trennen, so ist Weiß 1 die einzige Möglichkeit dazu. Dieser Zug ist aber völlig nutzlos: Der weiße Stein hat nur eine einzige Freiheit auf X, Schwarz setzt also mit seinem nächsten Zug auf diesen Punkt und schlägt damit sofort den weißen Stein. Schwarz bleibt damit natürlich verbunden.

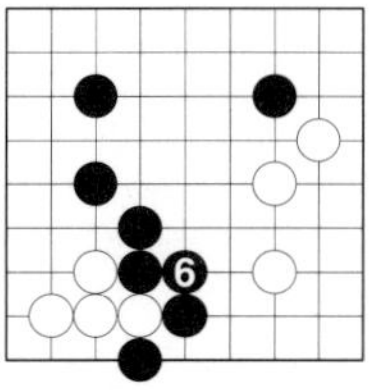

4

Warum aber spielt Schwarz den Tigerrachen, anstatt direkt und fest wie in Abbildung 4 zu decken? Der Grund ist, daß Sie stets bemüht sein sollten, Ihre Steine möglichst effektiv einzusetzen. Der Deckungszug aus Abbildung 4 ist rein defensiv, während der Tigerrachen aus Abbildung 1 der gewünschte Deckungszug und gleichzeitig ein starker Angriffszug gegen die weiße Stellung rechts ist.

Der Unterschied wird deutlich, wenn wir uns die Position anschauen, nachdem Weiß wie in Abbildung 4 des vorangegangenen Abschnittes links eine lebende Stellung aufgebaut hat.

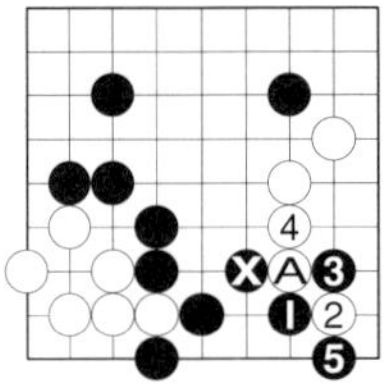

5

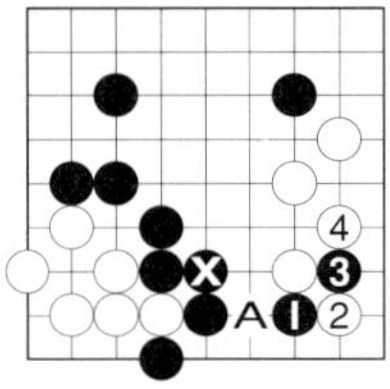

6

Abb. 5: Hat Schwarz mit X einen Tigerrachen geformt, so kann er durch 1 einen energischen Angriff auf die rechte weiße Stellung starten. Versucht Weiß zum Beispiel, mit 2 die Ecke zu schützen, so gibt Schwarz mit 3 Atari auf den weißen Stein A, Weiß deckt auf 4, und Schwarz fängt dann mit 5 den weißen Stein 2.

Damit hat Schwarz nicht nur in der rechten Ecke Punkte gewonnen, wo eigentlich einmal weißes Gebiet entstehen sollte, sondern die gesamte weiße Gruppe am rechten Rand steht nun vor dem Kollaps.

Abb. 6: Natürlich kann Schwarz auch auf 1 ziehen, nachdem er auf X fest gedeckt hat. Versucht Schwarz jetzt aber mit 3 den gleichen Zug wie in Abbildung 5, so steht diesmal keiner der weißen Steine Atari, so daß nun Weiß seinerseits mit 4 den schwarzen Stein 3 fangen kann. Außerdem kann Weiß mit einem Zug auf A den schwarzen Stein 1 fangen. Schwarz sollte also, anstatt auf 3 zu ziehen, zuerst auf A decken. Weiß hätte dann jedoch Zeit für einen Sicherungszug, so daß der schwarze Angriff verpufft.

Der Tigerrachen aus Abbildung 1 erfüllt also eine doppelte Aufgabe: Einerseits dient er als Deckungszug, andererseits liefert er dem Schwarzen einen guten Angriff auf die weiße Gruppe. Damit ist er ein sehr effektiver Zug.

Auch in unseren Untersuchungen oben über das Schneiden/Verbinden des „Ein-Punkt-Sprungs“ usw. sind häufig notwendige Dekkungszüge vorgekommen. In aller Regel hätten auch da bereits Tigerrachen gespielt werden können (und oft eigentlich auch sollen).

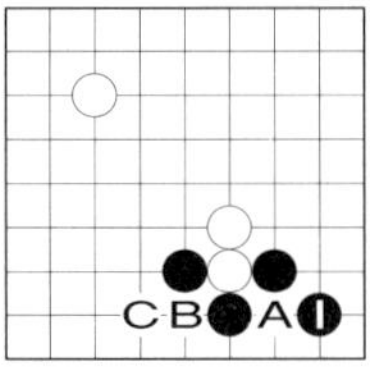

7

Abb. 7: Hier ist zum Beispiel die Alternative zu Abbildung 3 aus dem Abschnitt „Der Ein-Punkt-Sprung auf der 3. Reihe“ gezeigt. Statt fest auf A zu decken, kann Schwarz auch mit 1 einen Tigerrachen bilden. Genauso wie in der Abbildung 3 weiter oben (Seite 61) kann Weiß nicht auf B schneiden, da Schwarz diesen Stein mit einem Zug auf C fängt.

Anmerkungen

Verbinden/Schneiden ist ein wichtiges Konzept im Go-Spiel. Oft ist es der einfachste Weg, Steine zu einer lebenden Stellung zu formen, indem man große, verbundene Formationen aufbaut, und Gebiet wird überhaupt erst durch verbundene Steinketten möglich. Umgekehrt müssen Sie gegnerische Steine meistens erst von einer größeren Gruppe abschneiden (oder getrennt halten), um sie fangen zu können, und gelingt es Ihnen, gegnerische Stellungen zu durchtrennen, so haben Sie das Gebiet Ihres Gegenspielers deutlich verkleinert.

Trotz alldem ist das Verbinden/Schneiden nur ein Konzept, eine strategische „Orientierungshilfe". Das eigentliche Ziel des Go-Spiels ist es, durch Gebiete und durch das Schlagen gegnerischer Steine mehr Punkte als der Gegenspieler zu machen. Dabei gibt es natürlich häufig auch Situationen, in denen das Verbinden der eigenen Steine nicht mehr sinnvoll oder sogar unmöglich ist.

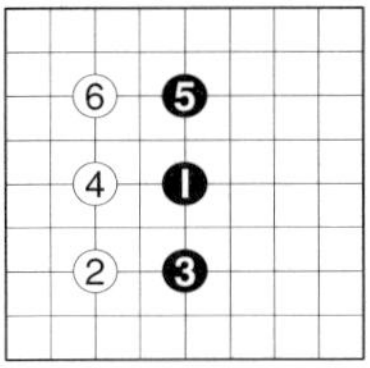

1

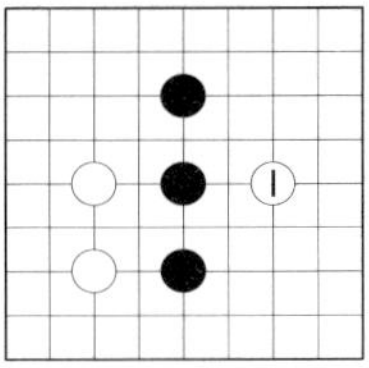

2

Abb. 1: Dies ist noch einmal ein Beispiel aus dem Abschnitt über Invasionen aus Kapitel 3.1. Weiß 6 ist zwar ein Zug, der - wie gerade gelernt - eine Verbindung zu den Steinen 2 und 4 garantiert, mit seinem nächsten Zug kann Schwarz aber den ganzen rechten Teil des Brettes als sein Gebiet sichern und würde damit hoch gewinnen.

Abb. 2: Also spielt Weiß auf 1. Dieser Stein ist zwar bestimmt nicht mehr mit den anderen weißen Steinen verbunden, trotzdem ist er ein guter Zug!

Kämpfe

Zu Beginn dieses Abschnitts über das Mittelspiel haben wir von Kämpfen gesprochen, die das Mittelspiel prägen. Bisher ist zwar im wesentlichen über das Verbinden/Schneiden gesprochen worden, gerade die Beispiele zu Beginn aber waren ja nichts anderes als Kämpfe - eben um das Verbinden/Schneiden! Dabei sind uns eine Reihe der Techniken aus Kapitel 2 begegnet, und es ist wichtig, daß Sie sich mit diesen vertraut machen. Betrachten wir also noch einmal einige Beispiele der Kämpfe unter diesem Gesichtspunkt.

Treppen:

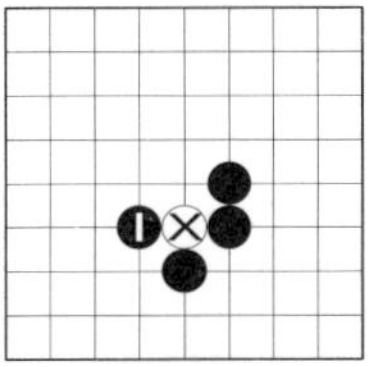

1

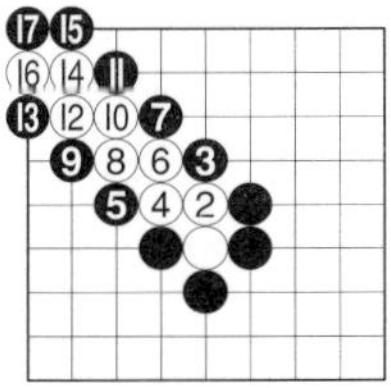

2

Abb. 1: Wie Sie aus Kapitel 2 wissen, fängt Schwarz mit 1 den markierten weißen Stein in einer Treppe.

Abb. 2: Hier ist noch einmal das Prinzip einer Treppe verdeutlicht: Versucht Weiß zu entkommen, so gibt Schwarz stets Atari und treibt den Weißen an den Rand des Brettes. Dort kann Weiß dann endgültig nicht mehr entkommen.

Sie sollten im übrigen nie wie Weiß in Abbildung 2 spielen. Ist einer Ihrer Steine in einer Treppe gefangen und versuchen Sie damit vergeblich zu entkommen, so haben Sie quasi sofort verloren, wenn der Gegner so viele Steine fängt wie Schwarz in der Abbildung. Es ist also wichtig, die Treppe zu kennen. Wie entsteht aber so eine Stellung wie in Abbildung 1?

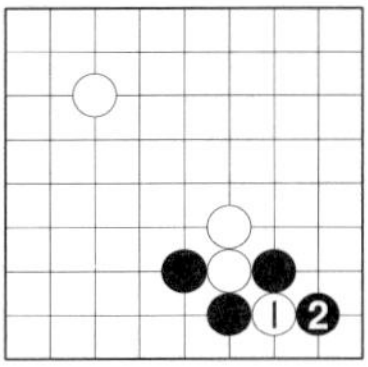

3

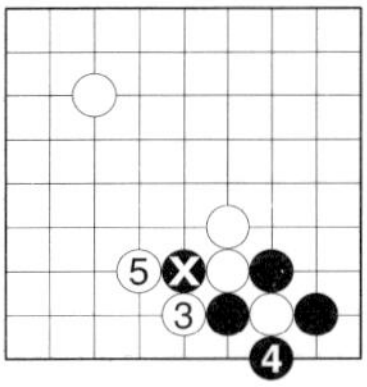

4

Abb. 3: Dies ist eine Abbildung aus dem Abschnitt über den „Ein-Punkt-Sprung". Schwarz hat nicht, wie er sollte, auf dem Punkt von Weiß 1 gedeckt, also spielt Weiß dort. Mit 2 fängt Schwarz zwar diesen weißen Stein, ...

Abb. 4: ... doch nach Weiß 3 muß er mit 4 antworten, und Weiß kann dann den markierten schwarzen Stein in einer Treppe fangen. Das ist, wie oben gesagt, ein sehr gutes Ergebnis für Weiß.

Auch in den beiden anderen Abschnitten über den „Zwei-Punkte-Sprung" und über den „Rösselsprung" kamen Treppen vor, schauen Sie doch einmal selber nach, wie diese entstanden.

Fangen auf der 2. Reihe:

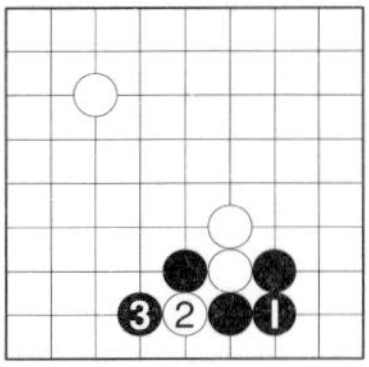

5

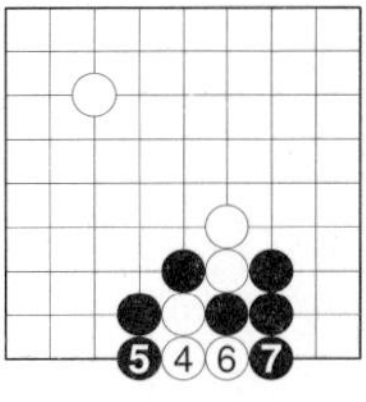

6

Abb. 5: Hier hat Schwarz korrekt auf 1 gedeckt, und Weiß spielt auf 2. Um nun seine

Steine verbunden zu halten, zieht Schwarz auf 3 und fängt damit den weißen Stein 2.

Abb. 6: Weiß kann nicht entkommen! Nach Schwarz 7 haben die drei weißen Steine keine Freiheit mehr und werden vom Brett genommen.

Auch diese Technik sollte Ihnen aus Kapitel 2 bekannt vorkommen: Wird ein Stein wie in Abbildung 5 auf die 1. Reihe getrieben, so kann er in der Regel nicht mehr entkommen.

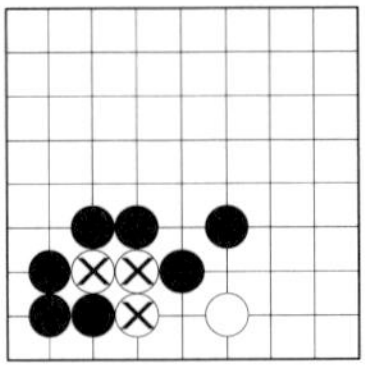

7

Abb. 7: Dies ist ein etwas komplizierteres Problem, hinter dem aber das gleiche Prinzip steckt: Schwarz am Zug kann die drei markierten weißen Steine fangen. Wo sollte er dafür spielen?

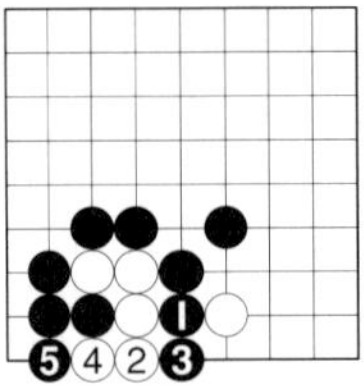

8

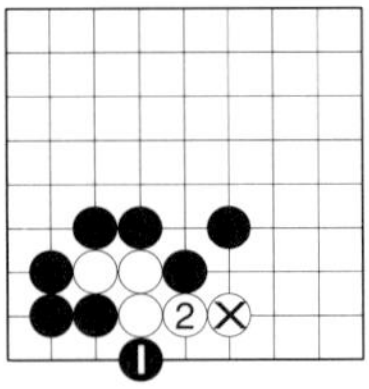

9

Abb. 8: Schwarz 1 ist der richtige Zug. Damit gibt Schwarz „von oben" Atari auf die weißen Steine und treibt diese auf die 1. Reihe. Dort können sie wieder nicht entkommen, wie die Zugsequenz bis Schwarz 5 zeigt.

Sie können auf diese Art also auch mehrere Steine fangen.

Abb. 9: Schwarz 1 in dieser Abbildung ist nicht gut: Zwar gibt Schwarz auch hier Atari auf die drei weißen Steine, Weiß aber spielt auf 2. Damit verbindet er seine bedrohte Kette mit dem markierten Stein und ist entkommen.

Leben und Tod

Auch zu diesem wichtigen Thema haben wir in den Kämpfen um das Verbinden ein Beispiel gebracht. So haben Sie gesehen, daß Schwarz die weiße Gruppe in den Abbildungen 7 bis 10 im Abschnitt über den Ein-Punkt-Sprung (Seite 61) töten konnte. Das Beispiel zeigt auch, wie leicht es zu Leben-und-Tod-Problemen kommen kann. Es ist also wichtig, einige der grundlegenden Techniken hierzu - wie sie in Kapitel 2 erklärt sind - zu kennen.

Fazit zum Mittelspiel

Bei unserer Diskussion über das Mittelspiel haben wir den Schwerpunkt auf das Thema „Verbinden/Schneiden" gelegt. Dies ist, wie mehrfach gesagt, eine wichtige Angelegenheit und bietet die Möglichkeit, eine Reihe von Techniken einmal in der Anwendung zu präsentieren.

Gleichzeitig aber muß darauf hingewiesen werden, daß „Verbinden/Schneiden" nur einer von vielen Aspekten des Mittelspiels ist. Andere Dinge, wie zum Beispiel „Wie greift man Steine an?" müssen im Rahmen dieser Einführung ausgespart bleiben. Im Gegensatz zur Eröffnung mit ihren gefestigten strategischen Theorien und im Vergleich zum eher technischen Endspiel ist das Mittelspiel im Go deutlich diffuser, es gibt keine umfassenden Theorien zum Spielablauf im Mittelspiel.

Gerade deswegen bleibt natürlich auch hier die Aufforderung bestehen: Probieren Sie aus, machen Sie die verschiedensten Experimente im Mittelspiel und versuchen Sie, durch möglichst viel Spielpraxis ein Gefühl für den Ablauf eines Go-Spiels zu gewinnen.

3.3 Noch einmal Ko

Im vorangegangenen Abschnitt über das Mittelspiel haben wir eine ganze Reihe von Kämpfen und Kampftechniken untersucht. Was bisher aber noch nicht vorgekommen ist, ist ein Ko.

Ko

Sie erinnern sich bestimmt noch: Es gibt Stellungen, in denen jeweils ein einzelner Stein von beiden Spielern endlos hin und her geschlagen werden könnte. Solche Stellungen haben wir Ko genannt.

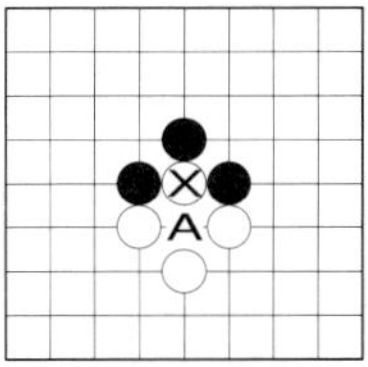

1

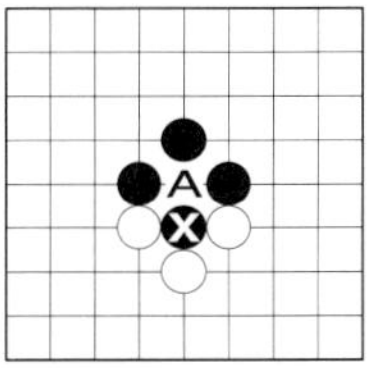

2

Die Abbildungen 1 und 2 zeigen die einfachste Form eines Kos: Spielt Schwarz in Abbildung 1 auf A, so schlägt er den markierten weißen Stein, und es ergibt sich Abbildung 2. Hier könnte Weiß nun seinerseits den markierten schwarzen Stein schlagen, indem er auf A zieht, dies ergäbe dann wieder die Stellung in Abbildung 1.

Gäbe keiner der Spieler nach, so würde dies unendlich hin und her gehen, und die Partie müßte abgebrochen werden. Daher gibt es die Ko-Regel: In unserem Beispiel darf Weiß in Abbildung 2 nicht sofort auf A den markierten schwarzen Stein zurückschlagen. Weiß muß zuerst an einer anderen Stelle auf dem Brett einen Zug machen. Spielt Schwarz nun ebenfalls woanders (nicht im Ko), so kann Weiß im nächsten Zug endlich den schwarzen Stein schlagen, und nun ist es dem Schwarzen verboten, den weißen Stein sofort zurückzuschlagen.

In Kapitel 2 wurde einiger Raum darauf verwendet, diese Ko-Regel weiter zu erläutern. Es wurden verschiedene Ko-Formen (am Rand, mit zusätzlichen Steinen usw.) vorgestellt, es wurde gezeigt, was alles nicht Ko ist usw. Dabei mag die Frage aufgekommen sein, ob es Stellungen gibt, in denen von einem Ko mehr abhängt als die Frage, wer nun letztendlich einen einzelnen Stein des Gegners fängt. Dieser Frage wollen wir jetzt nachgehen.

Wichtige Kos

In den Abbildungen 1 und 2 des vorangegangenen Abschnittes geht es nur um den einen Stein, der ständig hin und her geschlagen wird. Und für keinen der Spieler wäre es ein großer Verlust, das Ko - und damit einen Stein - aufzugeben. Es gibt nun aber Stellungen, in denen von einem Ko wesentlich mehr abhängt.

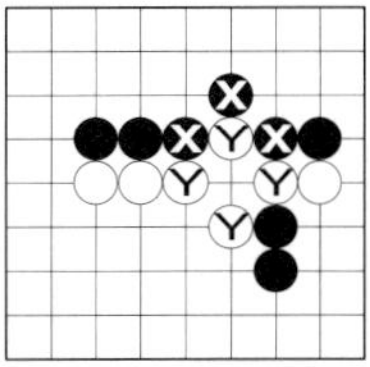

1

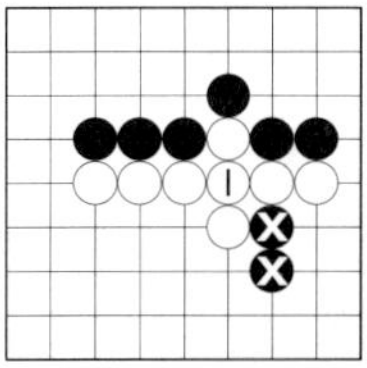

2

Abb. 1: Die mit X und Y markierten schwarzen bzw. weißen Steine bilden ein Ko. In dieser Stellung ist das Ko sehr wichtig. Schauen wir einmal, warum.

Abb. 2: Wenn Weiß am Zug ist, so kann er auf 1 spielen und das Ko beenden. Als Resultat sind die beiden markierten schwarzen Steine von der restlichen schwarzen Formation abgeschnitten. Und das ist, wie wir im Zusammenhang mit dem Verbinden und Schneiden untersucht haben, schlecht für Schwarz.

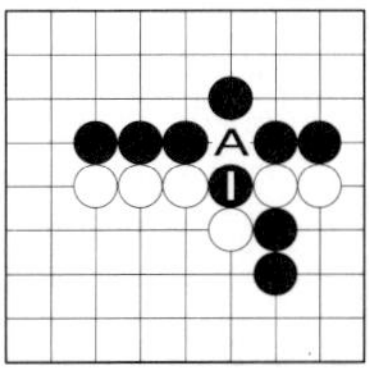

3

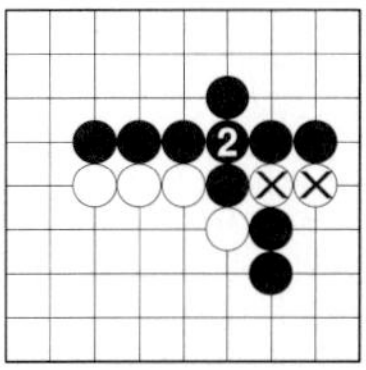

4

Abb. 3: Ist Schwarz am Zug und nehmen wir an, Weiß hat das Ko nicht gerade geschlagen, so kann Schwarz auf 1 ziehen und einen weißen Stein schlagen (dieser ist in der Abbildung bereits entfernt). Entsprechend der Ko-Regel darf Weiß nun nicht sofort auf A spielen und den schwarzen Stein 1 zurückschlagen.

Abb. 4: Also hat Schwarz mit seinem nächsten Zug die Möglichkeit, mit 2 das Ko seinerseits zu decken. Diesmal würden dadurch die beiden markierten weißen Steine abgeschnitten. Da diese weißen Steine auch nicht mehr entkommen können, wäre das ein sehr gutes Ergebnis für Schwarz.

Von dem Ko aus Abbildung 1 hängt also ziemlich viel ab, es geht bei weitem nicht nur um den einen Stein, der hin und her geschlagen wird. Je nachdem, wer das Ko gewinnt, sind entweder zwei weiße oder zwei schwarze Steine abgeschnitten.

In einer solchen Situation gewinnt der Zug, den man machen muß, weil man das Ko gerade nicht schlagen darf, eine besondere Bedeutung. Ziel dieses Zuges sollte es sein, so zu spielen, **daß der Gegner direkt antworten muß und keine Gelegenheit erhält, daß Ko zu decken.** Einen solchen Zug nennt man „Ko-Drohung". Ko-Drohungen sind ein wichtiger Bestandteil eines richtigen Ko-Kampfes, und wir werden einige Beispiele im nächsten Abschnitt untersuchen.

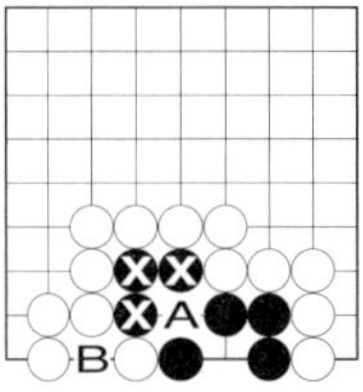

5

Abb. 5: Auch diese Abbildung enthält ein Ko um B herum. Ist Weiß am Zug, so kann er auf A spielen und damit die drei markierten schwarzen Steine schlagen. Gleichzeitig wären die restlichen vier schwarzen Steine gefangen - alles in allem sehr unangenehm für Schwarz.

Abb. 6: Umgekehrt, wenn Schwarz am Zug ist (und vorausgesetzt, Weiß hat in Abbildung 5 das Ko nicht gerade geschlagen), so zieht Schwarz auf 1 und schlägt einen weißen Stein (ebenfalls schon entfernt). Nach der Ko-Regel darf Weiß jetzt den schwarzen Stein 1 mit einem Zug auf A nicht sofort zurückschlagen. Weiß muß zuerst an einer anderen Stelle des Brettes ziehen.

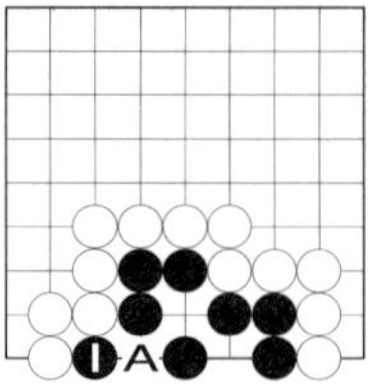

6

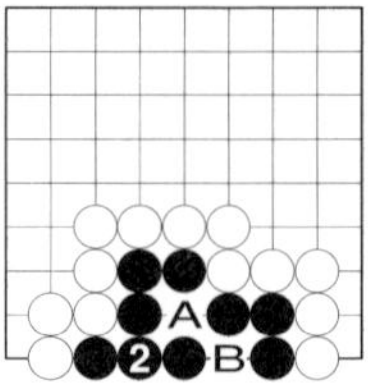

Abb. 7: Dadurch erhält Schwarz die Gelegenheit, auf 2 zu decken. Die schwarze Gruppe hat nun zwei Augen - auf A und B - und lebt somit.

Wie dieses Beispiel zeigt, kann sogar das Leben einer ganzen Gruppe von einem Ko abhängen. Und natürlich ist es auch in einem solchen Fall wichtig, starke „Ko-Drohungen" zu spielen.

Richtige Ko-Kämpfe

Untersuchen wir einmal einen richtigen Ko-Kampf aus einer Partie.

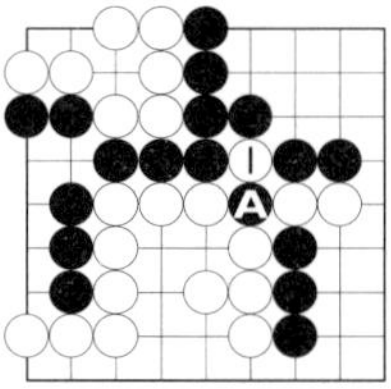

1

Abb. 1: Weiß hat gerade in einem Ko den schwarzen Stein A geschlagen. Entsprechend der Ko-Regel darf Schwarz nun nicht sofort auf A zurückschlagen.

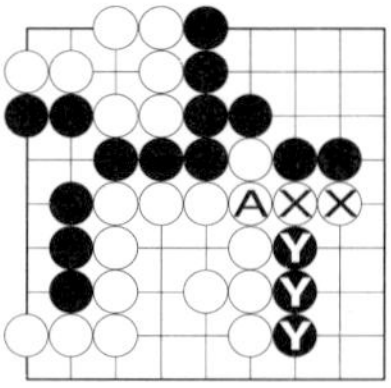

2

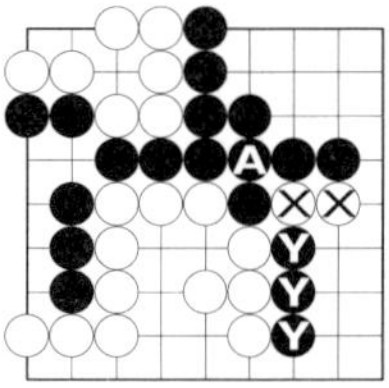

3

Dieses Ko ist aber wichtig: Kommt Weiß dazu, auf A in Abbildung 2 das Ko zu decken, so hat er seine beiden mit X markierten Steine zur Rechten angebunden und gleichzeitig die drei markierten schwarzen Steine rechts unten abgeschnitten. Gewinnt Schwarz das Ko und deckt auf A in Abbildung 3, so hat er die beiden weißen Steine gefangen und damit seine drei Steine gerettet.

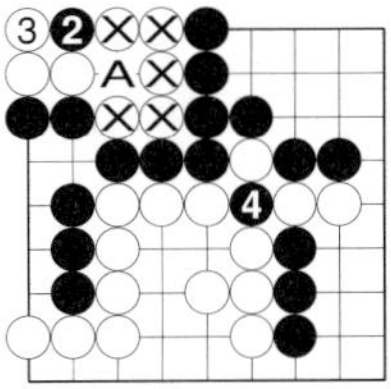

4

Abb. 4: Schwarz darf das Ko nicht sofort zurückschlagen, er muß woanders spielen. In dieser Situation ist Schwarz 2 ein guter Zug: die fünf markierten weißen Steine haben nun nur noch die eine Freiheit A, sie stehen Atari. Deckt Weiß das Ko (auf dem Punkt von Schwarz 4), so kann Schwarz mit einem weiteren Zug auf A die weißen Steine schlagen und hat damit die gesamte weiße Eckformation gefangen.

Der Zug Schwarz 2 bedroht also den Weißen, er ist eine „Ko-Drohung". Weiß muß mit 3 antworten. Das gibt dem Schwarzen aber die Gelegenheit, endlich auf 4 das Ko wieder schlagen zu dürfen. Es ist ja nun ein Zwischenzug vergangen. Und jetzt ist es der Weiße, der das Ko nicht sofort zurückschlagen darf. Nun muß Weiß eine Ko-Drohung spielen.

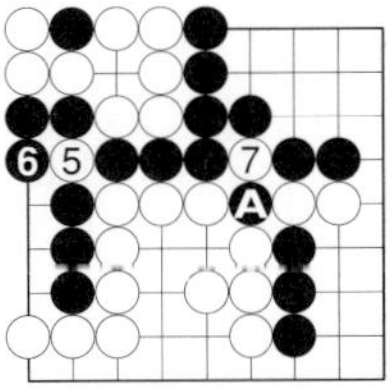

3

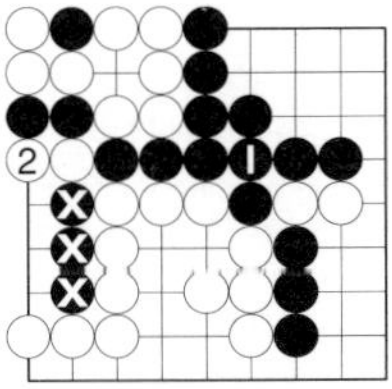

4

Abb. 3: Weiß zieht auf 5. Das ist ebenfalls eine gute Ko-Drohung, und Schwarz muß mit 6 antworten. Also kann Weiß mit 7 das Ko wieder schlagen.

Abb. 4: Antwortet Schwarz nicht auf die weiße Ko-Drohung, sondern deckt mit 1 hier das Ko, so schlägt Weiß zwei schwarze Steine. Gleichzeitig fängt Weiß damit zusätzlich die drei markierten Steine. Weiß gewinnt.

Nach Weiß 7 muß nun Schwarz wieder eine starke Ko-Drohung spielen. Das kann dann noch eine Weile hin-und-her gehen, bis einer der beiden Spieler keine gute Drohung mehr hat. Der Gegner deckt dann das Ko und hat somit den Ko-Kampf gewonnen.

In den nächsten Abbildungen ist noch ein Ko-Kampf aus einer Partie wiedergegeben. Schauen wir einmal, wie er abgelaufen ist.

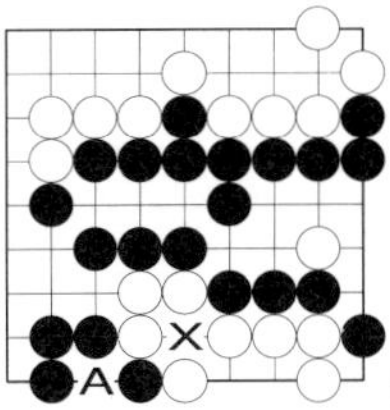

1

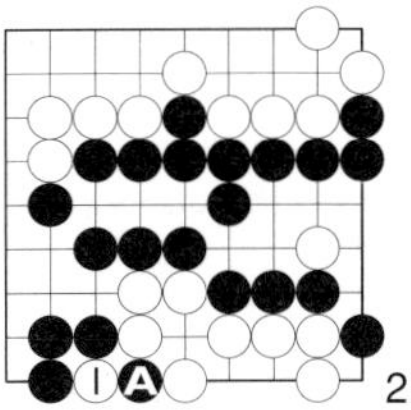

2

Abb. 1: In dieser Partie ist es am unteren Rand zu einem Ko gekommen. Dieses Ko ist ebenfalls wichtig: gelingt es dem Schwarzen, auf A das Ko zu decken, so bildet der Punkt X nur ein **unechtes** Auge für die weiße Gruppe. Damit hätte die weiße Gruppe nur ein echtes und ein unechtes Auge und wäre somit tot.

Abb. 2: Weiß beginnt nun mit 2 das Ko, indem er einen schwarzen Stein fängt. Entsprechend der Ko-Regel darf Schwarz nicht sofort auf A zurückschlagen.

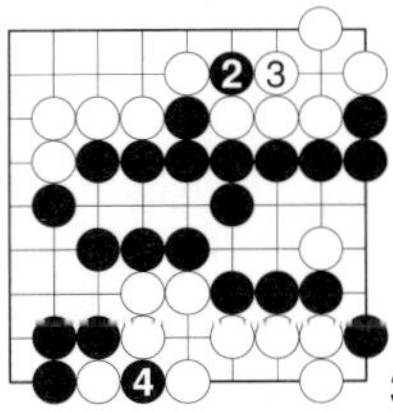

3

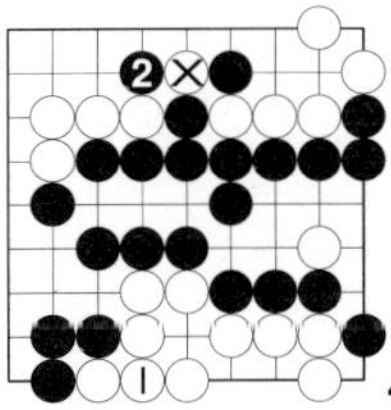

4

Abb. 3: Schwarz spielt daher auf 2. Dieser Zug ist eine gute Ko-Drohung, und so antwortet Weiß auf 3. Jetzt darf Schwarz mit 4 das Ko wieder nehmen.

Abb. 4: Beantwortet Weiß die Ko-Drohung des Schwarzen nicht, sondern deckt das Ko auf 1, um damit seine Gruppe am unteren Rand zum Leben zu bringen, so kann Schwarz mit einem weiteren Zug den markierten weißen Stein fangen. Damit ist fast das gesamte weiße Gebiet am oberen Rand zerstört (und Schwarz kann sogar die vier weißen Steine links fangen). Schwarz würde hoch gewinnen.

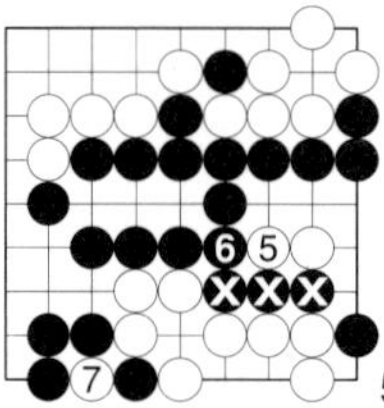

5

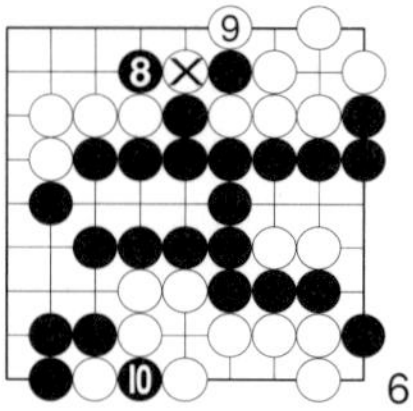

6

Abb. 5: Nun muß Weiß eine Ko-Drohung spielen. Er zieht auf 5, und Schwarz sollte mit 6 antworten. Deckt Schwarz das Ko, anstatt mit 6 zu antworten, so kann Weiß selber auf 6 spielen. Die drei markierten schwarzen Steine wären damit auf Atari gesetzt und könnten nicht mehr entkommen. Nach 6 darf Weiß mit 7 wieder den schwarzen Stein im Ko schlagen.

Abb. 6: Schwarz setzt auf 8 und gibt damit Atari auf den markierten weißen Stein. Weiß muß, aus den gleichen Gründen wie oben, auf 9 antworten, und Schwarz nimmt das Ko mit 10.

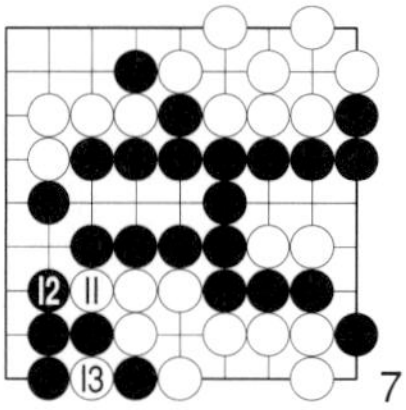

7

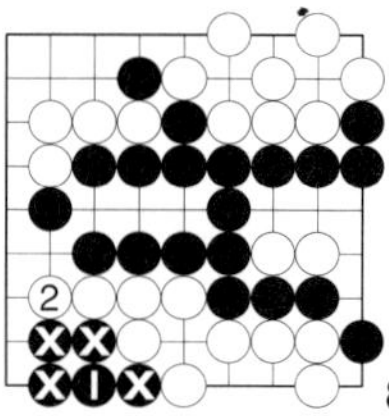

8

Abb. 7: Als nächste Ko-Drohung setzt Weiß auf 11, und Schwarz deckt auf 12. Weiß darf nun das Ko wieder schlagen.

Abb. 8: Auch der Zug 11 aus Abbildung 7 ist eine Ko-Drohung. Sollte Schwarz, anstatt zu antworten, mit 1 hier das Ko decken, so spielt Weiß auf 2 und fängt die markierten schwarzen Steine samt dem Zug 1.

Abb. 9: Mit Zug 14 kann Schwarz nun noch eine dritte Ko-Drohung am oberen Rand spielen. Beantwortet Weiß diese Drohung nicht und bringt mit Zug 1 in Abbildung 10 seine untere Gruppe zum Leben, so kann Schwarz auf 2 in Abbildung 10 ziehen. Damit würde er die vier markierten weißen Steine fangen, was für einen deutlichen Sieg für Schwarz reichen würde.

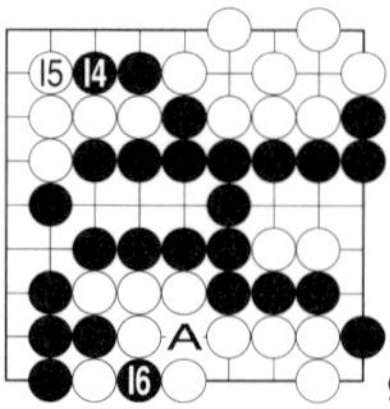

9

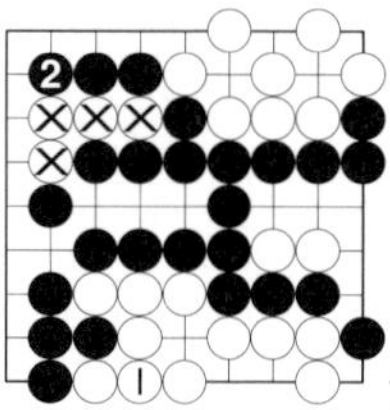

10

Also antwortet Weiß noch einmal auf 15 in Abbildung 9. Schwarz kann dann mit 16 erneut das Ko schlagen.

An dieser Stelle kommt der Ko-Kampf nun zu einem Ende. Da Schwarz gerade das Ko genommen hat, darf Weiß den Stein 14 nicht zurückschlagen, sondern müßte eine Ko-Drohung spielen. Es gibt aber keinen Punkt mehr auf dem Brett, mit dem Weiß den Schwarzen stark bedrohen kann. Schwarz wird nun den nächsten Zug von Weiß ignorieren und auf A vier weiße Steine fangen. Damit hat er den Ko-Kampf und auch die gesamte Partie gewonnen.

Fazit zum Ko

Wie Sie nun gesehen haben, ist die Ko-Regel keine unbedeutende „Nebenregel", die lediglich den Partieabbruch durch sich ewig wiederholende Stellungen vermeidet.

Es gibt Stellungen mit einem wichtigen Ko, das über den gesamten Ausgang einer Go-Partie entscheiden kann. Daraus können komplizierte und spannende Ko-Kämpfe entstehen.

Scheuen Sie sich also nicht, einen Ko-Kampf zu beginnen, wenn es nötig ist. Suchen Sie gute Ko-Drohungen, wenn Sie das Ko nicht gerade schlagen dürfen, und achten Sie auf die Ko-Drohungen Ihres Gegners. Wenn das Ko besonders wichtig ist, kann es auch gut sein, eine Drohung einmal zu ignorieren, um den Ko-Kampf zu beenden.

Alles in allem ist Ko ein wesentlicher und auch interessanter Teil des Go-Spiels.

3.4 Das Endspiel

In der Eröffnung und im Mittelspiel wird das Brett weitgehend in Gebiete der beiden Spieler aufgeteilt. Es verbleibt, die Grenzen zwischen den Gebieten zu schließen und dabei letzte Punkte zu gewinnen. Dies geschieht im Endspiel, dem wir uns zum Abschluß unserer strategischen Untersuchungen zuwenden wollen.

Letzte Punkte

Betrachten Sie einmal die Abbildung 1: Schwarz hat am rechten und Weiß am linken Rand Gebiet gemacht, nur noch die drei markierten Punkte zwischen den Gebieten müssen besetzt werden. Schwarz ist am Zug, wo sollte er spielen?

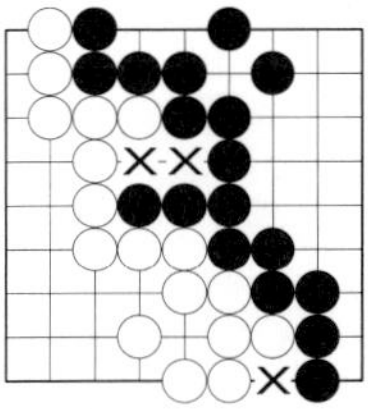
1

Schwarz 1 in Abbildung 2 ist der richtige Zug, damit macht Schwarz einen Punkt auf X. Weiß spielt dann noch auf 2, und die Partie ist zu Ende.

Dagegen ist der Zug 1 von Schwarz in Abbildung 3 nicht gut. Weiß spielt dann auf 2. Nach Schwarz 3 ist die Partie ebenfalls zu Ende, aber diesmal hat Schwarz einen Punkt weniger!

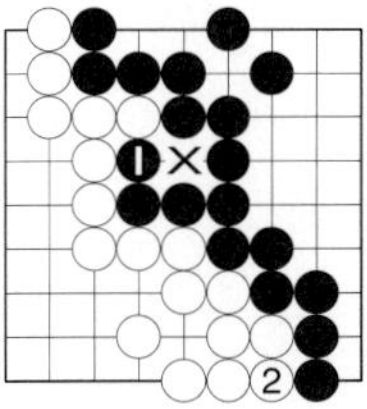
2

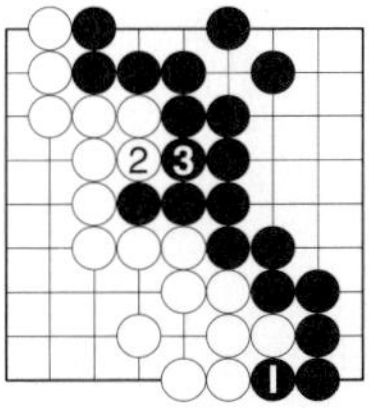
3

Auch im Endspiel müssen Sie also darauf achten, Ihre Steine effektiv einzusetzen. Suchen Sie die letzten Punkte, die Sie oder Ihr Gegner machen können, und versuchen Sie, Ihr Gebiet noch ein wenig zu vergrößern oder das Ihres Gegners zu verkleinern.

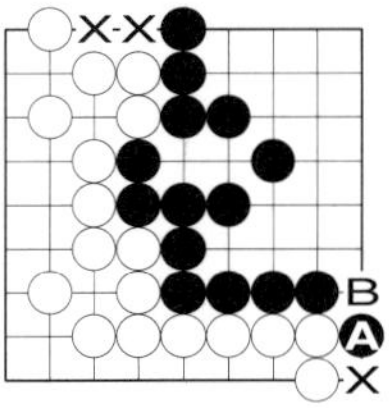
4

Abb. 4: Auch hier sind noch die drei mit X markierten Punkte zwischen den Gebieten zu besetzen. Beachten Sie dabei aber: sobald Weiß auf den 1-1-Punkt rechts unten spielt, hat der schwarze Stein A nur noch eine Freiheit, und Schwarz muß auf B decken, damit dieser Stein dann nicht geschlagen wird. Wo sollte Schwarz nun spielen, wenn er am Zug ist?

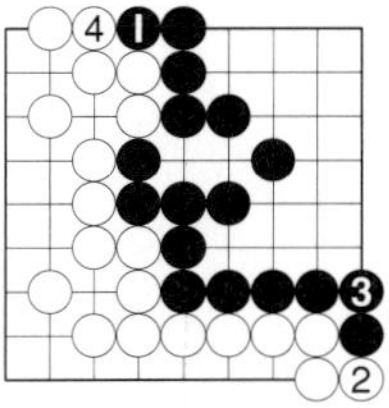
5

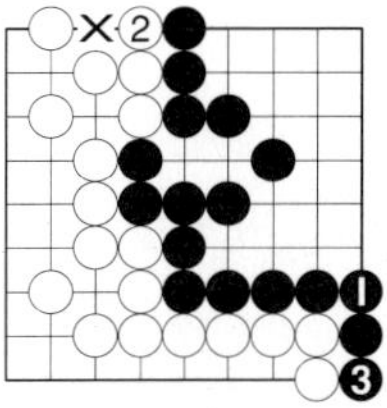
6

Abb. 5: Schwarz 1 hier ist die korrekte Antwort. Nach Weiß 2 macht Schwarz mit 3 den oben beschriebenen, notwendigen Deckungszug, und nach Weiß 4 ist die Partie dann beendet.

Abb. 6: Schwarz 1 in dieser Abbildung ist dagegen kein guter Zug.
Zwar ist auch dies der beschriebene Deckungszug, aber in dieser Stellung ist er noch nicht notwendig. Erst wenn Weiß mit einem Zug in die Ecke den schwarzen Stein bedroht, muß Schwarz hier spielen. Schwarz hat also zu früh gedeckt, er hat einen unnötigen Zug gemacht. Dadurch kann Weiß auf 2 spielen und macht damit auf X einen Punkt.

Nach Schwarz 3 ist die Partie wieder zu Ende, Weiß hat nun aber einen Punkt mehr als in Abbildung 5.

Neutrale Punkte

Punkte wie Weiß 2 in Abbildung 2 oder Schwarz 3 in Abbildung 6 im vorangegangenen Abschnitt nennt man „neutrale Punkte". Neutrale Punkte sind Schnittpunkte auf dem Brett, die keiner der Spieler zu Gebiet machen kann bzw. mit denen keiner der Spieler das Gebiet des Gegners verkleinern kann.

Zum Ende eines Go-Spiels bleiben meist solche neutralen Punkte übrig. Diese werden dann noch von beiden Spielern besetzt, um das Brett übersichtlicher zu machen und das Auszählen zu vereinfachen. Dabei ist es letztendlich egal, wer welche neutralen Punkte besetzt.

Wichtig dagegen ist es, daß Sie darauf achten, nicht zu früh mit dem Zusetzen der Neutralen zu beginnen. Spielen Sie auf neutrale Punkte, während Sie an anderer Stelle noch Ihr Gebiet vergrößern oder das Ihres Mitspielers verringern können, so verlieren Sie unnötig Punkte.

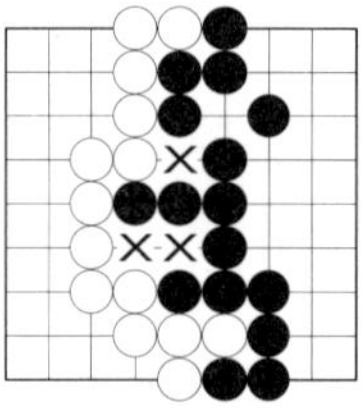

1

Abb. 1: Wieder sind noch die drei markierten Punkte zwischen den Gebieten zu besetzen, und Schwarz ist am Zug. Welche Punkte sind neutral, welche nicht? Und wo sollte Schwarz daher spielen?

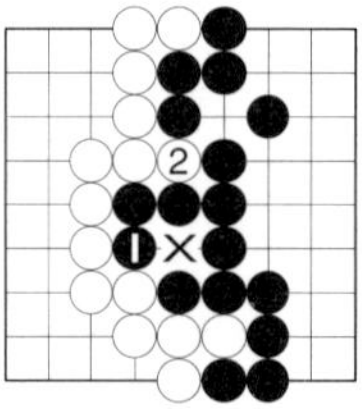

2

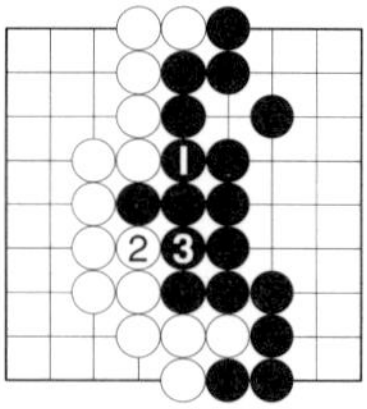

3

Abb. 2: Natürlich ist Schwarz 1 hier die richtige Antwort. Damit macht Schwarz noch auf X einen Gebietspunkt. Weiß 2 ist ein neutraler Punkt; Weiß besetzt diesen zum Abschluß, und die Partie ist zu Ende.

Abb. 3: Schwarz 1 in diesem Diagramm ist nicht gut. Dieser Punkt ist neutral, und Weiß kann somit auf 2 einen Punktgewinn für Schwarz verhindern. Schwarz hat also einen Punkt weniger als in Abbildung 2, was nicht sein muß!
Beachten Sie dabei: Nach den Zügen 1 und 2 in Abbildung 3 ist auch der Punkt Schwarz 3 zu einem neutralen Punkt geworden. Schwarz spielt hier, um die Partie zu beenden.

Deckungszüge

Zusammen mit den letzten Punkten im Endspiel tauchen oft notwendige Deckungszüge auf. Werden die letzten äußeren Freiheiten der Gruppen besetzt, mit denen jeweils das Gebiet eingeschlossen ist, so muß häufig noch ein Teil der Steine gesichert werden.

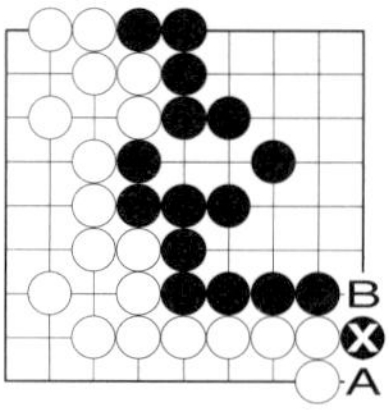

1

Das Beispiel aus Abbildung 1 kennen Sie von oben: sobald Weiß auf A zieht, steht der markierte schwarze Stein Atari, und Schwarz muß auf B decken. Schwarz muß also noch einen Deckungszug auf B machen, bevor die Partie beendet wird.

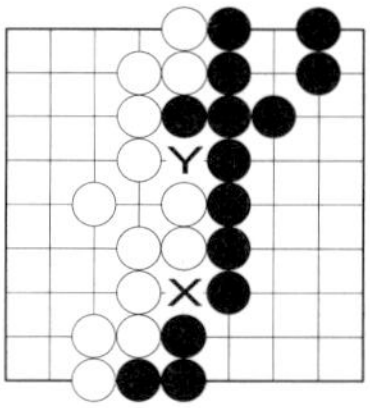

2

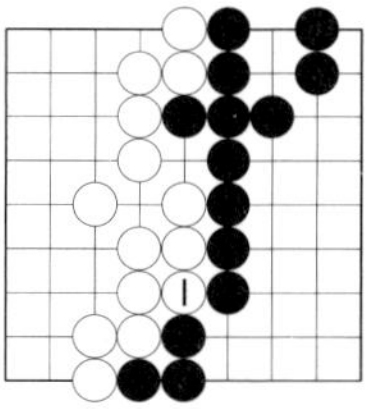

3

In der Stellung aus Abbildung 2 müssen noch die beiden Punkte X und Y besetzt werden. Nehmen wir einmal an, diesmal sei Weiß am Zug und zöge auf 1 in Abbildung 3. Wie müßte Schwarz antworten?

Abb. 4: Schwarz muß den Deckungszug 2 machen. Danach setzt Weiß auf den (neutralen) Punkt 3, und die Partie ist zu Ende.

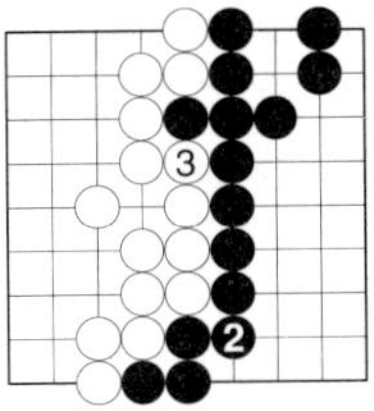

4

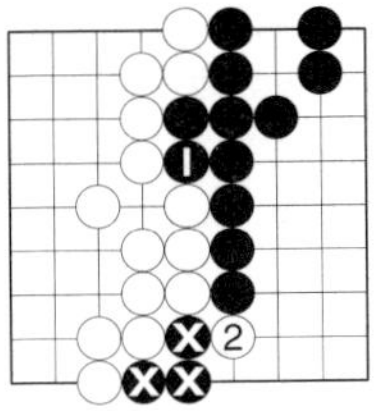

5

Abb. 5: Deckt Schwarz nicht wie in Abbildung 4, sondern besetzt selber den neutralen Punkt mit 2, weil er glaubt, damit das Spiel zu beenden, so kann Weiß auf 2 schneiden und fängt damit die drei markierten schwarzen Steine. Schwarz 2 aus Abbildung 4 ist somit ein notwendiger Deckungszug.

Im Endspiel sollten Sie also nicht nur auf die letzten Punkte, die zu machen sind, achten. Genauso wichtig ist es, stets zu kontrollieren, ob nicht noch ein weiterer Deckungszug in der eigenen Stellung notwendig ist. Übersehen Sie einen notwendigen Deckungszug, so kann Ihr Gegner - wie Weiß in Abbildung 5 - viel von Ihrem ursprünglichen Gebiet zerstören.

Betrachten wir noch ein Beispiel: Die Stellung am rechten Rand in Abbildung 6 kommt häufig in Partien vor; es ist wichtig, sie zu kennen.

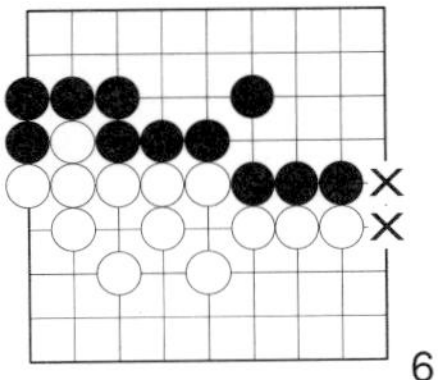

6

Abb. 6: An den markierten Stellen sind die Gebiete von Weiß und Schwarz noch offen. Um das Spiel zu beenden, müssen diese Lücken noch geschlossen werden. Wie würden Sie als Schwarzer ziehen?

Abb. 7: Schwarz 1 ist nicht so gut. Weiß antwortet mit 2. Als Resultat gewinnt Weiß (wenn Sie sich die Mühe machen: Schwarz hat 27 und Weiß hat 28 Punkte).

Abb. 8: Schwarz kann aber besser spielen, er kann mit 1 in dieser Abbildung „umbiegen". Da Weiß den Stein Schwarz 1 nicht fangen kann, schützt er sein Gebiet mit 2. Schwarz deckt dann auf 3 (sein Stein 1 steht ja nun Atari), und Weiß muß noch einmal auf 4 spielen.

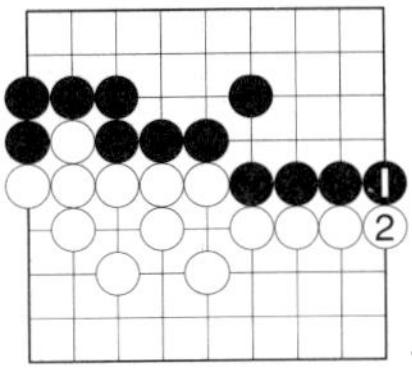

7

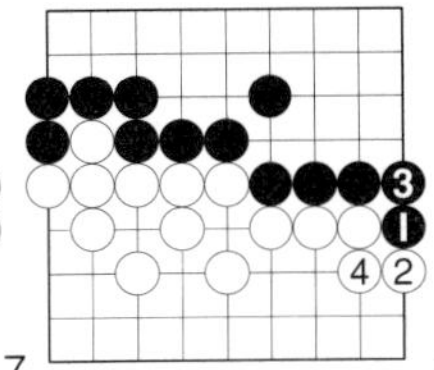

8

Nun gewinnt Schwarz: während Schwarz genauso viele Punkte wie in Abbildung 7 hat, mußte Weiß zwei Züge in seinem Gebiet machen, Weiß hat somit zwei Punkte weniger (also: Schwarz 27 zu Weiß 26).

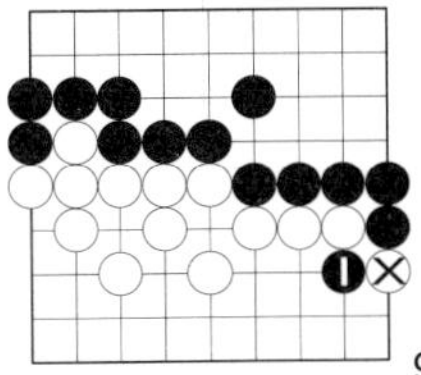

9

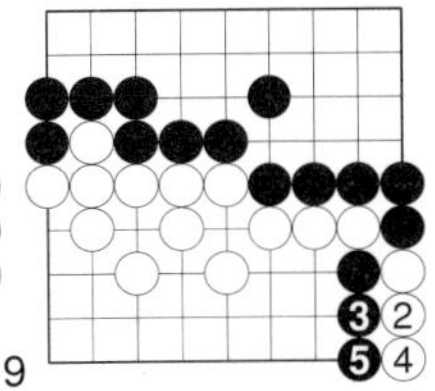

10

Abb. 9: Der springende Punkt ist der Deckungszug Weiß 4 aus der Abbildung 8. Weiß muß noch einmal in sein Gebiet setzen und nimmt sich dabei selber einen Punkt.

Weiß kann diesen Zug aber auch nicht auslassen: verzichtet er auf seinen Zug (um damit den Regeln entsprechend dem Gegner anzuzeigen, daß er die Partie für beendet hält), so kann Schwarz mit 1 in Abbildung 9 schneiden. Der markierte weiße Stein steht nun Atari und kann auch nicht mehr entkommen. (Daß der weiße Stein nicht mehr entkommen kann, ist in Abbildung 10 gezeigt.). Weiß kann also an dem Sieg des Schwarzen nichts ändern.

So wichtig es ist, auf notwendige Deckungszüge im eigenen Gebiet zu achten (um nicht noch im Endspiel großen Schaden zu nehmen), so wichtig ist es, auf notwendige Deckungszüge des Gegners zu achten. Gelingt es Ihnen, wie Schwarz in Abbildung 8, Ihren Gegner zu weiteren Zügen in seinem Gebiet zu zwingen, so bedeutet dies weiteren Punktgewinn für Sie. Und das letzte Beispiel hat gezeigt, wie entscheidend selbst der Gewinn von zwei Punkten im Endspiel sein kann!

Vorhand und Nachhand

Das letzte Beispiel aus dem vorangegangenen Abschnitt ist noch wegen eines weiteren Punktes - außer des erzwungenen Deckungszuges - wichtig. Sie haben sicher schon bemerkt: Obwohl Schwarz die Zugsequenz in Abbildung 8 initiiert hat und obwohl es Schwarz ist, der von ihr profitiert, muß **Weiß** den letzten Zug machen. So etwas nennt man (aus schwarzer Sicht) „die Vorhand behalten".

Um dieses allgemein im Go-Spiel - nicht nur im Endspiel - äußerst wichtige Konzept weiter zu untersuchen, wollen wir das letzte Beispiel etwas erweitern.

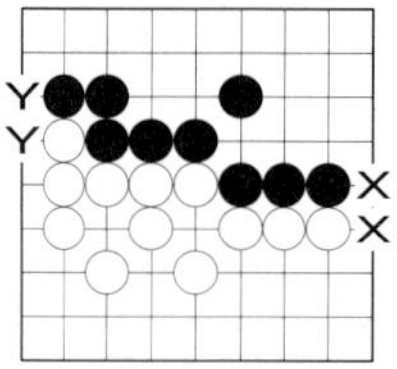

1

Abb. 1: Diesmal sind die Gebiete noch an zwei Stellen - X und Y - offen. Was ist nun die beste Spielweise für Schwarz?

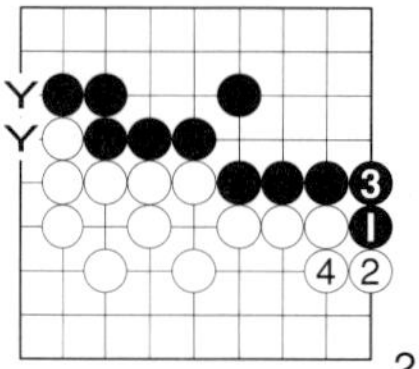

2

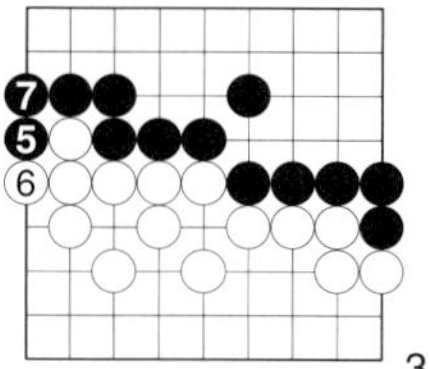

3

Abb. 2: Die richtige Vorgehensweise ist hier gezeigt. Die Sequenz 1 bis 4 kennen Sie ja nun; als Ergebnis hat Schwarz das weiße Gebiet um zwei Punkte verkleinert, und: Schwarz ist wieder am Zug!

Schwarz hat also die Vorhand behalten, er kann nun an anderer Stelle auf dem Brett versuchen, weitere Punkte zu gewinnen.

In diesem Fall wird er wie in Abbildung 3 spielen. Dies ergibt das gleiche Resultat wie oben: Schwarz gewinnt.

Abb. 4: Dagegen ist es keine gute Strategie von Schwarz, mit dem Zug 1 hier zu beginnen. Weiß antwortet mit 2 und stellt den schwarzen Stein Atari; Schwarz muß also auf 3 decken.

Damit hat Schwarz die Vorhand abgegeben!

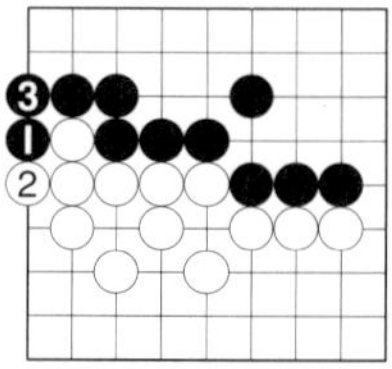

4

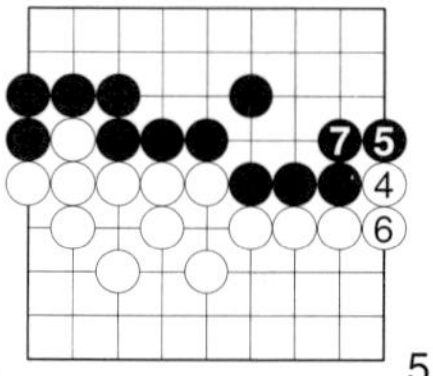

5

Abb. 5: Nun kann Weiß selber mit 4 umbiegen, und es ergibt sich eine Sequenz wie in Abbildung 2. Nach Schwarz 7 ist die Partie beendet.

Im Vergleich zu Abbildung 3 hat Weiß nun zwei Punkte mehr und Schwarz zwei Punkte weniger, diesmal gewinnt also Weiß (mit 3 Punkten, wenn Sie nachzählen).

Schwarz 1 in Abbildung 4 nennt man eine „Nachhand". Schwarz hat einen Zug gemacht, den Weiß nicht sofort beantworten muß, er hat damit dem Weißen die Möglichkeit gegeben, seinerseits an anderer Stelle des Brettes Punkte zu gewinnen. Und in unserem Beispiel hat Weiß diese Möglichkeit effektiv genutzt!

Wenn Sie also im Endspiel mehrere Möglichkeiten haben, noch Punkte zu gewinnen, so sollten Sie die Züge zuerst spielen, die Ihnen die Vorhand sichern. Anschließend haben Sie ja immer noch die Gelegenheit, an anderer Stelle weiter zu ziehen.

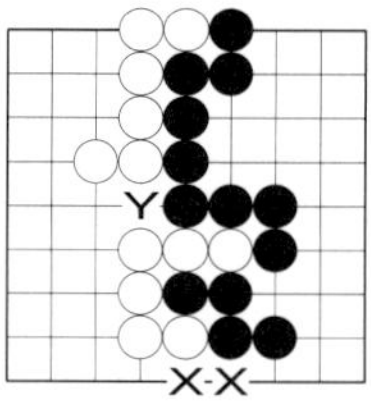

6

Abb. 6: Wieder sind noch die Grenzen an den Stellen X und Y zu schließen, und wieder lautet die Frage: Wie sollte Schwarz spielen, wenn er am Zug ist?

Abb. 7: Schwarz sollte die Vorhand 1 spielen. Weiß muß mit 2 antworten, so daß Schwarz auch noch zu der Kombination 3 bis 5 kommt. Dies ist die beste Spielweise für Schwarz.

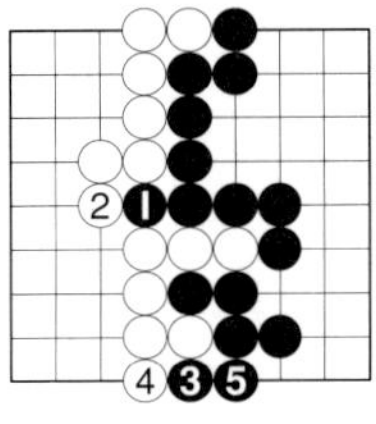
7

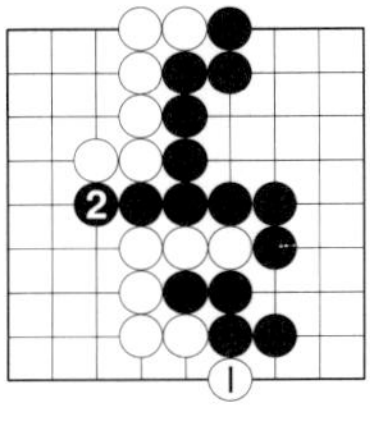
8

Abb. 8: Schwarz 1 aus Abbildung 7 ist tatsächlich eine Vorhand: antwortet Weiß nicht auf diesen Zug, sondern spielt am unteren Rand, so läuft Schwarz mit 2 hier mitten in das weiße Gebiet. Weiß würde nun wirklich sehr hoch verlieren.

Beginnt Schwarz im übrigen in Abbildung 8 mit dem Zug 3, so gerät er nach seinem Zug 5 in Nachhand, und Weiß könnte selber auf den Punkt Schwarz 1 spielen. Weiß hätte damit einen Punkt gewonnen. Und auch hier ist dieser eine Punkt wesentlich: Spielt Schwarz wie in Abbildung 8, so gewinnt er (mit einem Punkt), zieht er zuerst auf 3, so gibt es ein Unentschieden!

Also noch einmal: erst die Vorhand, dann die Nachhand!

Endspiel auf der zweiten Reihe

Abb. 1: Diesmal müssen sogar noch zwei Reihen zum Rand hin geschlossen werden. Schwarz ist am Zug und sollte so viele Punkte wie möglich machen.

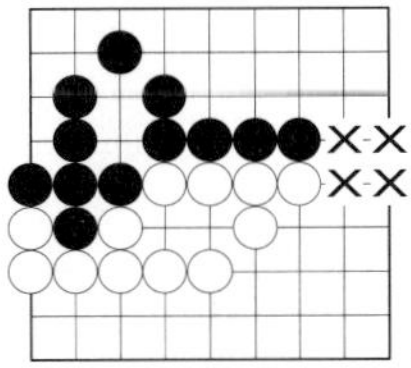
1

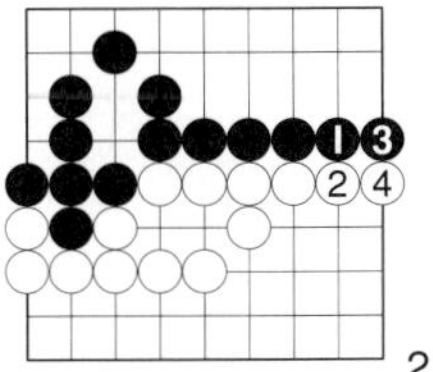
2

Abb. 2: Das friedliche Herunterstrecken von Schwarz ist nicht ausreichend: So verliert er.

Abb. 3: Auch auf der zweiten Reihe ist das Umbiegen wie hier mit Schwarz 1 ein guter Zug. Auch diesen Stein kann Weiß nicht fangen, also antwortet er auf 2. Nach 3 und 4 muß Schwarz noch einen Deckungszug auf 5 machen. Dies ist eine gute Zugfolge von Schwarz: Er gewinnt!

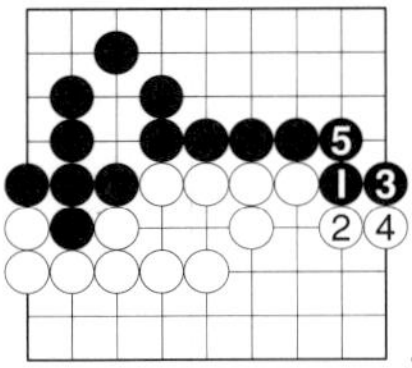
3

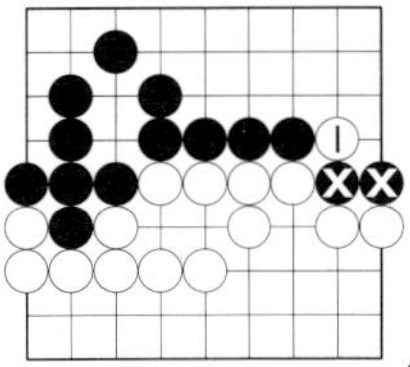
4

Abb. 4: Schwarz muß wirklich mit Zug 5 aus Abbildung 3 noch einmal decken. Unterläßt Schwarz diesen Zug, so fängt Weiß die beiden markierten schwarzen Steine. Schwarz würde nun natürlich verlieren.

Abb. 5: Erneut sind die Grenzen zwischen dem weißen und dem schwarzen Gebiet noch auf der zweiten Reihe offen, und wieder ist Schwarz am Zug. Da die Grenze diesmal aber deutlich „diffuser" ist, muß Schwarz vorsichtig sein.

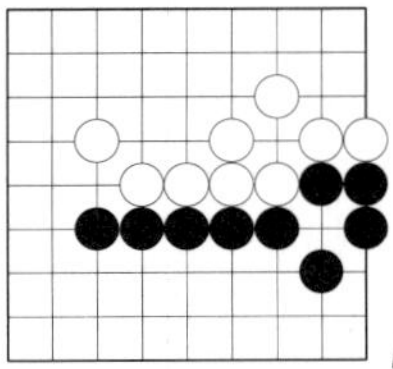
5

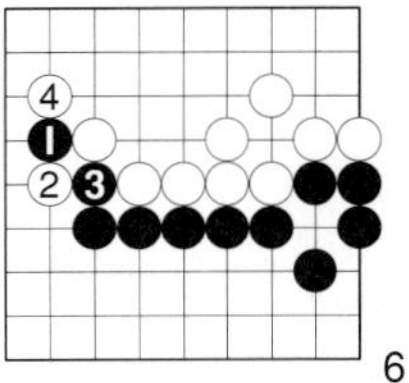
6

Abb. 6: Schwarz hat sich hier mit 1 zu weit vorgewagt. Weiß kann auf 2 schneiden, und nun hilft auch der Zug 3 nicht mehr. Weiß fängt mit 4 den schwarzen Stein 1 und wird gewinnen.

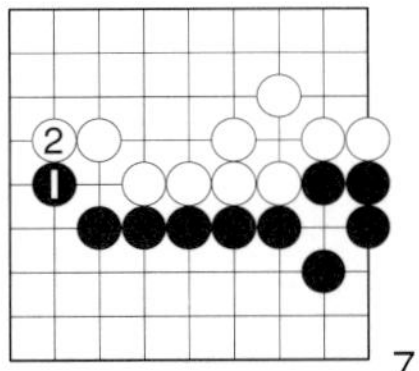
7

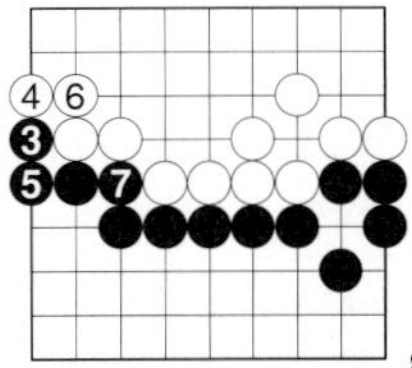
8

Abb. 7: Schwarz sollte lieber etwas vorsichtiger den Diagonalzug 1 spielen. Dieser Diagonalzug 1 ist im Endspiel auf der zweiten Reihe sehr oft ein ausgezeichneter Zug. Weiß schützt mit 2 sein Gebiet.

Abb. 8: Nun spielt Schwarz die Kombination 3 bis 5. Diese Sequenz sollten Sie von oben aus dem Abschnitt über Vorhand und Nachhand noch kennen. Sie ist eine gute Sequenz für Schwarz, eben weil sie ihm einen Punktgewinn in Vorhand sichert.

Zum Abschluß macht Schwarz noch einen Deckungszug auf 7, und die Partie ist beendet. Und wenn Sie nun nachzählen, so werden Sie feststellen, daß Schwarz diesmal mit zwei Punkten gewonnen hat!

Ein längeres Endspiel

Bisher haben wir nur Endspiele untersucht, in denen lediglich eine kleine Anzahl von Punkten noch zu besetzen war. In der Regel ist das Endspiel aber deutlich länger; zum Abschluß wollen wir daher einmal ein Endspiel aus einer richtigen Partie untersuchen.

Der Kampf aus dem Mittelspiel ist zu Ende, und die Stellung aus Abbildung 1 ist entstanden. Am rechten und am linken Rand sind noch große Bereiche zwischen dem schwarzen Gebiet oben und dem weißen Gebiet unten zu schließen. Auch in der Mitte gibt es noch eine kleine Lücke.

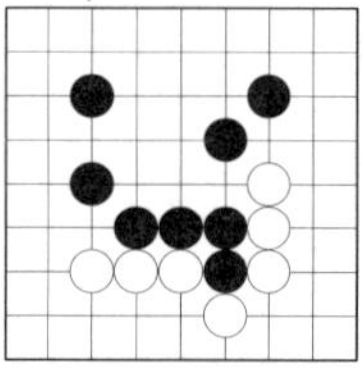

1

Weiß ist diesmal am Zug. Schauen wir einmal, wie er gespielt hat.

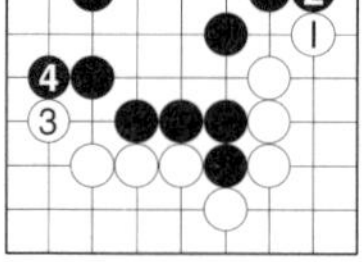

2

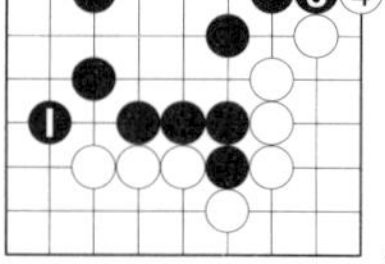

3

Abb. 2: Die Züge 1 und 3 kennen Sie sicher noch von oben: Diese Diagonalzüge sind in einer Stellung wie hier immer sehr gut. Besonders wichtig: sie sind Vorhand, Schwarz muß mit 2 und 4 antworten.

Abb. 3: Ignoriert Schwarz zum Beispiel den ersten weißen Zug aus Abbildung 2, um selber auf 1 hier zu spielen, so kann Weiß mit 2 in das schwarze Gebiet hüpfen. Der schwarze Versuch, die weißen Steine mit 3 zu trennen, mißlingt: Weiß kann mit 4 verbinden.

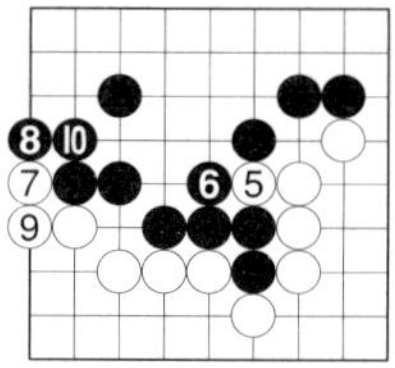

4

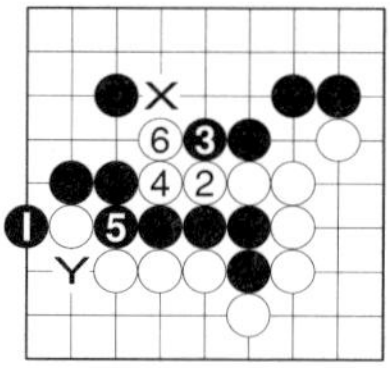

5

Abb. 4: Nach den beiden Diagonalzügen aus Abbildung 2 spielt Weiß nun mit Vorhand in der Mitte: Auf Weiß 5 sollte Schwarz mit 6 antworten. Anschließend wendet sich Weiß mit der Sequenz bis Schwarz 10, die wir oben untersucht haben, dem linken Rand zu.

Abb. 5: Auch hier die Begründung, warum Weiß 5 eine Vorhand ist: Spielt Schwarz zum Beispiel auf 1 in dieser Abbildung (um dem weißen Zug 7 aus Abbildung 4 zuvorzukommen), so kann sich Weiß mit 2, 4 und 6 weit in das schwarze Gebiet schlängeln. Damit Weiß nun nicht vollständig das schwarze Gebiet zerstört, muß Schwarz immer noch auf X decken. Deckt dann Weiß seinerseits auf Y, so ist der schwarze Verlust deutlich größer als der des Weißen.

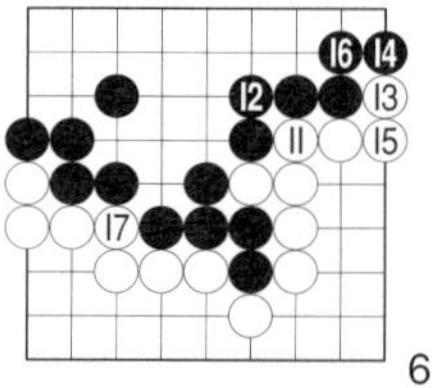

6

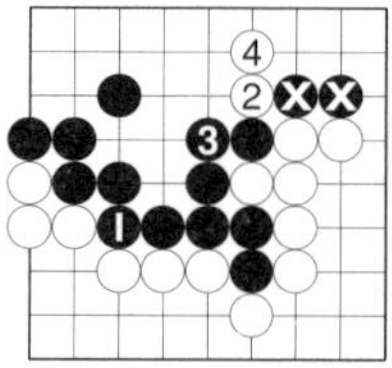

7

Abb. 6: Die letzte Lücke in den Grenzen findet sich am rechten Rand. Weiß zieht zuerst auf 11 und droht damit die Züge 2 und 4 aus Abbildung 7 an. Da Weiß damit die beiden markierten schwarzen Steine in der oberen rechten Ecke fangen kann, deckt Schwarz auf 12. Nach der nun bekannten Zugfolge 13 bis 16 macht Weiß noch einen Deckungszug auf 17. Keiner der Spieler kann mehr Punkte machen, also verzichten beide auf ihren Zug, und das Spiel ist beendet.

Bis Zug 17 hat Weiß ein sehr gutes Endspiel gespielt. Und wenn Sie nun in Abbildung 6 nachzählen, so werden Sie feststellen, daß Weiß mit einem Punkt gewonnen hat (Weiß hat 25 Punkte, Schwarz hat 24 Punkte)!

Fazit zum Endspiel

Wie die Beispiele in diesem Abschnitt hoffentlich gezeigt haben, ist auch das Endspiel ein wichtiger Teil einer gesamten Go-Partie. Auch wenn das Endspiel von den drei Phasen eines Go-Spiels wohl am „technischsten“ ist, so werden doch gerade hier die Gebiete, die ja am Ende über Sieg oder Niederlage entscheiden, endgültig festgelegt. Und besonders wenn nach einem fairen Kampf im Mittelspiel das Endspiel mit einer sehr ausgeglichenen Stellung beginnt, so führt der Verlust von zwei, drei oder vier Punkten dann schnell auch zum Verlust der ganzen Partie.

Versuchen Sie also auch im Endspiel, präzise zu spielen, und achten Sie auf mögliche Punktgewinne bis zum Schluß.

Drittes Intermezzo

Spielklassen und Einstufungen - Wie stark sind Computer?

Spielstärke

Im Go wird die Spielstärke durch die Einteilung in Klassen wiedergegeben. Dabei folgt das System den traditionellen japanischen Einstufungen in Kyu- (d.h. Schüler) und Dan- (d.h. Meister) Grade.
Sobald Sie die Regeln gelernt und einige Spiele absolviert haben, sind Sie etwa 30. Kyu. Mit ein wenig Spielerfahrung werden Sie dann schnell 25., 20. und auch 15. Kyu. Ab etwa dem 10. Kyu hat man bereits eine sehr gute Vorstellung vom Go-Spiel. Wenn man dann weiter an seiner Spielstärke arbeitet, so kann man den obersten, den 1. Kyu-Grad erreichen und darüber hinaus auch Shodan (1. Dan) werden. Die Einteilung der weiteren Dan-Grade verläuft dann aufwärts bis zum 6. Dan, was den stärksten Amateur-Go-Spielern entspricht. Für einige wenige Ausnahmespieler ist sogar der, vom japanischen Go-Verband offiziell vergebene, 7. Dan-Grad vorbehalten.

Der Spielstärkenunterschied zwischen zwei Spielern legt, zumindest für das 19x19-Brett, auch die **Vorgabe** fest, mit der gespielt wird. Gleichstarke Gegner losen aus, wer Schwarz erhält und beginnt. Weiß bekommt dafür als Ausgleich für den ersten schwarzen Zug die **Komi**. Bei genau einem Grad Unterschied in der Spielstärke erhält der schwächere Spieler die schwarzen Steine und muß keine Komi mehr geben. Bei größeren Abständen der Spielstärke gibt der stärkere Spieler genau die Differenz als Vorgabe. So erhält etwa ein 16. Kyu von einem 10. Kyu 6 Vorgabesteine, während ein 3. Dan dem 2. Kyu 4 Steine vor gibt.

Umgekehrt dient dieses System zur Festlegung der Spielstärke: Um eine eigene Einstufung zu erhalten, spielt man gegen erfahrene Go-Spieler mit bekannter Spielstärke. Die Anzahl der Vorgabesteine, die man benötigt oder die man geben kann, zeigt dann die eigene Spielklasse. Dabei sorgt die große Anzahl von Go-Turnieren, die jeder Go-Freund allein in Deutschland bestreiten kann, dafür, daß lokale Schwankungen nur in geringem Maß auftreten und daß das gesamte System sehr stabil ist.

Go und Computer

Wenn man nun dieses Einstufungssystem heranzieht, wie stark sind dann heute Go-spielende Computerprogramme einzuschätzen?

Ein erster Blick auf die einfachen Regeln scheint doch nahezulegen, daß Computer geradezu zum Go-Spielen prädestiniert sind: Jeder Punkt ist entweder unbesetzt oder von einem schwarzen oder einem weißen Stein belegt, die Steine werden (bis auf den eher seltenen Fall, daß sie geschlagen werden) nicht bewegt, und nur wenige Ausnahmen wie Ko oder die verbotenen Züge sind zu berücksichtigen - das scheint doch alles eine eher einfach Programmieraufgabe zu sein.

Die wirkliche Spielstärke der heutigen Go-Programme ist dann aber doch recht gering: Im Gegensatz zum Schach, wo wohl nur noch die besten Spieler der Welt wirklich sicher sein können, gegen die stärksten Programme zu gewinnen, kann im Go selbst ein nur wenig ambitionierter Spieler immer noch die besten Computer schlagen. Knapp den 10. Kyu-Grad erreichen Go-spielende Programme heute.

Die Probleme für die Computerprogramme liegen dabei in der enormen Komplexität des Go-Spiels: Die Zahl der möglichen Brettstellungen erreicht eine geradzu astronomische Größenordnung, die jeden direkten Versuch, diese Stellungen als Gesamtheit zu berechnen, im Keim erstickt. Allein nach den ersten drei Züge gibt es über 40 Millionen verschiedene, mögliche Positionen! Und ein Zugriff auf das Go-Spiel über die Programmierung eines „intelligenten“ Go-Computers ist bis heute noch nicht geglückt.

Damit bieten Go-spielende Programme dem Go-Anfänger, der nur selten einen Spielpartner findet, die Möglichkeit, Spielerfahrung zu sammeln. In den hohen Spielklassen, besonders dem Dan-Bereich, aber haben Go-Programme keine Bedeutung. Und vielleicht ist ja gerade auch das ein Reiz des Go-Spiels, daß man damit ein Brettspiel gefunden hat, das auch heute noch nicht von Computern beherrscht wird...

4. Beispielpartien

Nachdem im Anschluß an die Regeln einige Techniken und dann erste strategische Überlegungen zum Go-Spiel vorgestellt wurden, sollen in diesem abschließenden Kapitel zwei Beispielpartien gezeigt werden. Nach den theoretischen Erörterungen bisher bieten sie einen ersten Schritt zur "Praxis", sie bieten die Möglichkeit, die einzelnen Techniken und Strategien einmal im Zusammenhang eines gesamten Spiels darzustellen. Das Nachspielen dieser Partien bietet eine gute Gelegenheit, das bisher Gelernte weiter zu vertiefen.

Beide Partien wurden im übrigen mit **Komi** gespielt. Sie erinnern sich bestimmt noch: Bei Gleichaufpartien zwischen gleich starken Gegnern ist es für Schwarz schon ein Vorteil, den ersten Zug machen zu können. Dieser Vorteil wird dadurch ausgeglichen, daß Schwarz dem Weißen einige Punkte gibt, die am Ende des Spiels zu dem Ergebnis von Weiß hinzugerechnet werden. Auf dem 9x9-Brett sind vier Punkte Komi üblich.

4.1 Eine friedliche Go-Partie

Die folgende Partie haben zwei fortgeschrittene Anfänger gespielt, nachdem sie bereits eine Reihe von Spielen auf dem 9x9-Brett absolviert hatten. Sie spielen eine sehr friedliche, trotzdem gute und interessante Partie.

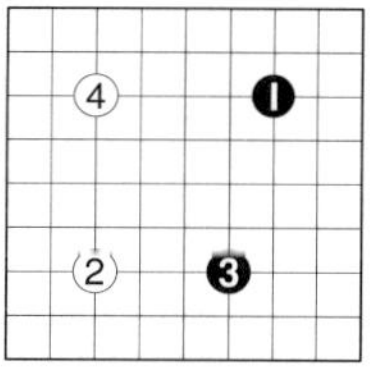

1

Beide Spieler wissen bereits, daß die Ecken die wertvollsten Bereiche des Brettes sind, da hier am leichtesten Gebiet zu machen ist. Daher machen sie dort ihre ersten Züge und spielen somit eine gute Eröffnung.

Auch die Züge 5 bis 7 sind sehr gut; beide Spieler ziehen an den Rändern und sichern und erweitern damit ihre Stellungen. Besonders erwähnenswert ist dabei der Zug Weiß 6: Nachdem Schwarz auf 5 gezogen hat, ist dieser weiße Zug notwendig, um die beiden weißen Steine 2 und 4 zu schützen.

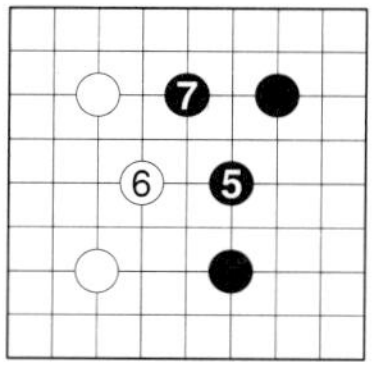

2

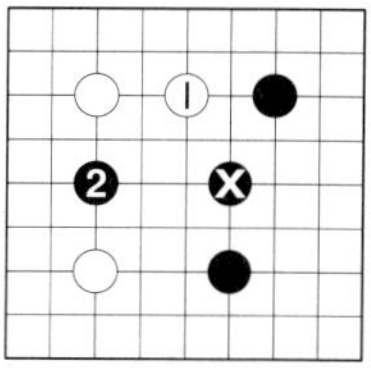

A

Abb. A: Sollte Weiß wie hier mit 1 am oberen Rand spielen, so setzt Schwarz auf 2. Da Weiß diesen Stein nicht von dem markierten schwarzen Stein auf der 4. Reihe abschneiden kann, ist die weiße Stellung durchtrennt. Und das ist, wie Sie im Abschnitt 3.2 über das Mittelspiel erfahren haben, schlecht für Weiß. Speziell der weiße Stein in der linken unteren Ecke ist nun in starker Bedrängnis.

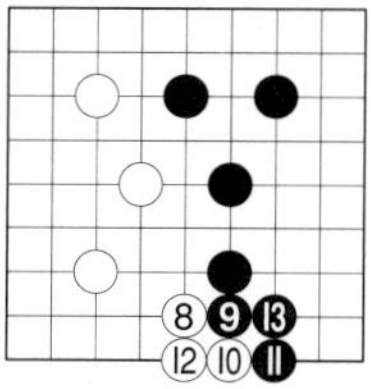

3

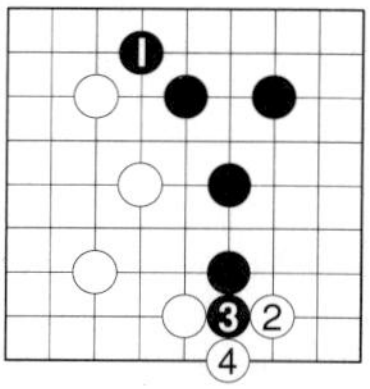

B

Mit 8 spielt Weiß nun am unteren Rand, und Schwarz antwortet auf diesen guten Zug korrekt mit 9. Damit schützt Schwarz sein Gebiet unten rechts.

Abb. B: Versucht er stattdessen einen anderen Zug (z.B. Schwarz 1 am oberen Rand), so kann Weiß mit 3 in das schwarze Gebiet hüpfen. Der Versuch des Schwarzen, Weiß mit einem Zug auf 3 aufzuhalten, kommt nun zu spät: Weiß kann mit 4 seine Steine verbinden. Nach den Zügen 8 und 9 spielt Weiß nun die Sequenz 10 bis 13. Diese Zugfolge haben wir im Abschnitt 3.4 über das Endspiel untersucht: Sie ist gut für Weiß, da Weiß hier mit **Vorhand** spielen kann und Punkte gewinnt (unterläßt

Schwarz den Zug 13, so schneidet Weiß auf diesem Punkt, fängt damit den schwarzen Stein 11 und erhält ein ähnliches, gutes Ergebnis wie in Abbildung B).

Daß hier schon eine Zugfolge aus dem Abschnitt über das Endspiel auftaucht, ist zuerst sicherlich überraschend. Aber: Mit dem Zug 10 hat tatsächlich bereits das Endspiel begonnen. Beide Spieler machen friedliche Züge und spielen sehr ruhig. Und besonders auf dem kleinen 9x9-Brett geschieht es bei einer so friedlichen Spielweise ohne größere Kämpfe dann oft, daß im Anschluß an die Eröffnung, in der ja die Ecken und Ränder verteilt werden, sofort das Endspiel beginnt. Dabei können natürlich auch solche ruhigen Spiele gute Go-Partien sein, wie dieses Beispiel hier zeigt.

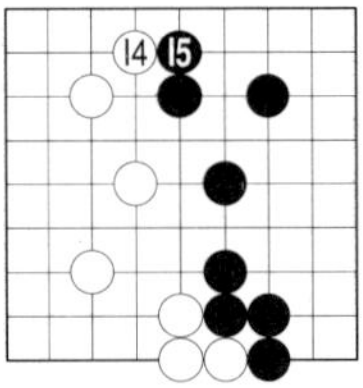

4

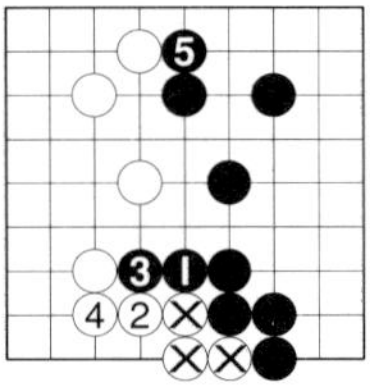

C

Weiß setzt mit 14 das Endspiel fort. Auch diesen Diagonalzug kennen Sie sicher noch aus dem Abschnitt über das Endspiel. Und in dieser Situation ist das ein sehr guter Zug.

Schwarz 15 dagegen ist als Antwort nicht so gut. Zwar ist es verständlich, daß Schwarz seinen oberen Rand verteidigen möchte, er kann aber zuerst andere Züge „einschieben".

Abb. C: Schwarz sollte zuerst auf 1 und 3 in dieser Abbildung hier setzen. Mit 1 droht Schwarz, durch einen weiteren Zug auf 2 die drei markierten weißen Steine zu fangen; nach 3 könnte er auf 4 nun vier weiße Steine fangen. Weiß muß also jeweils auf 2 bzw. auf 4 decken. Denn selbst wenn er mit Zug 2 oder 4 am oberen Rand etwas in das schwarze Gebiet eindringen würde, ist der Verlust von drei oder sogar vier Steinen zu groß.

Nachdem Schwarz bis hierhin Weiß in **Vorhand** zu den Deckungszügen 2 und 4 gezwungen hat, kann er mit 5 immer noch am oberen Rand ziehen und hat so im Vergleich zum tatsächlichen Spielverlauf einige Punkte gewonnen.

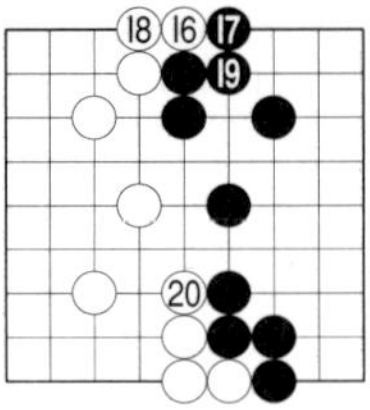

5

Die Züge 16 bis 19 bilden erneut die Ihnen nun sicher hinlänglich bekannte Vorhandsequenz, und mit 20 verhindert Weiß die schwarzen Züge aus Abbildung C. Weiß spielt sehr gut.

Weiß hat jetzt seine Möglichkeiten, in Vorhand Punkte zu gewinnen, ausgeschöpft. Mit Zug 20 gibt Weiß daher die Vorhand ab, so daß nun Schwarz das weitere Endspiel bestimmen kann.

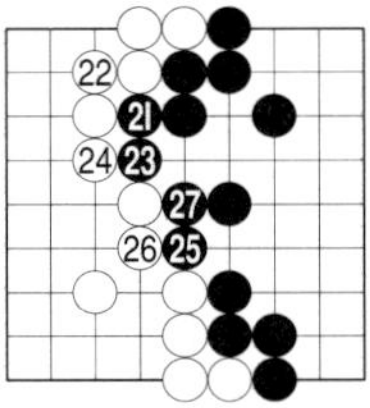

6

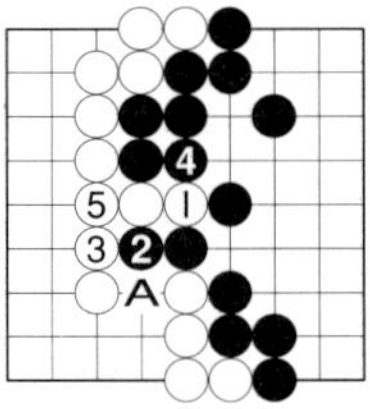

D

Und Schwarz nutzt diese Gelegenheit gut. Mit den Zügen 21, 23 und 25 zwingt er Weiß jeweils zu einem notwendigen Deckungszug auf 22, 24 bzw. 26, um mit 27 dann sein Gebiet endgültig abzuschließen und den letzten Punkt zu machen.

Abb. D: Ignoriert Weiß zum Beispiel den schwarzen Zug 25, um auf 1 in dieser Abbildung hier zu ziehen, so kann Schwarz mit 2 in das weiße Gebiet eindringen. Weiß muß nun auf 3 decken (sonst läuft Schwarz vollständig in das weiße Gebiet hinein), so daß Schwarz mit 4 Atari auf zwei weiße Steine geben kann.

Nachdem Weiß auf 5 erneut deckt, kann Schwarz noch auf A das weiße Gebiet weiter reduzieren, und Weiß verliert recht hoch.

Mit dem schwarzen Zug 27 ist die Partie beendet. In diesem Spiel sind nach dem Zug 27, der den letzten Punktgewinn markiert, keine neutralen Punkte zu besetzen. Beide Spieler haben daher nach 27 auf ihren Zug verzichtet, so daß nun ausgezählt werden kann.

Keiner der Spieler hat einen Stein des Gegners geschlagen oder gefangen; Schwarz hat 28 Punkte errungen, während Weiß 26 Punkte Gebiet hat. Da Weiß von Schwarz aber noch die vier Punkte Komi erhält, hat Weiß also mit 2 Punkten gewonnen.

4.2 Eine kämpferische Partie

Die zweite Partie, die wir hier präsentieren wollen, haben zwei erfahrene Go-Spieler gespielt. Im Gegensatz zu der ersten Partie ist diese recht kämpferisch.

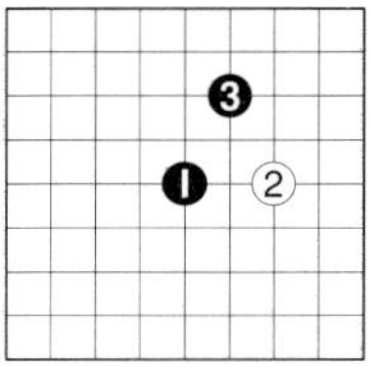

1

Schwarz setzt seinen ersten Stein auf den 5-5-Punkt. Das ist, wie wir in der Diskussion zur Eröffnung gesagt haben, auf dem 9x9-Brett ebenfalls eine gute und interessante Spielweise. Mit Zug 3 greift dann Schwarz sofort den ersten weißen Stein an.

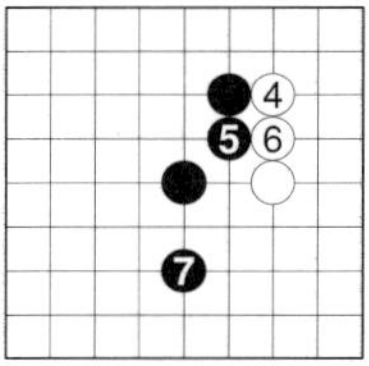

2

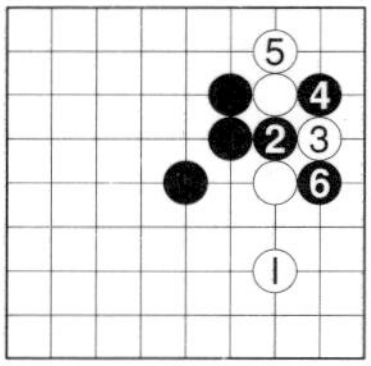

A

Weiß strebt mit 4 eine Basis für seinen angegriffenen Stein an, und nach Schwarz 5 deckt Weiß, wie es richtig ist, auf 6.

Abb. A: Zwar haben wir darauf hingewiesen, daß man in der Eröffnung großräumig spielen sollte. Gerade dann aber, wenn sich gegnerische Steine wie in dieser Partie direkt berühren, ist eine solide Spielweise, wie zum Beispiel Weiß 6, korrekt. Versucht Weiß etwa den weiträumigen Zug 1 aus dieser Abbildung, so zieht Schwarz auf 2, und der Versuch von Weiß, seine Steine mit 3 zu verbinden, scheitert: Schwarz gibt zuerst mit 4 auf den oberen weißen Stein Atari, und wenn Weiß diesen mit 5 zu retten versucht, kann Schwarz mit 6 den weißen Stein 3 fangen. Damit wäre Weiß geradezu „zersägt", ein Desaster!

Mit 7 aus der Partie hat Schwarz nun links einen großen Teil des Brettes abgesteckt.

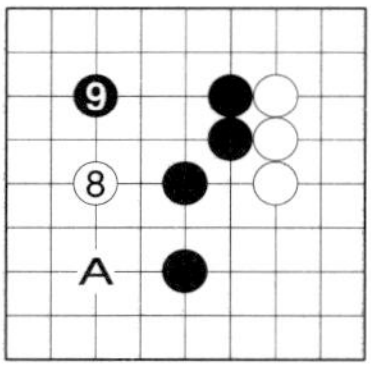

3

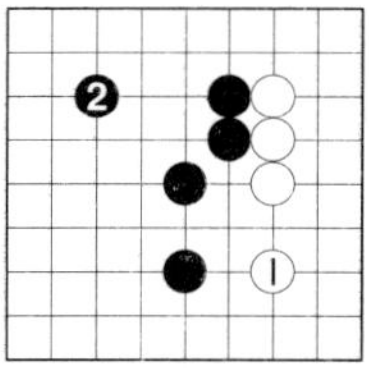

B

Weiß muß daher jetzt eine **Invasion** starten. Zug 8 ist dafür ein guter Punkt, von hier aus kann Weiß entweder nach oben oder nach unten in die Ecke laufen und damit schon eine recht stabile Stellung aufbauen.

Schwarz greift natürlich den weißen Invasionsstein an und zieht dafür auf 9. Prinzipiell muß Schwarz dem Weißen die Möglichkeit nehmen, in die Ecken zu laufen (weil dort leicht eine lebende Stellung aufgebaut werden kann); dabei ist in dieser Situation Schwarz 9 dem Punkt A vorzuziehen, da Schwarz für den (wahrscheinlichen) Fall, daß Weiß nicht zu töten ist, am oberen Rand mehr Gebiet machen kann als unten.

Beide Spieler spielen also sehr gut.

Abb. B: Hier ist noch einmal die Begründung, warum Weiß mit 8 eine Invasion starten muß: Spielt Weiß etwa auf 1 am rechten Rand, kann Schwarz, zum Beispiel auf 2, noch einen Sicherungszug machen. Jetzt kann Weiß in dem von Schwarz abgesteckten Gebiet links keine lebende Stellung mehr aufbauen; ist der gesamte linke Bereich des Brettes aber schwarzes Gebiet, so gewinnt Schwarz selbst bei bestem weißen Endspiel sehr hoch.

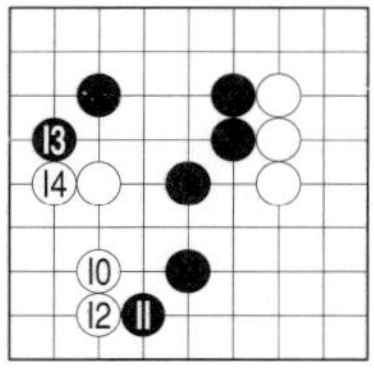

4

Weiß zieht nun mit 10 in die verbleibende untere Ecke. Zwar greift Schwarz den Weißen mit 11 und 13 weiter an, nach den Verteidigungszügen 12 und 14 hat Weiß nun aber eine Stellung erreicht, die bei korrekter Spielweise nicht mehr zu töten ist. Somit hat Weiß erfolgreich das schwarze Gebiet reduziert.

Das bedeutet freilich nicht, daß Schwarz jetzt zurückliegt: mit Zug 9 aus Abbildung 3 und mit 13 aus dieser Abbildung hat Schwarz am oberen Rand Gebiet gemacht. Zudem ist er nach 14 ja wieder am Zug.

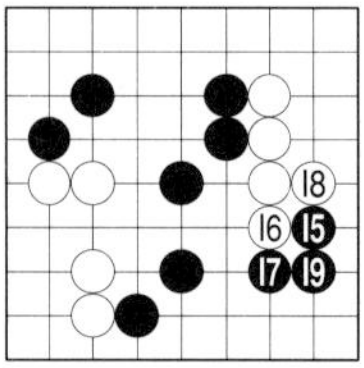

5

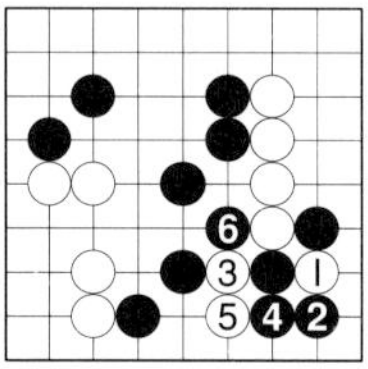

C

Und das nutzt er, um mit 15 einen hervorragenden Zug zu spielen!

Weiß kann diesen Stein nicht von der übrigen schwarzen Formation abtrennen. Damit dient dieser Zug einerseits dazu, am unteren Rand Gebiet abzustecken; zum anderen sind nun die drei weißen Steine rechts oben attackiert.

Weiß spielt auf 16 (worauf Schwarz richtig mit 17 antwortet), um den Zug 18 vorzubereiten: Nach 16 und 18 droht Weiß mit einem Zug auf den Punkt von 19, den schwarzen Stein 17 zu fangen, also deckt Schwarz auf 19.

Jetzt hat Weiß zwar auch oben rechts eine sichere Position, dafür ist es dem Schwarzen aber gelungen, unten ein ordentliches Gebiet zu machen. Schwarz führt nun leicht.

Abb. C: Weiß kann den schwarzen Stein 15 wirklich nicht abschneiden. Spielt er nach 16 und 17 etwa auf 1 in Abbildung D, so kann Schwarz mit 2 diesen Stein fangen. Auch der Versuch von Weiß, mit 3 und 5 nun die gesamte schwarze Gruppe unten rechts von der übrigen schwarzen Formation abzutrennen, scheitert: Schwarz schneidet auf 6 und fängt damit die beiden weißen Steine.

Mit 20 leitet Weiß das Endspiel ein. Dabei sind die Züge 20 und 22 sehr gut: Sie sichern endgültig die weiße Eckgruppe oben rechts und vergrößern gleichzeitig das weiße Gebiet deutlich. Mit 23 kann Schwarz einige Punkte in der Mitte abstecken.

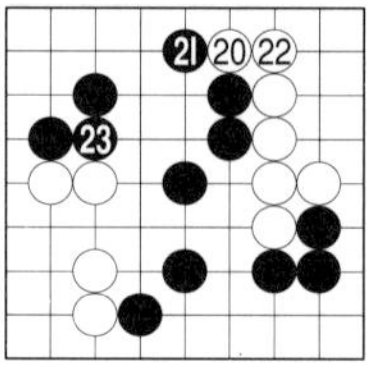

6

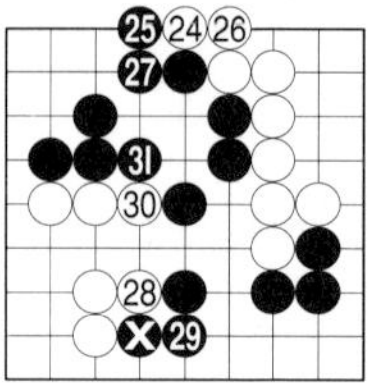

7

Nun ist Weiß wieder am Zug. Er nutzt dies, um einige Vorhände zu spielen. Die Sequenz 24 bis 27 am oberen Rand ist jetzt wohl hinlänglich bekannt. Mit 28 droht Weiß, mit einem Zug auf den Punkt von Schwarz 29 den markierten schwarzen Stein zu fangen. Zu diesem Zeitpunkt wäre das sehr groß, also deckt Schwarz auf 29. Weiß 30 droht die schwarzen Gebietspunkte in der Mitte zu zerstören, also deckt Schwarz erneut, diesmal auf 31. Damit sind die Möglichkeiten von Weiß, in Vorhand Punkte zu gewinnen, genutzt.

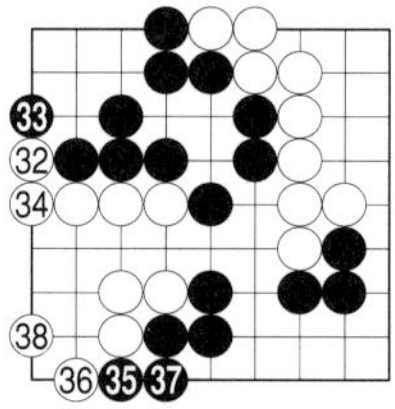

8

Er spielt daher die Kombination 32 bis 34, um zu verhindern, daß Schwarz hier zu einem Umbiegen in Vorhand kommt. Dafür ist dann 35 bis 38 erneut die bekannte Vorhandsequenz, diesmal von Schwarz gespielt. Beachten Sie dabei aber den Zug Weiß 38: Weiß deckt in Form eines **Tigerrachens.** Da die weiße Gruppe unten links nur ein recht kleines Gebiet umschließt, ist dies die sichere Art, zwei Augen zu machen.

Im übrigen hätte Weiß statt 32 auch am unteren Rand spielen können, hätte dabei ebenfalls die Vorhand abgegeben und Schwarz hätte dann auf dem Punkt Weiß 34 die Vorhandsequenz gespielt; das Ergebnis würde dadurch nicht beeinflußt.

Nach 38 sind noch in der Mitte und am rechten Rand die letzten Grenzen zu schließen, an beiden Stellen sind dabei gleich viele Punkte zu machen.

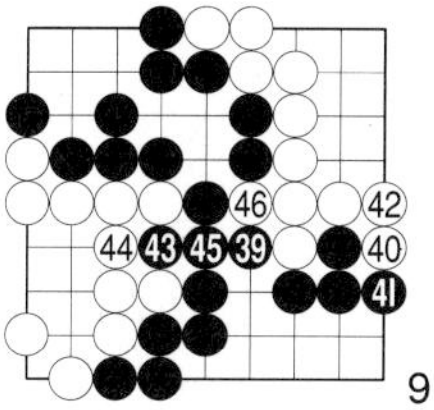

9

Schwarz entscheidet sich mit 39 für die Mitte, dementsprechend spielt Weiß auf 40 am rechten Rand. Mit 43 bis 45 drückt Schwarz noch einmal das weiße Gebiet links um einen Punkt ein. Das ist gleichzeitig der letzte Punktgewinn.

In dieser Partie ist dabei ein neutraler Punkt zwischen den Gebieten verblieben, da Weiß gerade am Zug ist, besetzt er diesen mit 46. Beide Spieler haben nun gepaßt und die Partie ist zu Ende.

Wieder hat keiner der beiden einen Stein des Gegners geschlagen oder gefangen. Das ist im übrigen durchaus gewöhnlich: Das Hauptziel des Go-Spiels ist es nun einmal, Gebiet abzustecken, selbst in kämpferischen Partien bilden die gefangenen Steine meist nur einen kleinen Anteil an der Gesamtpunktzahl.

Hier hat Weiß am Ende oben rechts 9 Punkte und unten links 6 Punkte Gebiet errungen; zusammen hat er also 15 Punkte. Schwarz konnte am oberen Rand und in der Mitte 10 Punkte Gebiet abstecken, sein Rand unten ist ebenfalls 10 Punkte groß. Damit hat Schwarz zusammen 20 Punkte.

Zwar bekommt Weiß noch vier Punkte Komi von Schwarz, trotzdem hat Schwarz diesmal knapp mit einem Punkt Vorsprung gewonnen.

Literaturhinweise

Wir möchten aus dem großen Bereich der Go-Literatur nur einige Bücher empfehlend hervorheben, die nach der Lektüre dieses Buches angemessen sein könnten. Weitere Anfängerbücher mit ausführlichen Spielanleitungen werden nicht erfaßt.
Die meisten Titel sind englisch, nur wenige deutsche Bücher sind wirklich empfehlenswert.

Alle Bücher können über das Zentraldepot des Deutschen Go-Bundes bezogen werden, selbstverständlich auch über den normalen Buchhandel.

Zentraldepot des Deutschen Go-Bundes
c/o Spielekiste Unna
Gesellschaftsstraße 15
59423 Unna
Tel. (02303) 22442
Fax. (02303) 22967

Richard Bozulich
The Second Book of Go
Ishi-Press
Das Buch leistet exakt das, was der Titel verspricht. Nachdem man die Regeln verstanden hat, möchte man im zweiten Buch möglichst alle „Tricks und Kniffe" kennenlernen, die mit dem Go-Spiel verbunden sind. Bozulich geht dabei sehr gründlich vor. Nach den grundlegenden Techniken wie „Leben und Tod", „Wettlauf", „Schlüsselzüge", „gute und schlechte Form" gibt es bereits eine Einführung in die Techniken der Eröffnung, des Mittelspiels und des Endspiels. Der Ko-Kampf wird etwas knapp, aber sehr anschaulich erläutert. Übungsaufgaben gibt es kaum, Bozulich verweist auf die Übungen in den Büchern von Yoshinori (s.o.)

Michel Koulen
Go-die Mitte des Himmels
DuMont
Go lernen oder die Spielstärke verbessern kann man mit Hilfe dieses Buches kaum. Die Faszination dieses einmaligen Spiels wird jedoch durch die vielen „Märchen und Mythen" und die „Philosophie" des Go erlebbar gemacht.
Die Partie mit dem „ohrrötenden Zug" wird erzählt, Go-Sprichwörter erklärt und vieles andere mehr. Für Go-Freunde oder Japan-Freunde ein absolutes „Muß".

Kano Yoshinori
Graded Go Problems for Beginners
Vol. 1 (2-4)
Ishi-Press
Über 200 Probleme werden im Band 1 präsentiert. Die Antworten erwähnen nicht nur den richtigen Zug, sondern erläutern die Zugfolge und vergleichen mit der falschen Variante. Das Niveau in Band 1 entspricht in etwa den Übungsaufgaben dieses Buches.

James Davies
Life and Death
Ishi-Press
„Welchen Status hat die Gruppe?" ist die Grundfragestellung dieses Buches. Die möglichen Antworten: die Gruppe lebt, lebt mit Ko, in Seki; lebt wenn auf Punkt X gestzt wird, ist tot usw. Das erste Drittel ist relativ leicht erfassbar, hier wird Grundwissen vermittelt. Die anderen Abschnitte des Buches setzen jedoch Spielerfahrung voraus. Auch in diesem Buch gibt es reichlich Übungsaufgaben.

James Davies
Tesuji
Ishi-Press
Ein Tesuji ist der beste Zug in einer lokalen Position, ein Schlüsselzug. Davies schult das Auge für diese Punkte, der Aufbau des Buches mit vielen Beispielen und Übungsaufgaben ist wie in „Life and Death" vorbildlich.

Deutscher Go-Bund
Deutsche Go-Zeitung
Carola Wild Verlag
Die Vereinszeitschrift bietet eine Liste der Spielabende, die Ankündigung der Turniere und natürlich kommentierte Partien von Amateuren und Profis. Für 1994 wieder in Planung ist eine ausführliche Anfängerecke. Internationale Nachrichten über Meisterschaftskämpfe in Europa und Asien ergänzen die Berichte aus deutschen Landen.

Zuletzt wollen wir uns noch für viele Anregungen, Tips, Unterstützung und Korrekturlesen bei folgenden Personen bedanken:
Franz-Josef Dickhut, Götz Glowatzki, Kirsten Hartmann, Monika Lache, Beate Paul, Regina Quest, Beatrix Schilke, Hannes Schrebe, Dirk Streubel, Helmut Weber, Christian Weiß und Hans Zschintzsch.

alphabetisch sortiert nach Ortsnamen (Stand: 30.06.1994)

Änderungsmeldungen bitte schriftl. an:
Carola Wild Verlag, Kuhbergstr. 28
D - 34131 Kassel

Anm. d. Verlags: Wir bitten die Interessenten, die nachfolgenden Daten vertraulich zu handhaben. Außerdem weisen wir darauf hin, daß wir keine Gewähr für die Richtigkeit und die Vollständigkeit übernehmen können, da sich erfahrungsgemäß die Spielabende und auch die Ansprechpartner mehr oder weniger oft ändern (wir empfehlen - besondes in Berlin - die Kontaktpersonen vorher anzurufen).
Im übrigen senden wir Ihnen gerne eine aktuelle Liste gegen 1,- DM Rückporto zu. Für den Fall, daß Sie Mitglied im Deutschen GO Bund eV. (DGOB) werden möchten, vermitteln wir Ihnen ebenfalls gerne die aktuelle Anschrift des entsprechenden Landesverbandes. Zum Schluß noch kleiner Tip: einige Spielabende sind nicht immer in der Lage, Anfänger bzw. Neuinteressenten intensiv zu betreuen. Bitte lassen Sie sich davon nicht entmutigen, sondern schreiben Sie uns einfach an, denn wir können Ihnen ggf. mit Rat (& Tat) weiterhelfen.

Aachen (52062) Di,Do 20.30
"Scala", Jülicher Str. 97
K: Walter Kuron 0241-158236

Aschaffenburg (63739) priv.n.V.
K: Harald Germer 09372-10254
K: Horst Dommermuth 06021-45845

Augsburg (86154) Di ab 19.30
"Goldener Anker", Dußmannstr. 2,
0821-421107
K: Wolfgang Götz 0821-811799
K: Ralph Leipert 0821-(neu)

Augsburg (86159) Do 15-18
Uni-Hochschulsportgruppe (im Sem.)
Neues Uni-Sportzentrum, HS 1006,
Universitätsstr. 3
K: Ralph Leipert 0821-(neu)

Bad Nenndorf (31542) Di ab 20
Privat: Gerh.-Hauptmann-Weg 14
K: Dieter Rasche 05723-2432

Bad Oeynhausen (32545) Di 20
Begegnungszentrum Druckerei,
Kaiserstr. 14
K: Hans Abraham 05221-84183

Bamberg (96047) Di ab 19
Hotel Arcade, Theatergassen 10
(direkt am Schillerplatz)
0951-200160
K: N.N.

Beelitz (14547) Mi ab 21
Privat: Ringstr. 21
K: Rüdiger Jörg Hirst 033204-34426
K: Henry Hasse 033204-35109

Berg.-Gladbach (51465) Fr ab 18
Privat: Am Reiferbusch 9
K: Otmar Brückner, 02202-38537

Berlin (10623) Fr 16-20.30
GO-Treff an der TU f.Anf.+ schw.Sp.
TU, Physik-Neubau, Raum PN 109,
Hardenbergstr. 36 (Nichtraucher!)
K: Karsten Ziegler 030-7861764
K: Andreas Gawelczyk 030-3359978

Berlin (14195)
Silberlaube, Habelschwerdter Allee 45
Kurse für Anfänger Di 18-20
Kurse für Fortgeschrittene Di 20-22
(Hochschulsport, FU, TU, TFH)
K: Stefan Lange 030-3919157
K: Jürgen Mattern 030-2114536

Berlin (10787) Do ab 21
Dt.-Jap.Club, Restaurant "Tai-Tung",
Budapester Str. 50 (Nähe Bhf. ZOO)
(Nichtraucher! + Treffpkt.f. Shogi-Sp.)
K: Joachim Günther 030-3932742

Berlin (13189) Do ab 18
China-Restaurant "Peking" (Prenzlauer Berg) Pappelallee 19, 030-4410169
K: Peter Nadler 0171-4255156

Berlin (10707)
Berliner Go-Verein von 1918
K: Eugen Nickerl 030-3944569

Berlin (12167)
Koreanischer GO-Klub Han-Dok
K: Young-Sik Choi 030-3255056

Berlin (10961) Fr ab 19.30
Cafe Durchfahrt, Schleiermacherstr.
K: Oliver Baasner 030-6237368

Berlin (10119) Mo, Mi 19
Magnus-Klub Mori Ogai, Mulackstr. 22
(+ Treffpunkt f. Shogi-Spieler)
K: Peter Passow 030-6233805

Berlin (10965) Mo,Mi,So 19
Musikcafe"Casablanca", Fylauer Str.26
K: Jürgen Mattern 030-2114536
K: Andreas Urban 030-4711586

Berlin (12681) Di n.tel.V.
SV Berliner Brauereien im "Springpfuhlhaus", Helene-Weigel-Platz 5
K: Marco Firnhaber 030-9725212
K: Olaf Lorenz 030-9720665
K: Klaus Degen 030-9912169

Bielefeld (33615) Mi ab 19
"Westend" in der Unihalle
K: A. Flammenkamp 0521-109682

Bielefeld (33615) So ab 20
"Tinneff", Stapenhorststr.
K: Jan Schröer 0521-179564
(im Semester)

Bochum (44894) Mo ab 20
Kneipe im Bahnhof Langendreer
Wallbaumweg 108, 0234-26614
K: Jörg Digulla 0234-707790
K: Monika Lache 02323-452368

Bochum (44791) Di 18-21
(im Sem.) GO-Kurs u. Spielabend
Uni-Gebäude MA, Raum 6/24
K: Jörg Digulla 0234-707790

Böblingen (71032) Di ab 18.30
IBM Clubhaus, Schönaicher First 216
K: Rüdiger Pröll 07032-74637
K: Wolfram Sauer 07031-279930
K: Uli Staber 07157-65801

Bonn (53113) So ab 20
"Südbahnhof", Ermekeilstr., Südstadt
K: Walter Elborg 0228-253798
K: Uschi Harbrecht 0228-638065

Bonn (53113) Mi 19-21.30
Cafe in der Mensa Nassestr. 11
EG rechts (Anfängerabend, im Sem.)
K: Mario Kratz 0228-281064

Bonn (53115) Do ab 20
"Zur Sternenburg", Sternenburgstr. 51
0228-219273
K: David Schoffel 0228-695366
K: Jens Vygen 0228-220627

Bottrop (46240) Mo+Fr ab20
Gaststätte Schürmann,
Gladbecker Str. 231, 02041-92943
K: Dr. Dietmar Tiesmeyer
02041-29790 (p) 02041-26961(Fa.)
K: Norbert Wallhorn 02041-91379

Braunschweig (38100)Mo 19.30-23
FBZ Freizeit- und Bildungszentrum
im Bürgerpark, Nimesstr. 2
K: Klaus Blumberg 0531-795256
K: Bernd Busse 0531-505338

Braunschweig (38106)Do 19.30-23
Institut für Nachrichtentechnik,
Hörsaal M5, Schleinitzstr. 29
K: Joachim Beggerow 0531-42504
K: Stefan Zidowitz 0531-890111

Bremen (28205) Di+Fr 19-24
Bürgerhaus "Weserterrassen"
Osterdeich 70 b, 0421-447238
K: Uwe Weiß 0421-74154
K: Jochen Faßbender 0421-477434

Bremen (28309) Mi 19-22
Bürgerhs. Hemelingen, Godehardstr.4
0421-456198
K: Jochen Faßbender 0421-477434
K: Heike Hoffhenke 0421-5979292

Burgdorf (31303) priv. Di ab 20
K: Dr. Ulrich Krauß 05136-4594

Castrop-Rauxel (44577) Fr ab 19
Jugendheim "Schwerin",
Frohlinderstr. 78, 02305-24780
K: Horst Timm 02305-24619
K: H.-Werner Bressan 02305-85596

Castrop-Rauxel (44579) Mo 19.30
"Hildegardis-Heim", Clemensstr. 60
K: Horst Timm 02305-24619

Cl.-Zellerfeld (38678) Mo+Do ab20
Studentenzentrum, Silberstr. 1
K: Thomas Müller 05323-3543
K: Marius Goslar 05323-40369

Cottbus (03046) Do 18-22
Wohnh. KW Jäuschwalde, Lessingstr.
K: Dr. Christian Krone 0355-871064
K: Hartmut Köstner 0355-24457

Darmstadt (64285) Do ab 19
Prinz-Emils-Schlößchen,
Heidelberger Str. 56
K: D. Schnellenberger 06151-21392
K: H. Wolf 06151-47271

Detmold (32756) Di ab 19
Restaurant "Alte Mühle", Allee 32
K: Peter Hagemann 05231-31629
K: Andreas Verhoeven 05231-71530

Dortmund (44137) Do ab 20
Gaststätte "Kuckuck", Langestr. 87,
0231-143303
K: Alfred Ebert 0231-772209

Dortmund (44227) Di ab 19.30 (bis 22.30 h)
Uni Dortmund, GO-Kurs + Spielabend,
Sportgebäude Otto-Hahn-Str. 3,
Raum 103
K: Rainer Neumann 0231-619743

Dresden (01069) Mi ab 17
USV TU Dresden e.V., Seminarraum
Sportbaracke Zellescher Weg 16
K: Horst Hübner, Altenzeller Str. 4/19,
0351-4712051

Dresden (01189) Do 17.30
"Coschützer Brauerei" (Haupteingang)
Achtbeeteweg,
K: Siegmar Steffens 0351-2813694

Düsseldorf (40215) Mi ab 18
Restaurant "Odysseus", Pionierstr. 43
K: Gottfried Schippers 0211-377797
K: Michael Stein 0211-272980

Duisburg (47051) Mi ab 19
K: Rainer Bellmann 02065-81490

Eisleben (06295) Mi 18-22
od. Hettstedt (06333) Ort: wechselnd
K: Klaus König, Hermannstr. 16,
06308 Augsdorf

Erding (85435) Mo ab 19
Privat: Posenerstr. 12
K: Klaus Flügge 08122-13649

Erfurt (99084) Mi ab 18
Privat: Brühler Hohlweg 18
K: Karsten Herz 0361-412233

Erlangen (91052) Mo ab 20
Katholische Hochschul-Stud.-Gem.
(KHG), Sieboldstr. 3, "Pacelli-Haus"
K: Horst Schrebe 09131-208632
K: Prof.Dr. G. Wanke 09131-35563

Erlangen (91058) Mi ab 19
Sportzentrum d. Uni Erlangen-Nürnberg, Gebbertstr. 123 b, Sem.Raum II
K: Karsten Volle 09131-503680

Essen (45127) Fr 18.45-22
VHS Essen, Raum 1, Hollestr. 2
K: Christoph v. Gersdorf 0201-276139
K: Jochen Prange 02054-16478

Essen (45141) Fr ab 22
Gaststätte "Logo", Niedernstr.
K: Michael Wagner 0201-202473

Essen (45141) Mi 20-1
Uni: Cafe Stud.-Wohnh. "Die Brücke",
K: Kai Zamhoefer 0201-535365

Flensburg (24943) Mi ab 18
priv. Brahmsstr. 2-4 bei Hartmann
K: Ingo Schwarzmeier 0461-98378
K: Volkmar Hartmann 0461-64869

Frankfurt/M. (60594) Di ab 19
Affentorhaus, Affentorplatz 2
K: Alexander Urbainsky 069-616630
K: Gerhard Kirschbaum 069-628850

Freiburg (79104) Mo,Fr 20.30
"Fabrik" (Vorderhaus) Habsburgerstr. 9
K: Guido Köhver 0761-383491
K: Kurt Ludwig 0761-274519
K: Markus Pache 07665-5938

Gießen (35390) Mi ab 20.14
"Licher Bierstuben", Grünbergerstr. 7
K: Martin Kroppach 0641-76992
K: Uwe Lanz 0641-390787

Göppingen (73033) Di ab 18
Haus der Jugend, Dürerstr.
K: Franz Giljum 07161-73435
K: Joachim Pimiskern 07161-815530

Göttingen (37073) Mo ab 20
Galerie Apex, Burgstr. 46
K: Gerhard Mex 0551-705056
K: Achim Klenke 0551-78704

Göttingen (37073) Do 18.15-21
Anfängerkurs Uni, HS 6, Bürgerstr.40
K: Frank Reif 0551-7702469

Gütersloh (33330) Mo ab 19
Bürgerzentrum "Alte Weberei",
Bogenstr. 1-8
K: Lothar Schwiderski 05241-29690
K: Kai Poggenklas 05241-28832

Hamburg (20099) Mo ab 19.30
CVJM-Haus, An der Alster 40,
040-2801304
K: Stefan Budig 040-2803057
K: Michael Katscher 040-272254

Hamburg (22765) tgl. ab 19
Schachcafe, Holländische Reihe 30,
040-3909471
K: Ralph Retzlaff 040-394044
K: Ralf Funke 040-2794040
K: Tobias Berben 040-3806632

Hamburg (22145) Di 18-22
(Rahlstedt) BiM Bürgerhaus Meiendorf,
Saseler Str. 21, 040-6789122
K: Thomas Nohr 040-6773692
K: Lutz Franke 040-6932231

Hamburg (21073) Mi 19-22
(Harburg) Rieckhof-Kommunikations-Zentrum, Rieckhoffstr. 12,
040-7656463
K: Dr. Jürgen Abels 04181-33668

Hannover (30159) Mo ab 19
Bundesbahndirektion, Joachimstr. 8,
(Nähe Hauptbhf.)
K: Winfried Dörholt 0511-603970
K: Günter Klemm 0511-6479101

Hannover (30171) Do ab 19.30
"Kalabusch", Sallstr. 49
K: Christoph Gerlach 0511-715864
K: Jost Bartholomäus 0511-523849

Heidelberg (69115) Mi ab 20
"Heudsemer Löb", Tiergartenstr. 126
K: Jürgen Bierbrauer 06203-2661

Herne (44623) Do ab 19.30
Gaststätte "Ratsstuben",
Shamrockstr. 44, 02323-50326
K: Harald Ausmeier 02323-36224
K: Wolfg. Niggemann 02323-43615

Hildesheim (31141) Mi 18-21
Uni, Informatikgebäude, Raum A 9,
Samelsonplatz 1
K: Klaus Deutschendorf 05121-21401

Ilmenau (98693) Do ab 20
Bierstube der Mensa der THI
K: Ralf Henneberg 03677-692621 (d)
Max-Planck-Ring 10 / E 114
K: Volkmar Liebscher 03677-8736
Schortestr. 1 a, 98693 Ilmenau

Ingolstadt (85049) Mi ab 18
in der "Fronte" 79
K: Stephan Englhart 0841-74822
K: Sven Lachmund 0841-74050

Jena (07745) Mo 16-22
Haus auf der Mauer
K: K.-H. Wagner, Lichtenhainer Str. 4

Kaiserslautern (67663) Mo ab 19
Universität, Bau 48, Raum 582,
Erwin-Schrödinger-Str.

Karlsruhe (76131) Di ab 19.30
"Binding-Faß", Am Durlacher Tor
K: Laurent Heiser 0721-699680
K: Ralf Metzner 07202-1618

Kassel (34131) n.V.
GO-Schule Kassel Hannes Schrebe
Kuhbergstr. 28 (Wilhelmshöhe)
K: Hannes Schrebe + Luise Schröder
0561-33248, od.: -315809 (Anrufbtw.)

Kiel (24118) Mo ab 18
Restaurant "Teddybär", Waitzstr. 91
K: Werner Ente 0431-688417

Koblenz (56068) Mo ab 19.30
Gasthaus "Rot-Weiß-Stuben"
K: Achim Weikert 0261-14538

Köln (50677) Di+Fr 18-1
BiPi'sBistro, Rolandstr.61, 0221-383046
K: Klaus Fittges 0221-3602741
K: Pierre-Alain Chamot 02204-65823

Königs-Wusterhausen (15711)
K: Klaus Janich, Zernsdorfer Str. 6

Konstanz (78465) Mi+Do ab 19
Universität, Raum G 302
K: Jürgen Musiol 07531-52218
K: Michael Grube 07531-52292

Konstanz (78462) tgl. ...-1
"Blue Note" Hofhalde 11
K: Markus Gräfe 07533-7105

Landau (67829) Mo ab 20
K: Wilh. v. Kameke 06341-62209
K: Sabine Blank 06341-4980

Leipzig (04103) Mi ab 17
SV Glückauf Leipzig 74 e.V., Abt. GO
Philipp-Rosenthalstr. 46/48a, Vet.Club
K: Rüdiger Stoll 0341-6880034
K: René Hilpert 0341-2182848 d7-14h

Löbau (02708) Di 19-22
K: Uwe Wien, Wilhelm-Pieck-Str. 13

Ludwigsburg (71634) Mo ab 18
Gaststätte "Schloßhof"
K: Roland Baumann 07141-75489
K: Walter Supp 07145-4110

Lippstadt (59555) Do 14-16
Ostendorf-Gymnasium, Cappeltor 5
K: F. Kleißendorf 02941-4491

Magdeburg (39104) Di ab 17
Techn. Universität, Gebäude 4,Zi. 301
K: Hartw. Scherber, B.-Brecht-Str. 6B
039200-80713 od. 039200-615551

Mainz (55116) Mi ab 19.30
Schachcafe, Bihildisstr. 2
(Nähe Münsterplatz) 06131-235660
K: Frank Erz 06131-34234
K: Ute Schmitt 06131-834747

Marburg (35037) Fr ab 17
Seminar-R. d.Uni-Stadions, Jahnstr. 12
K: Marko Müller 06421-12357
K: Ralf Hemig 06421-66965

Mechernich-Satzvey (53894)
K: Marcus Hillerich 02256-7436

Mittweida (09648) Mi ab 18
Bierstub Uni-Mensa,AmSchwanenteich
K: H.-D. Pester 03727-52262 (d)

Mönchengladbach(41061) Mo18-23
Restaurant "Seoul", Luisenstr. 193
K: B.-J. Choi 02161-391902

München (80339) Mi ab 19.30
Kulturladen Westend, Ligsalzstr. 20
K: Peter Marx 089-3146297
K: Christian Haberbosch089-5236586

Münster (48155) Mi ab 20
"Blechtrommel", Hansaring 0251-65119
K: Lambert Klasen 0251-788489
K: Manfred Sanders 0251-867369

Neuenkirchen/Soltau (29643)
"Schroershof" Mi 18-21
K: Dr. Reinhard Spode 05195-1259

Nieheim (33039) priv.n.V
Himmighausen 37 a (auch SHOGI !!!)
K: Reinhold Sölter 05238-484

Nördlingen (86720) Mo ab 19.30
Cafe Grimm, Weinmarkt 3
K: Bernhard Schulze 09081-22271

Nordhausen (99734) Mo ab 17
"Haus der Kinder", Hohnsteiner Str. 17
K: Matthias Reimann036332-70246(p)
Platz d. Freiheit 20, 99755 Ellrich
oder 03631-563448 (d)
K: Dieter Wenske 03631-7952 (p)
Bonhoefferstr. 13, 99734 Nordhausen
oder 03631-89234 (d)

Nürnberg (90403) Di ab 19
Cafe "Bistretto",Innere Laufergasse 35
K:Horst Karl-Klausmann 0911-502800

Nürtingen (72622) So 14-18
Jugendhaus am Bahnhof
K: Bernd Kolbinger 0711-620041
K: Achim Salamon 07022-64351

Oberhausen (46045) priv.n.V.
K: Bernd Ellenbrock 0208-643497

Oldenburg (26129) Mo,Fr 19.30
Cafe "Merlin", AmmerländerHeerstr.100
K: Klaus Zwilling 0441-501524
K: Manfr.Diers-Pohlabeln 0441-75620

Osnabrück (49078) Di ab 20
Lagerhalle am Heger Tor
K: Michael Stolte 0541-432583
K: Heinrich Rauch 05401-29496

Paderborn (33098) Mo+Do 20
"Zum Südwall", Husener Str. 32
K: Bernhard Kraft 05251-22978
K: Peter Wirth 05251-34216

Pforzheim (75180) Do 20.15
Ortsteil "Dillweißenstein"
"Goldener Anker", Felsenstr. 2
K: Marko Leipert 07234-6752

Rathenow (14712) n.V.
K: Peter Schmuck 030-9913059

Ratingen (40878) Do ab 19
Rest. "Kostbar", Lintorfer Str. 14
K: Kirsten Hartmann 02102-83105
K: Harald Schwarz 02102-83105

Regensburg (93047) Mo ab 20
"Inuendo", Weißgerbergraben
K: Thomas Bauer 0941-993310
K: Rolf Bensel 0941-24756

Rheda-Wiedenbrück (.....)Do 19.30
Kolpinghaus, Wasserstr. 42
K: Dr. Klaus Giesen 05242-34786

Rostock (18055) Mi ab 19
Heinrich-Mann-Club, Hermannstr. 19, 18055 Rostock, Tel.: 0381-34396
K: Christine Prager, Leonardstr. 4,

Saalfeld (07318) Di 18-22
LWH, Leninstr. 2, Clubraum Zi. 79
K: Ralf-Peter Haun, Leninstr. 27, 03671-472574

Saarbrücken (66111) Do ab 19
Schachvereinigung 1970 Saarbrücken, Paul-Marien-Str. 14, 0681-68360
K: Norbert Möhring 06897-71458
K: Gregor Mertz 0681-5847742

Schwedt (16303) n.V.
K: Bernd Haase 0332-23601

Schweinfurt (97421) Di 19.30
Jugendhaus, Franz-Schubert-Str.
K: Dr. Leo Dreblow 09721-22921
K: Horst Oberhoff 09721-25734

Schwerin (19053) priv.n.V.
K: Jan R. Schröder, Beethovenstr. 11 0385-734168

Selb (95100) Sa ab 15
Evangelisches Jugendheim
K: Joachim Hofer 09287-60119

Siegen (57072) Mi ab 18
Haus der ESG, Burgstr. 18
K: Hartmut Koch 0271-51298
K: Dr. Ulrich Malchau 0271-381080
K: Dr. Karl-H. Sarges 02734-2950

Stassfurt (39418)
K: Ulf Melcher, Dr.-Allende-Str. 4, 03925-621138 (d), -624867 (p)

Strausberg (15344) Fr ab 18
"Winni's Cafe", Bahnhofstr., ca. 500 m rechts v. S-Bhf Strausberg-Vorstadt
K: Lars-Olaf Gatz, Gärtnerstr. 16 15370 Fredersdorf (kein Tel.)

Stuttgart (70174) Mi ab 18
"Schwarzwaldheim", Fritz-Elsas-Str. 20
K: Jürgen Buchmann 0711-825803

Stuttgart (70174) Do ab 19
Kulturzentrum Mitte, Hohestr. 9
K: Bernd Kolbinger 0711-620041

Tübingen (72070) Mi ab 19
i.Sem.: Erasmus-Haus, Belthestr.42
K: Dr. Friedrich Lenz 07071-64621
K: Rüdiger Basche 07071-68049

Ulm (89073) Do ab 20
Cafe "Jehle", Zinglerstr. 1
K: Gerhard Schmid 0731-28810
K: Matthias Laage 0731-57084

Unna (59423) Di ab 18
Ev. Gemeindehaus an der Stadtkirche
K: R. Burow 02303-22442 (bis 18 h)

Werne (59368) Di ab 19
privater Spielkreis Lünener Str.137 bei
K: Detlef Steuer 02389-2749

Wesel (46485) priv.n.V.
Julius-Leber-Str. 58
K: Michael Froherz 0281-65103
K: Friedrich Schultze 0281-62126

Wilhelmshaven (26382) Mi ab 19.30
Cafe "Tarisch", Börsenstr. 25
K: Dr. Klaus Heine 04421-61665 Kleiststr. 67 in Whv

Würzburg (97070) n.V.
K: Dr. Klaus Wagner 0931-706116

Wuppertal (42119) Mo ab 17.30
GHS, Asta-Kneipe, Gauss-Str. 20
K: Eberhard Maurer 0202-720791
K: Hildeg. Puttk.-Klinger 02053-40215

Zossen (15806) Mi 19-22
K: Christa Thymian 03377-301728

XXXXXXXXXXXXXXXXXXXXXXXXXXX

ÖSTERREICH:

Graz (A-8020) Mi, Fr ab 19
Cafe "Brot und Spiele", Mariahilferstr. 17, +316-9150810
K: Dr. David Hilbert +316-693782
K: Dr. Peter Lipp +316-572453

Innsbruck (A-6020) n.V.
K: Johannes Weber +512-430572

Klagenfurt (A-9020)
Cafe "Fritz", St. Ruprechterstr. 14
K: Günter Poprat +463-31472

Krems (A-3500) Mo, Fr ab 19
Volksheim Lerchenfeld
K: Walter Zickbauer +2732-82100
K: Wolfgang Amon +2732-87367

Linz (A-4020) n.V.
K: Andrew Kilpatrick +7221-72789

Linz (A-4020) Do 18.30
VHS, Christian Coulinstr. 18
K: Dr. Hans Jüngling +732-2349002
K: Anton Steininger, Postfach 139, A-4021 Linz, +732-6629843 (bis 8:00 Uhr und ab 18:00 Uhr)

Salzburg (A-5020) Di ab 19.30
China-Restaurant "Yuen", Getreidegasse 24, +662-891962
K: Christian Panosch +662-643016
K: Joh. Amersdorfer +662-264152

Wien (A-1150) Mi, Fr ab 19
Hotel "Bohemia", Turnergasse 9 +222-836648
K: Dr.Alfred Kriegler +222-326261

Wien (A-1160) Di,Do 18-1, So 15-21
GO-Zentrum Wien, Menzelgasse 5

Wien (A-1090) Di ab 19, Sa ab 15
Cafe Bauernfeld, Bauernfeldplatz +222-348365

Wien-Info in Deutschland
über: Ulrich Staber 07157-65801

xxxxxxxxxxxxxxxxxxxxxxxxxxxxxx

SCHWEIZ:

Basel n.V.
K: Maria Michaelis +61-227216

Bern Di 19
"Länggass-Träff", Lerchenweg 33
K: Alan Hold +31-658633, p:-435964

La-Chaux-de-Fonds Mo 20
K: Marcel Schweizer +39-282127 (d)

Fribourg n.V.
K: Edouard Baumann +37-332636

Genf / Geneve
CERN-Club Di
Club Bois-Gentil, 54 a Route Fr
des Franchises +22-454298
K: Philippe Nicolet +22-7336101

Kreuzlingen n.V.
K: Michael Beck +72-651132

Lausanne Mo
Brass.de Montchoisi, Av.deJurigoz 20b
K: Daniel Baumann +24-531059

Luzern n.V.
K: Helmut Brugger +41-312407

Neuchatel Di
Centre Sportif du Vignoble, Les Pres del'Areuse,2016Colombier+38-412680
K: B. Ribaux +38-462459

St. Gallen n.V.
K: A. Eggenberger +71-233742

Winterthur n.V.
K: Hans Maurer +52-225456

Zürich Mi 18-24
Cafe "Plätzli", Pelikanplatz 37
+1-2112093
K: M. Müller +1-2522465 (p)

xxxxxxxxxxxxxxxxxxxxxxxxxxxxxx

FRANKREICH:

Aix-en-Provence Di,Do 20.30-24
MJC Prevert, 24 bd de la Republique
K: Jean Filippi +4238-9317

Belfort Di,Sa 19-22
Cafe "Le Select", 1 rue Jule Valles
K: Chr. Nigaud, Maison d. Eleves, 8bd. Anatole France F-90016BelfortCedex

Besancon Mi 20.30-24
MJC de Palente
K: Francois Jacquin +8181-3802

Bordeaux
Cafe "Le Galopin" Di ab 20
14 rue Castelnau d'Auros
Maison d'Activites Culturelles Do 20
village 4, Uni-Campus, Talence
Association franco-japonaise Sa 14-19
84 cours A. Briand
K: Eric Pare +5687-6891

Lyon Di,Do ab 21
Le Jukebox, 33 rue Franklin, Lyon 2
K: Didier Garcia +7885-9148

Nancy Fr 21-24
MJC L'etoile, place de Londres
K: Philippe Nabonnand +8327-7185

Paris (F-75001)
Cafe"Le Lescot" (du matin) tägl. 15-2
26 rue Pierre Lescot, +1-4233-6876
Restaurant-Bar"Asakusa" Mo-Sa 12-19
17 rue Lescot (avec Me LIM)
K: Antoine Roché, +1-4786-1825

Strasbourg n.V.
K: Albert Fenech +8837-1843

xxxxxxxxxxxxxxxxxxxxxxxxxxxxxx

BELGIEN

Antwerpen Mo ab 20
K: Koen Robeys, Gentsesteenweg 56, 2800 Mechelen, +15-202793

Brüssel Sa 14-19
Cafe "Le Pantin", Ch. D'Ixelles 355
K: Jean-D. Hennebert +2-6400432
K: Pierre Sevenants +2-5020660

Leuven Di ab 19.30
Foyer China-Europa Instituut
"Atrechtcollege" Naamsestraat 63
K: Frank Segers +16-233010

Louvain-La-Neuve Di ab 20
Cafe "La Rive Blanche"
Rue des Wallons 64
K: Vincent Lemaitre, Av. de grand Cortil 50, B-1348 Louvain-La-Neuve

xxxxxxxxxxxxxxxxxxxxxxxxxxxxxx

LUXEMBOURG

K: Bernd Zimmermann +352-482215

Luxembourg Mo ab 20
58 bd. General Patton +352-482215
K: Laurent Heiser, 28 rue de Kehlen L-8394 OLM

xxxxxxxxxxxxxxxxxxxxxxxxxxxxxx

NIEDERLANDE:

Amstelveen Di ab 18
Go-Club "De Twee Oogen" im EGCC
Schokland 14, +20-6455555
K: Liesbeth van Galen +20-6893422

Amsterdam Mo+Fr 20.30
US Sporthal, V.Musschenbroeckstr.
K: Frank Nijhoff +20-6209462

Amsterdam ZO Do 20.15
Gouden Leeuw 854, +20-6907762
K: H. Jager +20-6997262

Almere Mi ab 20
"Kardoes", J.G. Suurhoffstraat 45
K: Rene Janssen +36-5324278

Apeldoorn Di ab 19.30
"Randerode", Zr. Meyboomlaan 10, +55-495149
K: Ge van Zeijst +55-333770

Arnhem Do ab 20
"KAB-gebouw" Rosendaalsestraat 27
+85-424585
K: Frans Bergisch +85-431062

Baarn Mi ab 20
"Teksteam", Nieuw Baarnstraat
K: André Uhlenbusch +2154-15397

Delft Do ab 7.30
"Trefcentrum" Saal 2E, Phoenixstr. 66
K: Ton Sloof +15-565492

Den Bosch Mo ab 20
Cafe-biljart "Neuf", Brede Haven 7, +73-132035
K: Ed de Brieder +4162-3208

Den Haag Mi ab 20
"Nationaal Schaakgebouw", van Speijkstraat 1, +70-3643023
K: Paul de Mooy +70-3901352

Eindhoven Mo ab 19.30
Cafe "De Barrier", Barrierweg 227
+40-444501
Buurthuis "Bellefort" Do ab 19.30
Iepenlaan 40 (nabij PSV stadion)
K: Wout Moolenaar +40-424074

Enschede Mi ab 20
"Bastille" im Cafe der TU Twente
K: Willem K. Pomstra +53-357267

Groningen Di ab 20
Cursuscentrum "de Tuin", A-Kerkhof 22, +50-121375
societeit "de Walrus" Do ab 20
Pelsterstraat 25
K: Andre Alfenaar +50-189315

Haarlem Mo ab 20
Nieuwe Groenmarkt 20
K: Edward Elferink +23-359022

Heerlen (bei Aachen) Fr ab 20.30
Cafe "De Nor", Geerstraat 302
K: Robbert van Sluijs +45-726757

Leiden Mo+Mi 20
Buurthuis "De vrolijke Arcke", Pieterskerkchoorsteeg 15, +71-123271
K: Peter Dullemeijer +71-132229

Maastricht Mi ab 20.30
s.v. "KoKo", Hoogbrugstraat 1
K: Merijn de Jong +43-253461

Nijmegen Mo ab 20
Wijkcentr. "Daalsehof", Daalseweg 115
K: Dick Ederveen +80-553576

Rotterdam Di ab 19.30
Wijkcentrum "Middelland, 1e Middellandstraat 103, +10-4770244
K: Jan Sepers +10-4332290

Tilburg Mo ab 20
Buurthuis "Binnenstad Monopool"
Langestraat 13, +13-423198
K: Ad Kampwart +13-357092
Cafe "Theseus", Mi ab 20
Bredaseweg 167, +13-433646
K: Ron Polak +13-358549

Utrecht Mo ab 19.30
"de Remise", Willem Dreeslaan 55
+30-711301
K: Erik Admiraal +30-9655649

Venlo Di ab 20
Cafe"De Splinter"Dominicanenstraat 6
K: Henk Draaisma +77-543711

Wageningen Di ab 20
boven "cafe 't Gat", Herenstraat 31
+8370-23385
K: Jos Jongepier +8370-20129

Zoetermeer Mi ab 20
"Olympus", Voorweg 107, +79-210639
K: Rob Groeneveld +79-316755

Zwolle n.V.
K: Paul Admiraal +38-226169

xxxxxxxxxxxxxxxxxxxxxxxxxxxxxxx

DÄNEMARK

Aarhus Mi 19-24
Bridgehuset im Vanggaardscentret,
PaludanMüllersvej26, 00949-86108147
K: Thomas Heshe 00949-86217052
K:Thomas Jürgensen 00949-86177156

Alborg Di 19-24
Badehusevej 13, 1. ET.,
K: Klaus Sörensen 00949-98117482

Holstebro n.V.
K: Morten E. Nielsen +97881275

Kopenhagen Di,Do 19-23
Köbenhavns Ungdomscenter
Sahmsgade 4,2 00949-33123631
K: Dix Sandbeck 00949-31868834

Nästved n.V.
K: Ole Hedegaard +55771832

Odense Fr ab 19
Cafeen Bolbro Brugerhus, Stadionvej
K: Finn Th. Nielsen 00949-66122417

Randers n.V.
K: Peter Michaelsen, Egholmvej 4,

Ringsted Mo,Mi 18-23
Medborgerhuset, Sögade 3
K: Peter Andersen 00949-53627292

Sönderborg n.V.
K: Kim Maron +74422792

Tönder n.V.
K: Morten Brydensholt +74720387

Vordingborg n.V.
K: Leo Heuser +53771080

xxxxxxxxxxxxxxxxxxxxxxxxxxxxxxx

GROSSBRITANNIEN:

Birmingham Mi ab 19.15
Coffee-Bar"The Triangle", Holt Street,
K: R. Moore +21-4305938

Bournemouth Di ab 20
Parkstone Hotel, Station R d,
K: N. Cleverly +202-782553 (work)

Bradford Mi ab 19.30
"The Star", Westgate, Bradford 1
K: G. Telfer +274-573221

Bristol Di ab 19.30
"Seishinkan" (=Japan Arts Centre)
23-27 Jacob's Well Rd, Hotwells,
K: S. Flucker +272-693917

Cambridge Do ab 20
University Centre, Mill Lane,
1st or 2nd Floor, South Lounge
and: Junior Parlour, Mo 19.30
(term) Trinity College
K: E. Ashfield +223-845316

Chester Mi ab 20
Olde Custom House, Watergate St
K: D. Kelly +244-544770

Edinburgh Mi ab 19
Postgrad + So 13.30 bis 17.30
Students' Union, 22 Buccleugh Place
K: J. Cook +968-73148

Glasgow n.V.
K: J. O'Donnell, Computing Science
Dept. Glasg.Univ., Glasgow G12 8QQ

Ipswich Do ab 19.30
1 Church Lane, Sproughton
K: V. Baldwin +473-623974

Isle of Man Mo ab 20
116 Ballabrooie Dr, Douglas
and for Juniors: Mo ab 18.30
16 Falkland Drive, Onchan
K: D. Phillips +624-612294
4 Ivydene Ave., Onchan

Leamington Do evening
29 Milverton Crescent
K: M. Macfadyen +926-337919

Leicester Di ab 19.30
"Sixty-Six Club", Albion House
K: E. Smithers +

London (Central) Fr ab 18.30
Sa 15-19
IVC, 1-4 The Piazza, Covent Garden,
K: S. Barthropp +932-844572

London (East&Wanst.) Do ab 19.15
Wanstead House, 21 The Green, E11
K: Alison Jones +81-527-9846

London (North) Di ab 19
Parish Church (behind Ch.down steps)
Church Row, Hampstead
K: D. Williams +81-907-7252

London (NorthWest) Do ab 19
Greenford Community Centre,
Oldfield Lane (south of A40)
K: K. Rapley +494-675066

Manchester Do ab 19.30
King's Arms, Bloom Street, Salford
K: T. Barker +61-705-2040

Newcastle Mi evening
K: J. Hall +91-285-6786

Norwich Mi ab 19.30
2 Lime Tree Rd, Norwich NR2 2NF
K: A Boddy +603-58611 or -505029

Oxford (City) Mo ab 20
Sunnybrook, 37 North Hinsey Village
OX2 0NA K: N. Wedd +865-247403

Oxford (Univ.) Mi ab 19.30
St. Edmund's Hall
and in term: King's Arms So ab 20
K: H. Huggett, Merton College

Reading Di ab 18.30
ICL (Reading) Club, 53 Blagrave St
K: J. Clare +734-507319

Stevenage Mi ab 19
Marquis of Lorne, High St., Old Town
K: J. Allen +438-729100

Swindon Mi ab 19.30
Prince of Wales, Wootton Bassett
K: P. Barnard +793-432856

West Wales Mo ab 19
upstairs "Tal-y-Don"-pub, Barmouth
K: D. Hone +341-281291

Worcester Mi ab 19.30
27 Laugherne Rd, Worc. WR2 5LP
K: E Blockley +905-420908

York (Univ.) Do evening
Dept of Comp.Science, Univ. YO1 5DD
K: A. Wood +904-706959

GO – der richtige Zeitpunkt
Eine Studie von
Jürgen Mattern (5-Dan)

Frank
Sölter

SHOGI

„Meine Absicht war es, (so der Autor Frank Sölter) ein leicht verständliches Buch über das Shogi, dieses so faszinierende japanische Schach, zu schreiben.
Und zwar ein Buch, das eben nicht nur die teilweise fremdartig wirkenden Regeln erklären, die Grundlagen von Technik und Taktik vermitteln, Übungsaufgaben und Beispiel-Partien bieten, sondern vielmehr den Spielspaß wecken und dazu noch unter 10 DM kosten sollte."

Anfängerbuch

SHOGI - Anfängerbuch